构建以假设为核心的战略预测评估方法

The Construction of Hypotheses-oriented Strategic Speculation-Evaluation Analysis Method

梁 陶·著

时事出版社

图书在版编目（CIP）数据

构建以假设为核心的战略预测评估方法/梁陶著.—北京：时事出版社，2017.11
ISBN 978-7-5195-0129-7

Ⅰ.①构… Ⅱ.①梁… Ⅲ.①决策预测—评估方法 Ⅳ.①C934

中国版本图书馆 CIP 数据核字（2017）第 202568 号

出 版 发 行：时事出版社
地　　　址：北京市海淀区万寿寺甲 2 号
邮　　　编：100081
发 行 热 线：(010) 88547590　88547591
读者服务部：(010) 88547595
传　　　真：(010) 88547592
电 子 邮 箱：shishichubanshe@ sina. com
网　　　址：www. shishishe. com
印　　　刷：北京朝阳印刷厂有限责任公司

开本：787×1092　1/16　印张：20.5　字数：290 千字
2017 年 11 月第 1 版　2017 年 11 月第 1 次印刷
定价：98.00 元
（如有印装质量问题，请与本社发行部联系调换）

目　　录

绪论 ……………………………………………………………… (1)
　一、选题的由来 ……………………………………………… (1)
　二、关于战略预测评估 ……………………………………… (3)
　三、研究意义 ………………………………………………… (4)
　四、研究现状 ………………………………………………… (8)
　五、研究方法 ………………………………………………… (21)
　六、创新点与难点 …………………………………………… (25)

第一章　战略预测评估的基本问题 ……………………………… (30)
　第一节　战略预测评估的前提 ……………………………… (30)
　　一、理论：规律的可认知性 ……………………………… (30)
　　二、实践：征兆的可搜集性 ……………………………… (35)
　第二节　提升战略预测评估质量的途径：构建以假设为
　　　　　核心的战略预测评估方法 …………………………… (46)
　　一、构建以假设为核心的战略预测评估
　　　　方法的必要性 …………………………………………… (47)
　　二、构建以假设为核心的战略预测评估
　　　　方法的可行性 …………………………………………… (53)
　第三节　战略预测评估的技术路线 ………………………… (59)

第二章　战略预测评估问题的提出与假设的建立 ………… (64)
　第一节　战略预测评估问题的提出 ………………………… (65)
　　一、问题提出的重要性 …………………………………… (65)

· 1 ·

二、问题提出的方式 ………………………………………… (67)
第二节　个体层面建立假设的方法 ………………………………… (72)
　　一、建立假设的逻辑方法 ……………………………………… (72)
　　二、建立假设的非逻辑方法 …………………………………… (86)
第三节　团体层面集成优化假设的路径 …………………………… (96)
　　一、构建多元化的分析团队 …………………………………… (97)
　　二、构建发散式假设群 ………………………………………… (101)
　　三、实现假设群的优化集成 …………………………………… (114)

第三章　假设检验环节指标体系的构建 ……………………… (129)
第一节　指标体系的定义及其重要性 ……………………………… (129)
　　一、指标与指标体系 …………………………………………… (129)
　　二、假设检验环节指标体系的重要性 ………………………… (131)
第二节　指标体系的构建原则 ……………………………………… (136)
　　一、整体性原则 ………………………………………………… (136)
　　二、重点性原则 ………………………………………………… (137)
　　三、灵活性原则 ………………………………………………… (138)
　　四、可操作原则 ………………………………………………… (140)
第三节　构建指标体系的逻辑推理依据与思路 …………………… (141)
　　一、构建指标体系的逻辑推理依据 …………………………… (141)
　　二、指标体系的构建思路 ……………………………………… (145)
第四节　指标的测量 ………………………………………………… (156)
　　一、测量法则 …………………………………………………… (157)
　　二、测量层次 …………………………………………………… (158)
第五节　指标权重的量化 …………………………………………… (164)
　　一、指标权重量化的传统方法 ………………………………… (164)
　　二、基于运筹学层次分析法的指标权重量化 ………………… (165)
　　三、指标权重量化实例 ………………………………………… (170)

目　录

第四章　证据评价推动下的假设检验 …………………… （174）
第一节　战略预测评估中的证据 …………………… （174）
　　一、有关证据的基本问题 ……………………………… （175）
　　二、证据资格 …………………………………………… （179）
　　三、证据与假设的关系 ………………………………… （187）
第二节　证据检验假设的证明机理 ………………… （193）
　　一、经验法则 …………………………………………… （194）
　　二、逻辑路径 …………………………………………… （202）
第三节　证据评价与结论的生成 …………………… （213）
　　一、证据评价模式 ……………………………………… （213）
　　二、证据评价的三个维度 ……………………………… （217）
　　三、证据评价规则 ……………………………………… （232）
　　四、结论的生成 ………………………………………… （244）

第五章　博弈论视角下假设的发展 …………………… （250）
第一节　博弈论视角的确定 ………………………… （250）
　　一、博弈论的基本理论 ………………………………… （250）
　　二、博弈与假设发展的关联性 ………………………… （251）
　　三、假设的双层博弈 …………………………………… （253）
第二节　假设博弈模型的构建 ……………………… （254）
　　一、不完全信息博弈与假设的发展 …………………… （255）
　　二、动态博弈与假设的发展 …………………………… （255）
　　三、零和博弈与假设的发展 …………………………… （256）
　　四、不完全信息动态零和假设博弈模型及实例 ……… （258）
第三节　假设博弈的对抗性互动 …………………… （260）
　　一、理性的"差异"与错误假设 ……………………… （260）
　　二、敌方的欺骗与误导性假设 ………………………… （266）
　　三、"或然性困境"与假设的"自我失效" ………… （272）
　　四、"结构性劣势"与假设的"时滞" ……………… （276）

第四节　假设博弈在动态循环中升级为结论 …………………（281）

结　语 …………………………………………………………（284）

参考文献 ………………………………………………………（295）

绪 论

一、选题的由来

美国"战略情报之父"谢尔曼·肯特（Sherman Kent）曾创造性地把战略情报①产品分为三类：基本描述型（basic descriptive form）、动态报告型（current reportorial form）和预测评估型（speculative-evaluative form）②，分别对应过去、现在和未来，并认为预测评估型情报是其中最有价值且最具艺术性的"巅峰之作"，是"最珍贵的情报产品"。③ 相应的，从事生产这种"巅峰之作"的战略预测评估（strategic speculation-evaluation）则必然是最高形式的情报分析。这正如美国资深情报专家罗伯特·克拉克（Robert Clark）所认为的，"最高形式的情报分析是对可能发生的情况进行预测的结构性思考。真正的情报分析总是预测性的"。④

然而，"要预测未来，就像一个人想抓着自己的头发将自己提起来一样困难"。⑤ 现实中的预测虽不至于如此夸张，但也是充满了重重困难。对于战略预测评估来说，其更是"行之极端不易"，历史实

---

① Intelligence, as I am writing of it, is the knowledge which our highly placed civilians and military men must have to safeguard the national welfare. See: Sherman Kent, *Strategic Intelligence for American World Policy*, Third Edition, Princeton, NJ: Princeton University Press, 1965, p. xxi.

② Sherman Kent, *Strategic Intelligence for American World Policy*, Third Edition, Princeton, NJ: Princeton University Press, 1965, p. 8.

③ Ibid., p. 64.

④ [美] 罗伯特·克拉克：《情报分析：以目标为中心的方法》，马忠元译，北京·金城出版社，2013年版，第238页。

⑤ 张德春：《社会预测的理论前提》，《山东大学学报》，1994年第3期。

践也充分证明了这一点。纵观世界情报史，因战略预测评估出现重大失误而给国家造成灾难的例子不胜枚举：苏联情报机构在苏德战争前的"视而不见"使国际共产主义运动的发展在德军的闪击下险些夭折；美国情报机构在珍珠港事件前的"一厢情愿"使美太平洋舰队丧失战略主动权达半年之久；以色列情报机构在第四次中东战争前的"一叶障目"使以军不可战胜的神话彻底破灭；英国情报机构在马岛战争前的"掉以轻心"使曾经的"日不落帝国"威严扫地；美国情报机构在"9·11"事件前的"意想不到"使美国本土遭受了近200年来的首次重大打击……

尽管战略预测评估"行之极端不易"，并在实践应用中屡受打击，但学者们却并没有放弃寻求"良方"以提升战略预测评估质量的努力。"工欲善其事，必先利其器。""假设"作为人类思维活动的基本形式之一，同时也是人类认识真理的一种重要方法。它是科学认识主体在已知的、有限的科学事实和一定的科学原理的基础上，通过科学抽象和逻辑推理等科学思维方法，对已存在的事物或现象做出假定性的解释，以及对未发现和尚未存在的事物或现象做出前瞻性的预测。[①] 基于此，假设在情报领域也必然有着独特的地位和价值。而战略预测评估究其本质，就是一个不断应用假设的过程。这正如肯特所指出的，战略预测评估的完成，必须依靠"一国中能力最超群者"，他们必须"是相关研究领域的专家，能客观地看待新证据的出现，创造性地提出研究技巧，有想像力地建立假设，清晰地分析自己的偏好或偏见，巧妙地展现自己的结论"。[②] 肯特不仅首次对"假设"在战略预测评估中的相关问题进行了论述，而且他的这一著名论断也奠定了"假设"在情报分析方法中的核心地位。由此为先导，一批又一批享誉世界的情报实践者与理论家开始从"假设"这一视角切入，以期借助更为科学、实用的情报分析方法来提升战

[①] 上海编辑委员会编：《辞海》，上海·上海辞书出版社，1989年版，第674页。
[②] Sherman Kent, *Strategic Intelligence for American World Policy*, Third Edition, Princeton, NJ: Princeton University Press, 1965, p.64.

略预测评估的质量，从而生产出高质量的情报产品，以满足情报用户的现实需求。

学者们的努力为笔者研究视角的确定以及沿着他们业已开创的道路继续展开深入研究奠定了基础。本书将研究重点锁定在了以下几个方面：历史上的战略预测评估为何总是出现失误？提升战略预测评估质量的途径为何？前人对"假设"的应用存在什么"症结"？怎样才能"对症下药"，最大限度地实现对假设的科学应用，从而规避前人犯过的错误？所有这些问题最终都可以归结为一点，即如何构建一套以假设为核心的战略预测评估方法，以提升战略预测评估的质量。

二、关于战略预测评估

按照谢尔曼·肯特的理解，如果说战略情报是"战略家拟定并执行计划时必须掌握"，"能在正确的时间将盾牌放在正确的位置，并准备引导长剑出鞘"的"特殊知识"，那么战略预测评估则无疑担当着"预先将盾牌放在正确位置，并在关键时刻拔出长剑以应敌"的重任。毫无疑问，战略预测评估是情报分析中最为高端，同时也是挑战最多、难度最大的一种类型。本书对"战略预测评估"概念的界定，选取的是情报分析理论中的经典释义，并得到了情报界的广泛认可。根据肯特的论述，"战略预测评估"意为通过逻辑推理获得的"关于未来情况，各种可能发生的情况以及发展方向"这一类知识的行为。[①] 其涉及的内容包括：（1）与己方国家利益有关的国家（即目标国）的未来态势及其针对外界刺激可能做出的反应；（2）为了推行其外交政策或战略，目标国将如何调整其内部力量；（3）目标国会在何时、何地、如何应用这些力量，企图达到什么

---

① Sherman Kent, *Strategic Intelligence for American World Policy*, Third Edition, Princeton, NJ: Princeton University Press, 1965, p. 7.

效果。①

当然，在肯特所在的时代，国家行为体是战略预测评估最为关注的目标。而如今，随着时代的发展，诸如恐怖组织等非国家行为体的活动愈演愈烈，所构成的非传统安全威胁不容忽视。比方说，我国当前就面临着"恐怖主义、分裂主义、极端主义'三股势力'威胁上升"②的严峻形势。因此，现今极有必要把非国家行为体也纳入战略预测评估关注的范围。

本书认为，战略预测评估可以从三个角度来理解：（1）"战略"意味着高层次，即战略预测评估的内容虽然广泛，但并不是说其涉及所有领域，而是只包含与己方国家利益有关，尤其是对于国家生存来说至关重要的知识；③（2）"预测"意味着有先见之明，即需要在敌方实施敌对行动之前发出警报，以便决策者和相关部门有足够的时间采取行动以应对威胁；（3）"评估"意味着纵深研究，其依据的情报素材一般是不完整的、不确定的，有时甚至是不易解释的，也正基于此，才需要最有能力的人去完成这项工作。故战略预测评估的产品堪称是一种观点，是逻辑推理的产物。

三、研究意义

（一）现实意义

首先，为提高战略预测评估的专业化水平提供有力的工具。信息时代的来临，给情报分析工作带来了空前的机遇和挑战，尤其是作为情报分析最高形式的战略预测评估更需要与时俱进，在吸收原有理论成果和经验做法的基础上不断创新发展。基于此，本书从情

---

① See: Sherman Kent, *Strategic Intelligence for American World Policy*, Third Edition, Princeton, NJ: Princeton University Press, 1965, pp. 1 – 10.
② 《中国武装力量的多样化运用》白皮书，中华人民共和国国务院新闻办公室，2013 年 4 月。
③ Sherman Kent, *Strategic Intelligence for American World Policy*, Third Edition, Princeton, NJ: Princeton University Press, 1965, p. xxi.

报分析研究的聚焦领域以及提升战略预测评估质量的根本途径入手进行研究，就具有极端迫切性和现实必要性。一方面，有利于让我国情报界更清醒地意识到战略预测评估应成为情报工作的重中之重。未来的情报工作不能仅仅囿于简单的信息资料的整理编辑，而应向深入的分析研究转变；也不能再因生产动态报告型情报而困于"时事综合症"[①]无法自拔，而应关注态势的长期发展趋势，为决策赢得先机。这正如美国前中央情报主任乔治·特尼特（George Tenet）在其任职听证会上所说："我的职责不是对形势进行观察并发表评论，而是向政府发布预警并尽全力保护美国国家利益。"[②] 美国前国家安全事务助理布伦特·斯考特罗夫特（Brent Scowcroft）也曾表达过同样的看法，认为"情报需要告知决策者的是，事情发展的决定因素为何，趋势为何，可能性为何"。[③] 情报工作的精髓莫过于此。另一方面，该研究则有利于提升情报分析人员的方法意识。情报分析方法意识的普及一直都是一个重大但又没有得到很好解决的问题。那种凭借智慧的灵光一闪和个人经验进行情报分析的传统做法已明显跟不上时代的步伐。虽然我国情报界也不乏知识丰富、意识敏锐且工作经验丰富的情报分析人员，但是对情报分析方法应用的无意识，则极大地阻碍了他们发展成为优秀的战略预测评估专家，自然也就很难生产出情报产品的"巅峰之作"。通过构建以假设为核心的战略

---

① 生产动态报告型情报产品的任务严重消耗了情报界的多数资源，从而导致了情报分析人员对情报问题进行深度分析的兴趣越来越小，投入的资源也越来越少。这种"时事综合症"致使情报分析人员过于短视地关注于事态的最新进展，忙于整编每天的动态情报，而对这些情报中的潜在因素和相互关系视而不见，更无法对日积月累的相互关联的证据做出系统考察，因此他们很难认清并预测事物长期的发展趋势。这一现象严重影响了战略预测评估的质量。See: U. S. Senate Committee to Study Governmental Operations with Respect to Intelligence Activities, *Final Report*, book 1: *Foreign and Military Intelligence*, 94th Cong. 2d sess., 1976.

② ［美］辛西娅·克莱博:《预判突然袭击——战略预警分析》，胡炜等译，北京·军事谊文出版社，2009年版，序言，第1页。

③ Woodrow Kuhns, Intelligence Failures: Forecasting and the Lessons of Epistemology, in *Parodox of Strategic Intelligence: Essays in Honor of Michael I. Handel*, Richard K. Betts and Thomas G. Mahnken, eds., London: Frank Cass Publishers, 2003, p. 96.

预测评估方法，有助于唤醒情报分析人员的方法意识，提升其战略预测评估能力，对于战略预测评估专家的培养与锻造以及情报分析专业化程度的提高，具有积极而深远的意义。

其次，为情报机构的建设发展提供科学着力点。近年来，我国情报机构的建设力度不断加大，现代侦察监视技术得到了大幅提升，有效缩小了与发达国家在搜集能力上的"鸿沟"。然而遗憾的是，情报分析，尤其是战略预测评估能力却没有跟上技术发展的步伐。情报史上的诸多案例表明，提升侦察监视技术水平只是提升战略预测评估质量的必要条件，而非充分条件。因为搜集到的海量情报素材无法不言自明，还必须运用科学的分析方法对其进行深入解读，才能穿透"迷雾"，看到真实的"画面"。我国情报机构在分析方法上的缺失，无疑会严重影响情报分析能力，尤其是战略预测评估能力的提升，从而成为制约情报工作全面发展的一大"短板"。基于此，我国情报机构应从顶层设计入手，从提升战略预测评估质量最本质、最核心的环节出发，通过加强对情报分析方法的研究，带动情报能力的整体跃升，从而将情报优势转化为决策和行动优势，真正实现防患于未然，赢得战略主动权。而本书所构建的以假设为核心的战略预测评估方法，则恰恰暗合了这一科学的指导思路。

最后，为维护和拓展国家利益提供智力支撑。近年来，随着我国综合实力的增长和国家利益的不断拓展，我国与外部世界的联系逐渐增多，与他国的利益摩擦与碰撞在频率和烈度上明显提升，面临的安全问题日益复杂。正如《中国的军事战略》白皮书所指出的："作为一个发展中大国，中国仍然面临多元复杂的安全威胁，遇到的外部阻力和挑战逐步增多，生存安全问题和发展安全问题、传统安全威胁和非传统安全威胁相互交织，维护国家统一、维护领土完整、维护发展利益的任务艰巨繁重。"[①] 在重重危机面前，我国的情报机构如果仅仅只依靠侦察监视系统对敌方的威胁性行动进行实时监控，而不

---

① 《中国的军事战略》白皮书，中华人民共和国国务院新闻办公室，2015年5月。

重视对此行动之前的征兆进行战略预测评估，那么就极有可能在威胁迫在眉睫之时才能发现敌情。此时情报机构即便向决策者发出即时预警，决策者也会因为错过了最佳应对时机而不可避免地陷入被动，使国家利益遭受重大损失。由此可见，强大的战略预测评估能力是决策者"运筹帷幄，决胜于千里之外"所不可或缺的利器。如何打造这种能力，自然也就成为了我国情报机构在当前及未来一段时间的关键任务之一。而构建以假设为核心的战略预测评估方法，其主旨就是为了提升战略预测评估的质量，辅助决策者做出正确的判断，采取高效的行动，以有效防止危机的发生或将危机化解于萌芽。从这个层面来看，其对于我国维护和拓展国家利益具有积极而深远的意义。

（二）理论意义

首先，本书构建了一套成体系、开放性的战略预测评估方法，在一定程度上丰富了我国情报理论研究的成果。战略预测评估方法研究由粗疏走向精密，不仅要依靠情报分析人员的工作经验，更要依靠其思想与前者相互砥砺。然而遗憾的是，与以美国为代表的西方国家相比，我国的情报实践虽源远流长，但现代的情报研究，尤其是情报分析研究却存在着较大的差距。这主要基于以下两方面的原因：一方面，情报分析人员把绝大部分精力都投入到了现实情报的生产工作之中，很难再有余力去思考如何改进战略预测评估方法这一问题；而囿于保密等原因，情报研究人员又很难有条件吸收一线情报分析人员的工作经验，以展开针对性、应用性较强的研究；另一方面，由于一线情报分析工作是在一种行会制和学徒系统[①]中运行的，方法的传递很大程度上依靠的是师徒相传的模式，缺乏系统

---

① 在行会制和学徒系统中，情报分析工作仍自觉保留着"技艺文化"，比如说"职业技艺"。这种文化实际上是基于以往的成功经验而构筑起来的，缺乏强有力的认识论支撑；而且传授给新手的知识也往往是被默认的专家意见和业内知识。其缺乏方法理论与实践转化相互增进的理性探讨。情报分析方法在师徒相传的模式下很难得到发展与创新，更多的则是一种复制，一种静态的循环的传播。See: Stephen Marrin, Intelligence Analysis: Turning a Craft into a Profession, *International Conference on Intelligence Analysis*, May 2005.

的梳理与总结。这两者极大地阻碍了战略预测评估朝体系化、专业化的方向发展。本书以一种间接的方式，通过广泛研究公开出版的情报分析方法文献，最大限度地做到融会贯通，从而构建一套以假设为核心的战略预测评估方法。该方法一方面能有力回答情报基础理论中一个最根本的问题，即"战略预测评估是情报工作的核心，其过程是一个不断应用假设的过程"，有利于进一步深化对战略预测评估的认识，使相关研究更加聚焦，针对性更强；另一方面，则有助于促使战略预测评估方法由依靠个人自发性的简单归纳向深层次的理性探索转变，反过来，这种理性探索又为该方法的进一步发展、完善提供了理论指引与研究空间。

其次，借鉴其他学科较为成熟的理论与方法，为军事情报学研究提供了崭新的思路和视角。当今，学术研究的一大发展趋势就是学科间理论与方法的相互交叉、渗透与融合，每种学科的理论与方法的发展都不是独立的。从其他学科成熟、先进的理论与方法中汲取营养，对军事情报学研究将大有裨益。就本书而言，在纵向研究上，借鉴了在自然科学和社会科学中扮演重要角色的假设理论与方法，从假设的建立、检验与发展三个方面对战略预测评估的流程进行了剖析，深入挖掘其中的规律；在横向研究上，本书围绕假设的应用，以社会科学的相关分析预测方法为总纲，聚焦于战略预测评估的自身特点，跨学科运用了运筹学、逻辑学、心理学、证据法学等一系列成熟理论与方法，拓宽并丰富了情报分析方法的内涵，使之从基础性研究向专业性、综合性更强的研究领域拓展，不断为战略预测评估提供新的方法工具。

四、研究现状

（一）国外研究现状

从 20 世纪中期开始，在以美国为代表的西方情报理论界中，许多精英们为了提高战略预测评估的质量，从各自不同的研究角度切入，对"假设在战略预测评估中的应用"这一重要命题进行了较为深入的探讨。在这些文献中，有的虽未直接提到"战略预测评估"一词，但战略预测评估本身就是情报分析的应有之义，是情报分析中一种最高级的形式，而关于假设的诸多研究成果大多针对的也是预测评估类情报。所以，假设在情报分析中的应用与其在战略预测评估中的应用在本质上具有同构的关系。按照研究侧重点的不同，可将国外研究现状分为三类：

一是将假设置于情报分析的宏观理论研究之中，奠定了假设在情报分析中的核心地位，为在战略预测评估中应用假设确立了蓝本。

谢尔曼·肯特在其著作《服务于美国世界政策的战略情报》一书中，从情报分析的划分阶段[①]入手，对假设的应用进行了理论性的探讨。他将建立假设作为情报分析一个关键性的阶段，并从数量与质量两个方面对假设提出了相应要求。肯特后来在《评估与影响》[②]一文中提出了著名的"分析金字塔"（Analytic Pyramid）理论。他精辟地将完美的情报评估过程比喻为一座"分析金字塔"：塔基由大量情报素材组成，符合逻辑推理的假设共同组成了塔的侧面，并最终指向对未来进行预测的塔的顶点。因此，要了解假设在情报分析尤其是战略预测评估中应用的起源，肯特的著述无疑是首选。

肯特之后又涌现出一批研究成果继承并发展了对假设的理论认识。如两位资深情报分析专家布鲁斯·伯尔考威茨（Bruce D. Berkowitz）与阿兰·古德曼（Allan E. Goodman）合著的《服务于美国国家安全的战略情报》[③]，就是40年后为适应新时代要求而对肯特经典论述的延续。该书深入剖析了假设性评估的理想模式与实际运作之间的差异，从情报周期的角度解释了假设应用失灵的原因，并从用户需求的角度为情报问题的提出以及假设的建立指明了方向。

---

① 情报分析的六步为：1. 发现实质性问题；2. 对实质性问题进行分析；3. 搜集相关资料；4. 对资料进行评估；5. 建立假设；6. 形成情报评估成品。See: Sherman Kent, *Strategic Intelligence for American World Policy*, Third Edition, Princeton, NJ: Princeton University Press, 1965, pp. 159 – 179.

② Sherman Kent, Estimates and Influence, *Studies in Intelligence*, Vol. 12, No. 3, Summer 1968.

③ Bruce D. Berkowitz, Allan E. Goodman, *Strategic Intelligence for American National Security*, NJ: Princeton University Press, 1989.

又如20世纪80年代作为美国第一位负责确定恐怖目标的情报官员罗伯特·斯蒂尔（Robert D. Steele），于2002年出版了专著《新情报技艺——面对非传统威胁时获取非对称优势》[①]，认为由艾伦·杜勒斯（Allen Dulles）设计的情报技艺，在经过肯特的发展完善后，已积累了良好的经验，而假设作为情报分析过程中的核心环节，应跟随已被验证的情报流程被继续传承下去。但同时在面对非传统威胁时，还需要为假设注入新的技艺，注重对相关历史教训的回顾，积极倡导建立一个网状互联互通的模式，从而更好地将公开来源情报引入假设检验体系。

杰罗姆·克劳瑟（Jerome Clauser）的《情报研究与分析导论》[②]，作为一本最早尝试将情报工作专业化的专著，深刻意识到了假设的重要性，并将假设划分为实用假设与问题假设两大类，认为每一次预测或每一个预测模型都是以假设为基础的，假设的正确性将决定预测的准确性。此外，该书还重点考察了证据与假设的关系，将证据置于描述型和预测评估型情报中进行研究，并提出了证实的七大原则。

中央情报局资深官员罗杰·乔治（Roger Z. George）与詹姆斯·布鲁斯（James B. Bruce）主编的《分析情报：起源、障碍与创新》[③]论文集，将正确地使用假设视为情报分析的一种关键性技能，并把假设的应用划分为建立与检验两大阶段。其在批判"继承性假设"的基础上充分肯定了多样化假设的价值，论证了证据与假设之间的关系，并分析总结了各种推理方法的优缺点。此论文集还以案例分析的形式，列举了8个情报失误案例，其中7个都涉及到错误的假设。因此，缺乏想象力的假设、欺骗性假设、被假设误导以及

[①] Robert Steele, *The New Craft of Intelligence: Achieving Asymmetric Advantage in the Face of Non-traditional Threats*, Carlisle, PA: U. S. Army War College Strategic Studies Institute, 2002.

[②] Jerome Clauser, *An Introduction to Intelligence Research and Analysis*, Lanham, MD: Scarecrow Press, 2008.

[③] Roger George, James Bruce, eds., *Analyzing Intelligence: Origins, Obstacles, and Innovations*, Washington, D. C.: Georgetown University Press, 2009.

无效假设，都会成为情报失误的罪魁祸首。

"信号与噪音"（signals vs noise）理论的创始人罗伯特·沃尔斯泰特（Roberta Wohlstetter）则从突袭与预警的角度出发，对假设的重要性以及建立假设的方式进行了论述。在其著作《珍珠港：预警与决策》[①] 中，沃尔斯泰特指出，所有的科学研究都应该建立在假设的基础之上，情报分析中的假设与更加精确的自然科学中的假设并没有本质上的区别。如果没有假设作指导，任何人都无法把"噪音"从"信号"中挑选出来。情报分析人员应将多种可能性都考虑进去，并围绕所要研究的问题建立多种假设。

迈克尔·汉德尔（Michael I. Handel）继承并发展了沃尔斯泰特的"信号与噪音"理论，并于《赎罪日战争和突袭的不可避免》[②] 一文中提出了"三重噪音"理论，进而丰富了假设建立的内涵，即要求在假设建立过程中应从敌方、己方以及第三方（国际环境）三个角度加以考虑，并鼓励运用竞争性的情报分析方法来加强对假设的检验。

二是将假设置于各类具体的情报分析方法之中，在不断创新情报分析方法的过程中增进了对假设的研究与应用。

从20世纪70年代开始，美国情报理论界出现了一大批新的情报分析理论与方法，它们从定量分析的角度对应用假设进行了新的思考。这方面最具代表性的就是由中央情报局微观分析理论研究专家理查兹·休尔（Richards Heur）于1978年主编的《政治情报定量分析方法：中央情报局的经验》[③] 一书。虽然其重点探讨的是定量分析方法，试图运用现代社会科学方法解决情报分析问题，但当具体到每一定量分析法时，如贝叶斯分析法（Bayes Analysis）、交叉影响分析法（Cross-Impact Analysis）、内容分析法（Content Analysis）

[①] Roberta Wohlstetter, *Pearl Harbor: Warning and Decision*, Stanford, CA: Stanford University Press, 1962.

[②] Michael I. Handel, The Yom Kippur War and the Inevitability of Surprise, *International Studies*, Quarterly 21, No. 3, Sep., 1977.

[③] Richards Heuer, Jr., *Quantitative Approaches to Political Intelligence: The CIA Experience*, Boulder, CO: Westview Press, 1978.

等，却又都涉及到了对假设的具体应用。

此外，还有一系列情报分析方法与技艺也都涉及到对假设的应用。最具代表性的莫过于结构化分析方法，其融合了多种具体的分析方法，主要包括："故意唱反调"（Devil's Advocate）、"A/B 队"分析法（Team A/Team B Analysis）、"红队"分析法（Red Team Analysis）、"如果……那么"假定分析法（"What If?" Analysis）、"高影响/低可能"分析法（High-Impact/Low-Probability Analysis）、可选择性分析法（Alternative Analysis）等。这些方法虽然各不相同，但它们却有一个共同的特点，即借助假设来实现自身的应用，因此应用假设科学与否将直接影响到这些方法最终的成败。主要的相关研究集中在以下文献中：罗杰·乔治（Roger Z. George）的《修补分析中的思维定势问题——可选择分析》[1]、沃兰·费施贝恩（Warren Fishbein）和葛里高利·特勒沃顿（Gregory Treverton）合著的《重新思考"可选择分析"以应对跨国威胁》[2]、罗伯特·弗克（Robert D. Folker）的《战区联合情报中心的情报分析：运用结构化方法的试验》[3]、理查兹·休尔与兰多夫·佛森（Randolph Pherson）合著的《情报分析的结构化分析技巧》[4]、美国政府颁布的《技艺指南：改进情报分析的结构化分析技巧》[5] 等。

还有很多研究者借鉴了认知心理学的相关理论，从微观层面入手，对分析人员的思维方式进行了深刻剖析，通过构建批判性思维与情报分析相结合的路径提升情报产品的质量，而这个批判思维运

---

[1] Roger Z. George, Fixing the Problem of Analytical Mind-Sets: Alternative Analysis, *International Journal of Intelligence and CounterIntelligence*, Vol. 17, No. 3, 2004.

[2] Warren Fishbein, Gregory Treverton, Rethinking Alternative Analysis to Address Transnational Threats, *The Sherman Kent Center for Intelligence Analysis Occasional Papers*, Vol. 3, No. 2, Oct. 2004.

[3] Robert D. Folker, *Intelligence Analysis in Theater Joint Intelligence Centers: An experiment in Applying Structured Methods*, Washington, D. C.: Joint Military Intelligence College, 2000.

[4] Richards Heuer, Jr., Randolph Pherson, *Structured Analytic Techniques for Intelligence Analysis*, Washington, D. C.: CQ Press, 2011.

[5] U. S. Government, *A Tradecraft Primer: Structured Analytic Techniques for Improving Intelligence Analysis*, Langley, VA: CIA Center for the Study of Intelligence, 2009.

用的过程就是一个不断质疑假设、不断检验假设的过程。它能有效地克服应用假设时可能出现的认知偏见和逻辑推理错误，从而促使情报分析人员公正客观地看待每一个假设和每一条证据。主要的代表性研究成果有：美国陆军行为和社会科学研究协会与美国陆军情报和安全司令部（INSCOM）出台的报告《情报分析的认知基础》[1]、戴维·摩尔（David T. Moore）的《批判性思维与情报分析》[2]、诺埃尔·亨德里克森（Noel Hendrickson）的《情报分析中的批判性思维》[3]、加里·克莱恩（Gary Klein）的《批判性思维的批判性思考》[4] 等。

三是聚焦于假设及其相关核心命题本身，开启了情报分析中应用假设的专题研究。

现代证据学的代表人物戴维·舒姆（David Schum）在借鉴英美法学体系的相关理论与方法的基础上，在《情报分析的证据与推理》[5] 一书中从情报分析的过程[6]入手，对作为情报分析推理要素之一的假设做了细致的研究，从而使人们对情报分析中这个最基本却又最重要的问题有了更加清晰的认识。舒姆从假设的类型、假设的产生以及评判假设效用的标准等多个角度，对假设在情报分析中的角色进行了详细的论述，并针对建立和检验假设的逻辑推理方法进行了深刻独到的阐发。此外，他还有一系列围绕证据评估进行研究

---

[1] J. R. Thompson, R. Hopf-Weichel and R. Geiselman, *The Cognitive Bases of Intelligence Analysis*, Alexandria, VA: Army Research Institute, Research Report 1362, 1984.

[2] David T. Moore, *Critical thinking and Intelligence Analysis*, Washington, D. C.: National Defense Intelligence College, 2007.

[3] Noel Hendrickson, Critical Thinking in Intelligence Analysis, *International Journal of Intelligence and CounterIntelligence*, Vol. 21, No. 4, 2008.

[4] Gary Klein, Critical Thoughts about Critical Thinking, *Submitted to Theoretical Issues in Ergonomics Science*, Dec. 2009.

[5] David Schum, *Evidence and Inference for the Intelligence Analyst*, Vol. I, Lanham, MD: University Press of America, 1987.

[6] 戴维·舒姆将情报分析的过程分为三个步骤：1. 确定分析的问题；2. 根据要素对这一问题构建推理；3. 根据证据检验假设，并最终得出结论。

的经典之作，如《证据分析》[①]《关于证据科学的思考》[②]等。这些研究材料为本书将证据引入假设检验环节奠定了扎实的理论依据与基础。

号称情报领域哲学家的本·以色列（Ben Israel）在《情报的哲学与方法：逻辑评估的过程》[③]一文中，围绕假设的检验方法进行了大胆的尝试。他要求分析人员摆脱传统的证实方法，而采用证伪方法来检验假设。其核心观点是，只有假设不能被证伪才能成立。本·以色列的这一观点得到了其他专家的广泛响应。美国情报界随之产生了"故意唱反调"与可选择性分析法等一系列主张通过竞争与证伪来对假设进行检验的分析方法。

理查兹·休尔则在吸取了各方经验的基础上，在《情报分析心理学》[④]一书中提出了"竞争性假设分析法"（Analysis of Competing Hypotheses）。其核心就是在一系列看似合理的假设中进行竞争，通过一连串的交叉测试，选出那些与现有情报相符的假设——也就是那些没有被驳斥的假设——进行下一步的测试。该方法特别适合于分析复杂的情报问题，对于帮助情报分析人员克服认知局限有着重要的意义。该研究成果标志着将假设应用的相关研究推向了一个新的发展高度。在后续的研究中，休尔又将该方法做了进一步拓展，融合了计算机技术，并指出未来的分析应该是团队协作性质的，分析人员单打独斗的模式已不适合分析复杂问题，因此极有必要开发一款基于协作的竞争性假设分析软件。

休尔的研究成果拓宽了情报研究者们的视野，促使他们纷纷从自己的研究领域与兴趣出发，对竞争性假设分析法进行了再思考，并涌

[①] Terence Anderson, David Schum, William Twining, *Analysis of Evidence*, Second Edition, Cambridge, MA: Cambridge University Press, 2005.

[②] David Schum, *Thoughts about a Science of Evidence*, London: University College London, 2005.

[③] Isaac Ben-Israel, Philosophy and Methodology of Intelligence: The Logic of Estimative Process, *Intelligence and National Security*, No. 4, Oct. 1989, pp. 660–718.

[④] Richards Heuer, Jr., *Psychology of Intelligence Analysis*, Langley, VA: CIA Center for the Study of Intelligence, 1999.

现出一批优秀的研究成果。如将贝叶斯方法与竞争性假设分析法相融合，对证据与假设之间的关系进行更为精确的评估，最后计算每个假设成立的相对概率。还有就是将结构化分析技巧与竞争性假设分析法相嫁接，拓宽了假设应用的内涵。如理查德·塞华德（Richard Seward）和克里斯坦·威顿（Kristan J. Wheaton）合著的《结构化竞争性假设分析：理论与应用》[1]、克里斯坦·威顿和戴安·奇多合著的《结构化竞争性假设分析：改进一种检验过的情报方法论》[2]等。这些研究成果都聚焦于假设，试图通过优化竞争性假设分析法来进一步克服情报分析人员的认知局限，从而提升情报产品的质量。

（二）国内研究现状

毛泽东曾指出："凡行动不可只估计一种可能性，而要估计两种可能性"[3]，"除根据当前情况外，还要估计到情况的某些可能的变化，要准备在这种情况下有对付的办法。"[4] 虽然毛泽东的论断并没有涉及"假设"一词，但对可能性的估计本身，就是一种假设的实际应用。然而，目前国内却很少有人自觉地将这种假设的应用上升为一种理论与方法以指导战略预测评估实践。这很大程度上是由于我国对情报理论的研究尚处于初创阶段，而假设的相关问题作为情报研究中的一个微观命题，很难在短时间内成为研究的热点。

根据笔者所进行的文献统计发现，国内大部分关于假设应用的情报研究著述主要是介绍外国，尤其是美国这方面的研究成果，尚未形成自家之言。但这种介绍是值得肯定的，因为它们拓宽了国内学者的研究视野，也只有在"拿来"的基础上才有可能做进一步的创新。

---

[1] Richard Seward and Kristan J. Wheaton, Structured Analysis of Competing Hypotheses: Theory and Application, *Analytic Methodologies Project*, Mercyhurst College Institute of Intelligence Studies Press, 2006.

[2] Kristan J. Wheaton and Diane Chido, Structured Analysis of Competing Hypotheses: Improving a Tested Intelligence Methodology, *Analytic Methodologies Project*, Mercyhurst College Institute of Intelligence Studies Press, 2006.

[3] 中共中央文献研究室、中国人民解放军军事科学院编：《毛泽东军事文集》（第4卷），北京：军事科学出版社、中央文献出版社，1993年版，第58页。

[4] 同上，第134页。

张晓军主编的《美国军事情报理论著作评介》[①]一书，其第三篇"军事情报分析研究"中有两章内容分别介绍、评述了理查兹·休尔和戴维·舒姆的理论成果；张晓军主编的《美国军事情报理论著作评介》（第二辑）[②]，再次原生态地再现了美国军事情报理论研究方面的精华，在一定程度上启发并丰富了本书的研究思路。张晓军牵头撰写的《美国军事情报理论研究》[③]一书第二章"美国情报分析理论研究"，在具体阐述最具代表性的分析理论时，有部分内容涉及到情报分析中的假设。值得一提的是，此书附录中列出的关于情报研究的大量外文文献，以及经典著作提要，极大地方便了本书的资料搜集与撰写工作。

张长军的《美国情报失误研究》[④]一书第三章第六节，借用了休尔的竞争性假设分析法，作为克服情报分析失误的一种尝试；《战略突袭预警研究》[⑤]一书对竞争性假设分析法进行了再消化，结合战略预警分析需求提出了多假设分析法，迈出了假设应用研究的重要一步。

李景龙的《美国情报分析理论发展研究》[⑥]一书，较为详细地论述了情报分析的依据与推理，以及竞争性假设分析法，同时通过对美国其他情报分析理论的研究，为本书从多个角度认识与应用假设提供了思路。钱军的《情报分析的认知理论与方法》[⑦]一书，从认知角度对情报分析进行了深入剖析，参考借鉴了理查兹·休尔的竞争性假设分析法，将假设视为避免情报分析失误的一种重要认知方法，并提出了假设产生与甄别的认知策略。翟晓敏、杨寿青编著

[①] 张晓军主编：《美国军事情报理论著作评介》，北京·时事出版社，2005年版。
[②] 张晓军主编、任国军副主编：《美国军事情报理论著作评介》（第二辑），北京·时事出版社，2010年版。
[③] 张晓军等：《美国军事情报理论研究》，北京·军事科学出版社，2007年版。
[④] 张长军：《美国情报失误研究》，北京·军事科学出版社，2006年版。
[⑤] 张长军：《战略突袭预警研究》，北京·军事科学出版社，2010年版。
[⑥] 李景龙：《美国情报分析理论发展研究》，北京·军事科学出版社，2014年版。
[⑦] 钱军：《情报分析的认知理论与方法》，深圳·深圳报业集团出版社，2009年版。

的《军事情报分析与预测》[①]一书第五章第二节,从证伪的角度对假设的建立提出了简要的要求。汪明敏的博士学位论文《反恐预警分析研究》[②],提出以多样化假设分析方法提升反恐预警分析的质量,重视对某些高度不可能或不确定事件进行分析,防止思维漏洞。

在期刊论文方面,国内的相关研究更是凤毛麟角。近几年的《中国军事科学》《外国军事学术》等核心军事刊物,从未有涉及通过假设的应用以提升战略预测评估质量这一命题的论文。仅《情报杂志》《情报科学》等杂志中偶有文章与该命题有关。如崔华华、林涛的《论军事情报分析中竞争性假设分析法的应用》[③],辛永涛的《浅析竞争性假设分析方法在边防情报分析中的应用》[④],张长军的《情报分析技巧在战略预警中的运用——以美国情报界为个案》[⑤],王肖戎、史建伟的《结构化改进竞争性假设分析法》[⑥] 等等。这些论文能够关注国外最新的情报分析方法研究动态,积极引入新方法,并以勇于批判的精神质疑经典,客观指出原有方法存在的问题,这本身就是一种学术进步。

本人曾在硕士论文《论情报分析中的假设》中,按照假设应用的内在逻辑轨迹,围绕假设的建立与检验两大阶段,深入分析研究了建立与检验假设的基本程序、一般模式、逻辑方法以及应用原则,并发表了相关成果:《论假设方法在情报分析中的应用》(《情报探索》2008 年第 1 期)、《从假设到结论——博弈论视角下的情报分析》(《解放军外国语学院学报(社会科学版)》2013 年第 4 期)、《假设方法在情报分析中的运用》(《第五届全军军事情报学学术研

---

① 翟晓敏、杨寿青编著:《军事情报分析与预测》,北京·国防大学出版社,2000 年版。
② 汪明敏:《反恐预警分析研究》,解放军外国语学院博士学位论文,2014 年 6 月。
③ 崔华华、林涛:《论军事情报分析中竞争性假设分析法的应用》,《情报杂志》2006 年第 12 期。
④ 辛永涛:《浅析竞争性假设分析方法在边防情报分析中的应用》,《云南武警学院学报》2008 年第 2 期。
⑤ 张长军:《情报分析技巧在战略预警中的运用——以美国情报界为个案》,《情报科学》2006 年第 11 期。
⑥ 王肖戎、史建伟:《结构化改进竞争性假设分析法》,《社科纵横》2009 年第 6 期。

讨会论文集》2013年)、《情景分析法在情报分析领域的应用研究》(解放军外国语学院第十六次学术报告会，2015年1月)、《情景分析法研究》(《高等教育研究》2015年第3期)、《论情景分析法在情报预测中的应用》(《情报学刊》2015年第2期)、《论情报分析中的非逻辑方法》(《情报杂志》2016年第1期)。

(三) 总结

通过对中外文献的梳理与解读，不难发现关于假设的应用研究已经取得了较为丰硕的成果。这些宝贵的资料为本书的撰写奠定了坚实的基础，同时也极大地启迪了研究思路与方法。

首先，将假设视为情报分析方法中的一个核心命题，这对于本书从以提升战略预测评估质量为目的的角度选取以及方法构建起到了决定性的作用。美国第一代情报分析专家便将假设纳入了情报分析基本理论的框架之中，假设也由此成为了情报分析理论无法规避的一个核心命题。而新兴情报分析理论的诞生又为假设注入了新鲜的血液，假设在情报分析中的地位得以进一步巩固，假设的应用也随之得到了相应的完善与发展。

其次，就假设应用的一些宏观问题达成了共识，为提升战略预测评估质量提供了普遍意义上的理论支撑。这些研究成果主要是将假设置于情报分析的流程之下进行考察，达成的共识包括：假设的基本属性与功能；假设在情报分析链条中所处的位置及重要性；证据与假设的关系；应用假设的逻辑框架、基本模式、阶段划分等。特别值得一提的是，理查兹·休尔创建的"竞争性假设分析法"进一步细化了建立假设和检验假设这两大阶段，将其划分为8个具体的步骤，具有相当高的参考价值与借鉴意义。

最后，有的文献借鉴了其他学科的研究理论与方法，对于拓展本书的研究思路与研究方法具有积极的启发意义。通过研究发现，部分情报专家和学者已不再拘泥于用情报分析领域所固有的理论与方法去研究假设问题，而是积极结合自己的专业知识背景与特长，将其他学科较为成熟的研究成果不断引入，如借鉴历史学、认知心理学、组织行为学、通信学、数学等理论与方法，丰富了研究内涵。这为本书寻找最佳路径去理解和应用假设打开了多扇窗户，尤其是针对假设应用过程中每一阶段所采取的具体方法，其更具有指导与借鉴意义。

然而，科学研究要求从事科学研究的人通过掌握分析大量的材料，获得前人或他人没有认识到的、讲过的新的规律性认识，并根据这种认识，提出一种系统的意见，这才是科学研究的任务。[①] 基于此，笔者本着一种批判的精神，在梳理现有研究成果的基础上，产生了一些新的疑问、一些新的认识，迸发出一些新的火花。这些力量牵引着笔者去探索和发现一系列值得研究的问题，并试着去拓展与假设相关的领域内的知识，以展开原创性研究。

首先，由于研究的侧重点与切入角度的不同，众多情报专家和学者关于假设应用层面的代表性观点也是各有侧重且不尽相同。这主要集中在了诸如假设的数量是否唯一；假设是否应有主次之分；应该用证实、证伪，还是两者相结合的方法来检验假设等此类问题。所有这些分歧最后统一于两大思考方向之上：建立假设的方式与检验假设的方式（详见表0—1、表0—2）。这些学术界争论的焦点问题牵引着笔者不断去思考分歧背后的原因，以及每一代表性观点的可取之处与不足，从而明确了若干个着力点，使研究更加聚焦。

表0—1　有关建立假设方式的代表性观点

思考方向		代表性观点		
建立假设的方式	假设的数量	围绕一个问题建立多个假设		建立唯一假设
	假设的主次	多个假设处于平等的地位，并存在相互竞争的关系	在多个假设中最终确定唯一的假设	根据重要的证据"动因"确立"枢纽假设"，但不排斥其他假设的存在

[①] 王力、朱光潜等：《怎样写论文——十二位名教授学术写作纵横谈》，沈阳·辽宁教育出版社，2011年版，第90页。

表 0—2　有关检验假设方式的代表性观点

思考方向		代表性观点		
检验假设的方式	检验的对象	针对建立的所有假设进行检验，逐个排除	只针对最终选定的那一个假设进行检验	重点检验"枢纽假设"，其余假设只做适当的检验
	检验的方法	证实法	证伪法	证实与证伪相结合
	得出的结论	结论唯一	结论唯一，但有备选的结论	有多个可选择性的结论

其次，围绕假设的应用还衍生出一系列具体问题亟需研究，以推进相关知识的系统化、科学化。虽然众多著述中涉及假设应用这一命题的非常多，但是就此专门展开深入研究的却并不多，尤其是对假设应用进行全程考察的更是少之又少。即便是备受赞誉的、代表现今此方面研究集大成者的"竞争性假设分析法"，其背后也蕴藏着很大的再研究空间。比如，该方法跳过了重要的一步，即问题的提出，而这恰恰又是建立假设不可或缺的重要基础。对于假设应用过程中每一步骤的论述，也都是提纲挈领式的，缺少系统的展开，这就容易给读者造成"知其然，而不知其所以然"的困惑。最为关键的是，虽然该方法突出了证据对于假设检验的重要性，但是它却是建立在这样一个基本假定之上的，即该方法使用的证据都是经过检验后的准确无误的证据；此外，证据与假设的关系也没有被精确量化，而在现实战略预测评估工作中，证据评价以及对证据与假设之间关系的考察将直接关系到结论的准确性。以上这些问题在先前的研究中并未得到很好的解决，这也为本书的创新性研究预留了较大空间。

最后，应用型研究成果相对匮乏，需要进一步在实用性与可操作性上下功夫。从研究性质上看，大多数研究成果属于理论性研究，研究过程遵循着"经验→理论"的逻辑规律，从理论的高度解析了假设应用的重要性及其规律性。从研究目的上看，相关研究成果则多属于描述性研究和解释性研究，从"是什么"和"为什么"两个角度入手，对情报分析中的假设进行了全面、准确的描述，并对假设应用中存在的问题进行了深入解读，探寻现象背后的原因。然而对于情报分析尤其是战略预测评估而言，它的现实指向性注定了所有的研究不能只停留于理论性研究，也不能仅仅满足于对规律、特征与原因等的描述与解释，还需要在此基础上向应用型研究不断迈进。这就为本文提出了新的研究目标与要求，即遵循"经验→理论→对策"的逻辑规律，针对"病症"开出"处方"，对症下药，从而更有效地解决战略预测评估的现实方法应用问题。

五、研究方法

本书的研究方法可以说是"以假设为核心的战略预测评估方法之方法"，其科学与否直接决定着所构建的这套预测评估方法的成败，因此意义重大。基于此，本书从方法论、研究方式、具体方法与技术三个维度入手，对研究方法进行了精心设计，以最大限度消除研究过程中可能出现的主观偏差或误差，使得出的结论更为客观、可靠。

（一）方法论

方法论，即指导研究的思想体系，它是从哲学层次上对方法的探索与反思，其中包括基本的理论假定、研究原则、研究逻辑等等。[①] 任何研究都必须以一定的方法论为指导，构建以假设为核心的战略预测评估方法自然也不例外。情报分析在总体上是一个偏向于社会科学，充满着模棱两可、不确定性、迷惑性的领域，是科学，也是艺术。[②] 这种社会科学的属性以及情报工作自身的特殊性，决定

[①] 袁方主编：《社会研究方法教程》，北京·北京大学出版社，2013年版，前言第1页。
[②] 张晓军等著：《美国军事情报理论研究》，北京·军事科学出版社，2007年版，第6页。

了必须要将实证主义方法论①与人文主义方法论②相结合③，从而得以建立这样一个基本的理论假定：虽然要充分考虑研究对象的特殊性，但以假设为核心的战略预测评估方法却是有规律可循的。本书将充分发挥两种方法论优势互补的潜能，通过定量与定性相结合，深入挖掘战略预测评估中应用假设的规律，最大限度构建一套客观外在和主观内在相契合的分析方法。

（二）研究方式

研究方式是指贯穿于研究全过程的程序和操作方式，它表明研究的主要手段与步骤，包括研究法与研究设计类型。④

研究法⑤用以表明研究的实施过程和操作方式的主要特征。⑥按照资料的类型、收集资料的途径或方法以及分析资料的手段和途径，本书确定的研究法是文献研究。⑦在大量阅读情报类文献资料的基础上，侧重从中挖掘提升战略预测评估质量的各类情报分析方法，并围绕假设进行融会贯通；同时，通过对社会学研究方法、运筹学、

---

① 实证主义方法论认为，社会研究应该向自然科学研究看齐，应该对社会现象及其相互联系进行类似于社会科学那样的探讨。要通过非常具体、非常客观的观察，通过经验概括得出结论。同时，这种研究过程还应该是可以重复的。参见风笑天：《社会学研究方法》，北京·中国人民大学出版社，2011年第三版，第8页。

② 人文主义方法论认为，研究社会现象和人们的社会行为时，需要充分考虑到人的特殊性，考虑到社会现象与自然现象之间的差别，要发挥研究者在研究过程中的主观性。用马克斯·韦伯的话说，就是要"投入理解"，或者是赖特·米尔斯所说的"人对人的理解"。理解派的方法似乎最适合于对复杂现象做探索性研究，特别是在这些现象不太为人所知的时候。参见风笑天：《社会学研究方法》，北京·中国人民大学出版社，2011年第三版，第8页。

③ 在社会研究中，存在着两种基本的、同时也是相互对立的方法论倾向。一种是实证主义方法论；另一种是人文主义方法论。长期以来，实证主义方法论一直占据着社会研究方法论的主流地位。参见风笑天：《社会学研究方法》，北京·中国人民大学出版社，2011年第三版，第8页。

④ 袁方主编：《社会研究方法教程》，北京·北京大学出版社，2013年版，第19页。

⑤ 研究法包括调查研究、实验研究、实地研究和文献研究4种最主要的类型。

⑥ 袁方主编：《社会研究方法教程》，北京·北京大学出版社，2013年版，第102页。

⑦ 文献研究可以说是一种古老、传统的研究方法，历史学中的考据、训诂、校勘方法就是一种文献研究方法。一般而言，社会研究中的文献研究主要是利用二手资料进行分析，具有非常明显的间接性、无干扰性和无反应性，因此也称"非介入性研究"或"无回应性研究"。参见仇立平：《社会研究方法》，重庆·重庆大学出版社，2013年版，第239页。

认知心理学以及证据法学等相关文献资料的研究与借鉴，使构建的以假设为核心的分析方法更加开放、灵活。

研究设计是指对整个研究工作进行规划，制定出探索特定社会现象或事物的具体策略，确定研究的最佳途径，选择恰当的研究方法。① 笔者主要从研究目的②、研究性质③以及时间维度④三个方面进行了研究定位与最优规划。首先，就研究目的而言，本书旨在描述性研究的基础上进行一种探索性研究，即通过较为全面、系统地梳理与假设有关的情报分析方法，进一步发现并揭示其特征和规律，以期深入探讨和研究提升战略预测评估质量的有效途径。其次，就研究性质而言，本书应定位为是一种应用性极强的基础理论研究，即在研究过程中力争从理论的高度构建一套以假设为核心的战略预测评估方法，对现实中的战略预测评估起到方法论上的指引与启发作用，同时又能为情报分析人员提供一套可操作的标准化作业模式，达到"授人以渔"而非"授人以鱼"的目的。最后，就时间维度而言，本书采取了纵向研究与横向研究相结合的研究设计，即对战略预测评估的流程进行纵向考察，以勾勒出以假设为核心的战略预测评估方法的应用过程；而在流程的每个阶段，又聚焦于横断面的研究，力争还原假设在战略预测评估中某一时间点上的应用全貌。

---

① 风笑天：《社会学研究方法》，北京·中国人民大学出版社，2011年第三版，第64页。

② 人们在科学研究中所要达到的目的一般来说有三种，即探索、描述和解释。因此，根据研究目的，社会研究可以分为探索性研究、描述性研究和解释性研究。由于研究目的不同，探索性研究、描述性研究和解释性研究在研究要求、研究对象和研究方法以及具体的程序和技术方面，会有比较大的区别。参见仇立平：《社会研究方法》，重庆·重庆大学出版社，2013年版，第42页。

③ 社会研究可以从性质上划分为理论性研究与应用性研究两大类，二者又分别称为理论研究与应用研究。这两类研究之间的差别实际上是如何运用社会研究的差别。简单地说，一类关注于运用研究来发展知识；而另一类则关注于运用研究来解决实际问题。参见风笑天：《社会学研究方法》，北京·中国人民大学出版社，2011年第三版，第69页。

④ 时间维度是研究设计中另一个重要的方面。除了社会研究本身需要时间以外，研究方法本身也具有实践的方向性，即是截取时间的横断面还是按照时间的序列进行调查研究。时间维度意味着研究者在研究过程中，是选择一个时间点还是选择几个程序列的时间点进行调查研究。根据时间点的选择，研究方法分为横向研究（也称横剖研究或截面研究）和纵向研究（也称纵贯研究）。参见仇立平：《社会研究方法》，重庆·重庆大学出版社，2013年版，第50页。

(三) 具体方法与技术

具体方法与技术是指在研究的某一阶段使用的方法、工具和手段。[①] 在研究过程中，选取不同的具体方法与技术，其成本与效力也不尽相同。本书根据研究内容、性质与目标等，将综合使用以下三种重要的具体方法与技术，以提高研究效力。

一是实体无涉（substance-blind）[②] 方法与实体本位（substance-oriented）方法相结合。实体无涉方法是在不考虑具体研究内容和研究领域的情况下，抓住研究对象的最本质规律进行研究的一种抽象方法。实体本位方法则是由抽象回归具体、由普遍回归特殊的一种研究方法，即将研究对象置于其所属学科之中，并结合其自身特点与规律展开研究。本书中关于假设方法的构建、指标体系的确立、证据评价以及假设的博弈等问题，均采用了这样两种方法相结合的模式。在相关学科中对以上问题的共性加以探索和借鉴，纯化研究对象，拓宽研究视野，然后再回归战略预测评估领域对其进行再开发与再研究。在此基础上构建的以假设为核心的战略预测评估方法将不仅具有深厚的理论底蕴，同时也更具有针对性与操作性。

二是定量方法与定性方法相结合。定量方法与定性方法是相辅相成，且又各自具有独特作用的两种研究方法。本书首先使用定性方法对以假设为核心的战略预测评估方法进行性质判断，然后在假设检验环节引入量化分析，并最终在定量分析的基础上对结果进行定性的解释。这有助于更加深刻和准确地把握以假设为核心的战略预测评估方法的本质与规律，增强研究的精确度和可信度。

三是比较分析法。本书在研究中对各种不同的分析方法进行系

[①] 袁方主编：《社会研究方法教程》，北京·北京大学出版社，2013年版，前言第1页。

[②] See: David Schum, *The Evidential Foundations of Probabilistic Reasoning*, Evanston, IL: Northwestern University Press, 2014; Terence Anderson, David Schum, William Twining, *Analysis of Evidence*, Second Edition, Cambridge, MA: Cambridge University Press, 2005, p. 55; William Twining, Evidence as a Multi-Disciplinary Subject, in William Twining, *Rethinking Evidence: Exploratory Essays*, Second Edition, Cambridge, MA: Cambridge University Press, 2006.

统比较，厘清了各种方法的适用范围、特点以及优缺点，找到了综合集成各种方法的突破口，从而在借鉴和创新的基础上，围绕提升战略预测评估质量这一终极目标，探讨了如何科学、有效地构建以假设为核心的战略预测评估方法。

六、创新点与难点

（一）创新点

首先是选题的创新。战略预测评估作为情报分析的最高形式，是情报分析中最难改进，但同时也是最需改进且极具改进空间的领域。然而，目前国内学术界关于情报分析方法的研究大多属于描述型和解释型，回答了"是什么"、"为什么"等问题，虽取得了一定成果，但却比较缺乏"怎么办"的应用型研究，很少有学者试着从正面去构建一整套提升战略预测评估质量的原创性分析方法。而在以美国为代表的国外情报学术界，虽然围绕情报分析展开了一系列应用型研究，但由于研究视角各不相同，故分析方法较为分散，也鲜有一整套分析方法能从假设这个视角切入涵盖整个战略预测评估过程。于是在此大背景下，休尔首创的"竞争性假设分析法"就显得尤为可贵。然而，正如本书在研究现状总结时所指出的，即便是这样一个备受赞誉和推崇的"竞争性假设分析法"也并非就是完美无缺的。[1] 无论这种缺憾出于何种原因，其背后都蕴藏着很大的再研

---

[1] 理查兹·休尔的《情报分析心理学》一书以电子版专著的形式于1999年在美国中央情报局网站上公开发布。该著作从认知心理学的角度将情报分析的实质归为一种思维活动，然后解释了认知局限对情报分析的影响，最后在此基础上给出了解决问题的方法，即"竞争性假设分析法"。虽然全书的框架结构系统、完整，但就对假设的应用型研究来说却略显薄弱。该方法将假设在情报分析中的应用分为8个步骤，条理清晰，但其中涉及的很多问题都是点到为止，并没有深入展开解析。这一点单从该方法在全书中所占的篇幅比例就能看出。全书共有14章，作为本书精华所在的"竞争性假设分析法"仅仅是第八章的内容。而该方法又被美国情报界指定为培训情报分析人员的必修内容，短短一章内容明显不足以支撑实践中的培训任务。那么，就有可能存在这样一种合理的解释，即美国中央情报局在公开发布此书的时候为了保护情报分析的核心能力，对部分内容做了删减处理，尤其可能针对"竞争性假设分析法"的详细操作以及相关的应用案例。

究空间。因此，如何更好地应用假设以提升战略预测评估的质量，这本身仍是一个既未得到很好解答，又具有极强研究价值的命题。从这个意义上看，本书选择它进行研究，去主动构建一套以假设为核心的战略预测评估方法，自然就具有较强的创新意义。

其次是思路的创新。本书抓住了战略预测评估的关键，选取假设作为研究的切入点，确定了将战略预测评估过程与学术研究过程相统一的研究思路；同时在对研究现状进行细致梳理的大前提下，本着"略人之所详，详人之所略"的原则，重点填补了假设应用中没有解决或者没有得到很好解决的问题。该思路不仅避免了重复性研究，还打破了以往对各种情报分析方法横向研究以及方法间简单叠加的传统思维，创造性地建立了缀珠成帘、纵横交错的网状研究模式。一方面跳脱了驳杂的方法选取问题，能够较全面地涵盖整个战略预测评估过程，将方法研究蕴涵于分析过程之中，增强了研究的体系性，从而最大限度地实现了情报理论指导与现实操作的紧密结合；另一方面又打造了一种有机耦合的、开放的方法系统，突出了情报分析方法的集成效益，规范了整个战略预测评估过程。此外，随着情报分析理论与实践的不断深入发展，在该研究思路指导下所创建的方法系统还为不断完善和吸收新的情报分析方法预留了空间，这种开放的灵活性又为其可持续发展提供了不竭的动力。

再次是方法实用性与针对性的创新。谢尔曼·肯特与诸多情报研究专家都曾指出，要在情报分析中科学地应用假设。但遗憾的是，关于在不同的情报分析类型中应当如何有针对性地应用假设，他们却不曾关注。本书根据战略预测评估具有高层次、预见性和纵深性的特征，在假设的建立上，使用了专门针对高不确定性未来情况的情景分析法，并主张在针对复杂战略预测评估问题时，注重发挥团体层面的力量，以集成优化建立假设的路径；在假设检验上，要求对假设进行回溯推理，构建分层级、权重量化的指标体系，并建立科学的证据—推理链条网，使对假设进行缜密的检验成为可能；在结论得出上，注重计算各个假设成立的可能性，并要根据形势发展和战略预测评估客体的因应行为对结论进行即时的修正与调整。

最后是成果的创新。一是从众多个性化的情报分析方法中寻找并提炼出共性，厘清了战略预测评估的逻辑轨迹，即提出问题—建立假设—检验假设—形成结论，然后以假设为轴心，实现了诸多分析方法的系统集成，在方法"分"与"合"的辨证统一中提升战略预测评估的质量。二是引入量化方法提升战略预测评估结论的准确度，尤其是运用了运筹学中的层次分析法对指标的权重进行精确量化，最大限度排除了人为主观因素的不利影响。三是在整合性证据科学的指引下，借鉴了证据法学中的相关理论与知识，融合了大陆法系和英美法系中证据应用的各自优势特点，并将其引入假设检验环节。一方面，从证据资格这一崭新的视角重新对情报素材进行了审视与筛选；另一方面，确定了证据裁判原则，通过对证据的科学评价以及与指标的有效对接，最终完成对假设的检验，同时生成可信度、准确性较高的战略预测评估结论。四是借用了博弈的相关理论，将假设置于动态发展与敌我对抗中进行考察，创造性地构建了假设的双层博弈模型，从而对假设的发展过程采取了一种全新的、更加形象化的解读，即在对抗性互动下的假设呈现出一种"螺旋上升式"的动态循环。

（二）难点

一是研究架构的科学构建问题。本书的终极指向是解决一个"怎么办"的问题，即如何借助战略预测评估方法来生产高质量的情报产品，所以它必须是在描述和解释的基础上给出"处方"。那么如何才能开出"对症下药"的"处方"，这就需要在搜集和研读大量相关资料的基础上，进行深入透彻的思考。只有打通假设应用过程中各个关键节点，找到一定的内在逻辑脉络，方能将各种情报分析方法融会贯通于其中。这一探索过程本身就是极其艰难的。此外，还需要笔者对自身的研究能力与专长加以客观评估，并在此基础上进一步挑战研究的难度，将研究的触角拓展到本学科专业外的领域，同时又能确保对问题的解决控制在笔者的解答能力范围之内。如此，最终确定的研究架构才有可能是解决问题的最优方案，同时也是最可行的方案。

　　二是保密制度的限制问题。由于情报工作的敏感性，笔者无法深入一线情报单位进行调研并获取一手材料。这就导致在研究过程中很难选取我国情报工作中的经典案例进行剖析，只能借助国外的相关资料进行二次转化，材料本身的准确性和适用性都必须进行重新考证。此外，即便是美国这样开放度如此之高的国家，虽然其解密的以及公开出版的与情报分析方法相关文献资料数量众多，但只要涉及到具体方法应用层面的，也大多采取原理说明式的写作方式，少有结合大型案例进行一脉以贯之的深度解析。所以笔者必须在掌握这些分析方法原理的基础上，结合自己的再思考与再研究，才能最大限度还原其本来应有之貌。然后再选取历史上著名的情报案例，倒推以假设为核心的战略预测评估方法是如何在其中加以应用的；如若缺少案例的，笔者则通过构建虚拟案例的方式，尽最大努力使本书所构建的这套方法得以生动展现在读者的面前。

　　三是拿来与创新的问题。由于我国在情报分析方法方面的研究尚处于起步阶段，这就决定了"欠发达"的我们需要从两个方面进行借鉴和学习：首先是国外尤其是美国的情报分析相关研究成果；其次是其他学科成熟的理论与方法。但是我们同时也需要清醒地意识到，一方面，由于各国国情、情报体制等皆存在差异，如果直接把美国的情报分析方法嫁接到我国的情报工作实践之中，无疑会"水土不服"。再者，虽然美国毫无疑问是情报研究领域的超级大国，但以此认定其分析方法就是独步寰宇、无懈可击的，那就是一种迷信和盲从。另一方面，各个学科都有自身的特点，借鉴其他学科的理论和方法，如果不对其加以科学的改造，那么就无法有效纳入情报分析的话语体系，难以满足战略预测评估的理论与现实需求。所以，笔者需要辨证地看待"拿来主义"和"全盘创新"，以"外之既不后于世界之思潮，内之仍弗失固有之血脉"为准则，在全面消化国外相关研究成果以及其他学科成熟理论与方法的基础上，进行批判性地借鉴与吸收，并结合我国情报工作以及战略预测评估自身的特点与需求，对其加以改造和创新，从而使这套以假设为核心的战略预测评估方法能够真正成为服务于我国战略预测评估工作的实用方法。这对于笔者来说无疑是一个极大的挑战。

第一章 战略预测评估的基本问题

人们对事物的认识层次或思维过程是这样的：描述—解释—预测，由此可见，预测是最难做到的。[1] 然而，世界是统一于物质的，人类是自然界中的一个物种。由人类构成的社会活动是物质运动的一种高级形式，它和自然运动一样也具有不以人的意志为转移的客观规律。只要人们把握了社会运动的规律，就能对社会发展的未来进行预测。[2] 战略预测评估亦是如此。如何最大限度地拨开笼罩在战略预测评估上的重重"迷雾"，为它找到一条通往未来的科学之路，以生产出情报产品中的"巅峰之作"，这正是本章所要致力解决的问题。

第一节 战略预测评估的前提

规律的可认知性与征兆的可获取性，这两者共同为战略预测评估提供了理论和实践上的支撑，从而在已知与未知的原始沟壑间架起了桥梁，使由过去通向未来成为可能。

一、理论：规律的可认知性

世界上一切事物的运动、变化都是有规律的，同时，客观事物发展的规律是可以认识的。因此，世界是可知的，人们不仅可以认

---

[1] 阎耀军：《社会预测学基本原理》，北京·社会科学文献出版社，2005年版，总序第3页。
[2] 同上，第222页。

识事物的过去和现在，还可以通过总结过去和现在，寻求预测规律，认识未来，人们正是根据这一原理从事各项预测活动的。① 战略预测评估作为一项高级的情报分析活动，之所以能够进行，也是因为客观世界规律的可认知性为其提供了最基本的前提。这种规律不以人的意志为转移②，即便在表面上是偶然性在起作用的地方，这种偶然性始终也是受内部的隐蔽着的规律支配的，而问题只是在于发现这些规律。③ 因此，人们要进行科学的战略预测评估，就必须要首先深刻认识和掌握战略预测评估客体运动的基本规律。其主要包括延续性、因果性、相关性以及相似性等规律。

（一）延续性规律

任何事物的发展变化都可以划分为过去、现在和未来三个阶段，并沿着这一历史轨迹呈现出其合乎自身规律的延续性，即在事物的发展变化中包含着相对的固定性和稳定性。④ 现在的状况是过去的历史演变，未来的状况也将是现在发展的延续。只要规律发生作用的条件不变，则合乎规律的现象必然重复出现。⑤ 这种延续性是由事物内部固有的因素和结构决定的，这些因素和结构的特征会随着时间的延续而维持下去，以致在某一段时期甚至相当长的时期保持基本不变。⑥ 因此，一般在正常情况下，在没有发现有意外因素可能出现之前，事物大多数的发展变化都属于渐进式的，而不是突变式的，遵循"孕育—滋生—发展—扩大—爆发"⑦ 这样一个延续性过程。也就是说，在爆发的临界点之前，其都处于延续性的量变积累中，直到爆发才引发该问题的质变。正如第二次世界大战后的冷战持续

---

① 郎茂祥主编：《预测理论与方法》，北京·清华大学出版社，2011年版，第16页。
② 陈力恒主编：《军事预测学》，北京·军事科学出版社，1993年版，第41页。
③ [德]恩格斯：《路德维希·费尔巴哈和德国古典哲学的终结》，张仲实译，北京·人民出版社，1972年版，第38页。
④ 张晓军主编：《军事情报学》，北京·军事科学出版社，2001年版，第132页。
⑤ 郎茂祥主编：《预测理论与方法》，北京·清华大学出版社，2011年版，第17页。
⑥ 阚耀军：《社会预测学原理》，北京·社会科学文献出版社，2005年版，第301页。
⑦ 阚耀军：《现代实证性社会预警》，北京·社会科学文献出版社，2005年版，第46页。

了40多年，直到苏联解体、东欧剧变，冷战才宣告结束，而这却只用了仅仅一年多的时间。

在认识并掌握延续性这一规律特点后，如果战略预测评估客体的外部环境和内部结构都较为稳定，就可以通过对历史和现实资料的分析进行趋势外推，描绘出其运动轨迹，并找出其发展变化的固有规律，以预测出未来的发展趋势。例如，毛泽东同志在1946年10月1日写的《三个月总结》，通过深刻全面地总结1946年7月全国大规模内战爆发以来的3个月战争的基本情况和一系列极其宝贵的经验教训，发现了敌我斗争的规律和发展趋势，从而在此基础上做出了准确的战略预测评估，为随后出台正确的战略方针奠定了坚实的基础。根据统计分析，我军3个月共歼敌25个旅，平均每月约歼敌8个旅；每次歼敌都需要集中优势兵力，大概需集中3—6倍于敌人的兵力，方能各个歼灭敌人；歼灭敌军1万人，我军须付出2000—3000人的伤亡代价；等等。根据延续性规律，毛泽东沿着历史发展的轨迹，认为在今后一个时期内，大概是3个月左右的时间，我军再歼敌军约25个旅是没有问题的。此任务的完成将成为改变敌我形势的关键，即有可能有效组织对敌军的进攻，并有可能收复部分失地，从而我军必能夺取战略上的主动，由防御转入进攻。在此基础上，毛泽东得出的最终结论是："我们是能够战胜蒋介石的。全党对此应当有充分的信心。"[1]

（二）因果性规律

世上各种事物、现象的交织变化和更替运动都存在于因果关系之中。作为原因的某种现象一旦发生，作为结果的另一种现象必然随之发生，有因必有果，有果必有因。[2] 可以说，因果性是人类社会乃至自然界的一个基本规律。人们一旦认识并把握了因果性规律，就能够通过考察某事物或现象发展变化的原因，以因求果，从已知

---

[1] 参见《三个月总结》，《毛泽东选集》（第4卷），北京·人民出版社，1991年版。
[2] 郎茂祥主编：《预测理论与方法》，北京·清华大学出版社，2011年版，第16—17页。

的原因超前认识该事物或现象未来发展变化的结果。

依据因果性规律，会发现战略预测评估客体未来的发展变化并不是孤立存在的。因为一个问题的产生总有一定的原因，而且这种因果关系往往是错综复杂的，存在一因多果、一果多因或多果多因等诸多情况，所以在进行战略预测评估时需要考虑多重因果关系共同作用的情况。例如，在预测一国政府政权是否会出现危机时，就可根据因果规律，从导致政府倒台的根本原因入手，探究危机发生的条件是否具备。美国马里兰大学国际发展与冲突管理中心（Center for International Development and Conflict Management，CIDCM）就曾专门借助因果规律构建模型，来预测政府更迭危机，以期能够提前两年为国家提供政治危机高风险发生的预警。该中心认为，造成政府倒台这一结果的原因主要有三：国际贸易的开放程度、婴儿死亡率以及国家的民主程度。国际贸易的开放程度表明了政府的对外交往水平，如果开放程度高，则政府发生更迭的危险性小；婴儿死亡率表明了社会的生活质量，如果它超过国际警戒线，则政府发生更迭的危险性就高；国家的民主程度代表了民众对政体的理解度和认可度，如果民主程度高，则政府发生更迭的危险性小。据此，可以在模型中设定因变量 y = 政府发生更迭的危险程度；自变量有 x_1 = 国际贸易的开放程度、x_2 = 婴儿死亡率、x_3 = 国家的民主程度，然后利用多元回归分析关系式：$y = \beta_1 x_1 + \beta_2 x_2 + \beta_3 x_3 + \varepsilon$ 对一国政府发生更迭的危险性进行预测。[1]

（三）相关性规律

事物是在普遍联系中存在和发展的，任何一种事物都有一个完整的系统，它不仅与其他事物存在相互联系、相互制约的关系，在其系统内部各个组成部分之间也存在相互联系、相互制约的关系。[2]

---

[1] Gary King and Langche Zeng, Improving Forecasts of State Failure, *World Politics*, Vol. 53, No. 4, Jul. 2001.

[2] 郎茂祥主编：《预测理论与方法》，北京·清华大学出版社，2011年版，第16页。

这种关系究其本质就是事物间的相关性。其表现为现象或概念之间虽存在着数量上的依存关系，但是这种数量依存关系与具体关系值却又不严格固定，具有不完全确定性。相关性广泛存在于自然界和人类社会之中，是联系随机性与必然性的桥梁。

基于此，认识并掌握相关性这一规律，就能够在战略预测评估过程中将其作为推理的依据与参考，由一事物的已知状态推测另一事物的未知状态，由一事物的发展变化情况推测另一事物的发展变化情况[1]，从而揭示事物之间看似不存在的必然联系。例如，1941年3月，英国驻瑞士武官就利用相关性规律，分析预测出德国对苏联的入侵迫在眉睫，并提交了战略预测评估报告。他当时依据的情报主要有：德国扩大了征兵范围，动员了6个摩步军；建立了3个新的集团军群，指挥部分别设在汉堡、布雷斯劳和柏林；组建了新的坦克部队，并增加36吨级坦克的生产；印制苏联货币；在华沙建立新机场；派飞机从华沙至斯洛伐克边境进行航空摄影，绘制德俄边界地图；把一批指挥官从西线调到东线；在东普鲁士的坦克部队进行通过桥梁的训练；在罗马尼亚筹建将来派驻苏联的行政机构；沿波兰德苏占领区分界线增修工事等。[2] 这位英国武官的出色之处就在于他借助相关性规律，发现了上述情报与德军马上要发动对苏战争的联系。果然，1941年6月，德国对苏联发动了代号为"巴巴罗萨"的突袭。

（四）相似性规律

从哲学层次上讲，世界上虽然不存在两个完全相同的事物，不同的事物之间尽管千差万别，但任何两个事物之间仍存在某种层次上的相似性。相似性是世界的统一性与事物普遍联系规律的反映。[3] 正是因为相似性的存在，即便环境发生了变化，但相同的因素还是

---

[1] 张晓军主编：《军事情报学》，北京·军事科学出版社，2001年版，第133页。

[2] 翟晓敏、杨寿青编著：《军事情报分析与预测》，北京·国防大学出版社，2000年版，第50页。

[3] 阎学通：《国际关系研究实用方法》，北京·人民出版社，2007年版，第15页。

有可能导致相似结果的产生。正如俄罗斯学者沃罗比约夫所说:"历史不是事件的简单重复,这是确信无疑的。而情况的重复会经常发生,同样也是确信无疑的。这就为确定各种过程和现象的客观规律提供了可能,并且能够预测未来。"①

掌握了事物间的相似性规律,就可以在纵向上根据已知事物的某种相似结构和发展模式,类推某个战略预测评估客体未来的结构和发展模式;也可以在横向上根据已知事物的某种特点来推断未知事物的特点,或利用典型样本推断总体,并得出符合实际的结论。例如,1964年9月,美国对中国进行核试验的战略预测评估就是利用了相似性这一规律。20世纪60年代初,中国虽尚未拥有核弹,但美国就已开始在华搜集相关的情报。肯尼迪总统在任期间,下令派U-2侦察机展开侦察,并实施具有针对性的人力情报活动,但收效甚微。直到后来通过收听大陆天气预报,才实现了预测评估新的突破。当时中央情报局驻香港、台湾和日本的情报站收听中国广播,发现大量气象报告发向内陆某地。中央情报局的情报分析专家认为此情况有异常,并联系美国历次进行核爆试验前的情况,认为两者具有极强的相似性。因为中、美两国都将全国范围内的气象条件作为了重点考察对象,目的就是为了最大限度降低核爆试验所造成的核污染。据此,他们预测评估后得出的结论是中国核试验迫在眉睫。9月29日,美国故意抢先发表消息称有情报显示中国短期内将试爆原子弹。中国也确实于10月16日进行了首次原子弹试爆。②

二、实践:征兆的可搜集性

从理论上来说,情报活动的规律是可以认知的。从历史实践来看,情报对抗的一方也是可以通过各种手段搜集到有关对方行动意

---

① [俄] N. H. 沃罗比约夫:《军事未来学》,黄忠明、伊任彪译,北京·军事谊文出版社,2002年版,第9页。

② 参见马鼎盛:《军情观察》,北京·中国友谊出版公司,2007年版,第241—242页。

图的种种征兆的。那么，通过大量搜集征兆是否能提升战略预测评估的质量？最终需要通过何种途径？要回答上述问题，则必须回归到历史实践中进行分析考察。

（一）重大案例中的征兆搜集与预测评估情况

在情报对抗中，面临"迷雾"最为厚重、征兆最难获取的莫过于战略突袭预警[①]，因为突袭方为了获得战争突然性和主动权，无一例外地会竭力于精心策划各种欺骗活动并采取最为严格的保密措施。但纵观情报史，哪怕是20世纪以来举世公认的最为成功的几个战略突袭案例，防御方仍然能在战前搜集到若干预示突袭方意图的重要征兆，只不过由于未能进行正确的分析[②]，才最终导致了预警的失败（如表1—1所示）。

表1—1　著名战略突袭案例解析

案例1	德国突袭苏联[③]
案例简介	1941年6月22日，德国对苏联发动了战争史上规模最大的战略突袭。在战前，有关德国将要入侵的征兆多达84个，但苏联仍未能及时判断出德国的进攻意图，导致了战争初期主动权的完全丧失。

---

① 战略突袭是指防御方因未能及时认识到自己的行动方案是建立在对威胁的错误判断的基础上而遭到的攻击。战略突袭预警是指预先对监控对象（战略预测评估客体）的战略突袭行动发出警报。张长军：《战略突袭预警研究》，北京·军事科学出版社，2010年版，第5、7页。

② 在此，除了分析失误以外，本书并不否定可能会有制度桎梏、决策者的错误态度等因素推动了情报失误的发生。

③ See: Richard K. Betts, *Surprise Attack*: *Lessons for Defense Planning*, Washington, D. C.: The Brookings Institution, 1982; Colonel John Hughes-Wilson, *Military Intelligence Blunder*, New York: Carroll& Graf Publishers, Inc., 1999; Lyman B. Kirkpatrick, Jr., *Captains Without Eyes*: *Intelligence Failures in World War II*, New York: Macmillan, 1969; Winston S. Churchill, *The Second World War*, vol. 4: *The Hinge of Fate*, Boston, MA: Houghton Mifflin, 1950；[苏]德·安·沃尔科若夫：《斯大林》，张慕良等译，北京·世界知识出版社，2001年版；[苏]朱可夫：《朱可夫元帅战争回忆录》，徐锦栋、思齐译，北京·解放军出版社，2003年版。

第一章 战略预测评估的基本问题

续表

案例 1	德国突袭苏联
防御方在战前搜集到的重要征兆	*1940年12月29日,苏联驻德武官图皮科夫少将报告:"希特勒下达了进行对苏战争准备的命令。战争将于1941年3月开始。"1941年1月4日,他又强调说自己的情报不是"道听途说得来的,而是以希特勒的特别命令为依据,这一命令属于绝密范畴,只有很少几人知道"。 *苏联驻柏林的两个重要谍报人员阿尔维德·哈那克(代号"科西嘉人")和舒尔茨·博伊津(代号"班长")提供了大量关于战争威胁的情报,部分如下:1941年4月14日报告,德国有可能在结束与南斯拉夫和希腊的战争后进攻苏联,但在进攻之前会先发出最后通牒;4月30日报告,德国最终决定要发动对苏战争;6月9日报告,德国对苏战争将推迟至6月中旬,在此之前将发出最后通牒;6月16日报告,德国进攻苏联的准备已全部完成。 *1941年5月5日,苏联在日本的间谍里查德·佐尔格向莫斯科发送了一个关于德国驻日大使电报的微缩胶卷,显示6月中旬为德国进攻苏联的日期。 *其他:丘吉尔对斯大林的私人通信;德军进行动员和集中、加强工事和侦察的明显迹象;美国外交人员和记者的非正式报告;德国高层传出的风声;在战争爆发两周前德国人撤出了莫斯科并焚烧了大使馆的记录;德国商船撤出苏联港口;在战前一周前截获的德军关于进攻的作战命令等。
防御方的主要战略预测评估产品	*1941年3月20日,苏军军事情报局递交给斯大林一份重要报告,含有"巴巴罗萨"计划中的一些重要内容。局长戈利科夫却批注:"1. 根据上述言论和今春可能的作战方案,我认为发动对苏战争最可能的时间是在战胜英国以后,或在德国缔结光荣的对英和约以后。2. 关于今春对苏战争不可避免的传说和文件,必须看作是英国甚至可能是德国情报机关散布的假情报。" *苏联内务人民委员贝利亚多次向斯大林报告:"我们坚决相信您的英明指示:1941年希特勒不会向我们发动进攻。"

续表

案例2	日本偷袭珍珠港①
案例简介	1941年12月7日，日本海军舰载机对美国珍珠港发动突然袭击，击沉击伤美8艘战列舰，使美军在战争初期丧失了主动权。美国对珍珠港事件毫无思想准备，这不是因为情报机构没有得到袭击何时何地发生的情报，也不是因为急于参战的罗斯福总统扣压了情报，而是因为没有人把这些情报综合起来，加以精确的分析。
防御方在战前搜集到的重要征兆	*1941年1月初，美国驻日大使格鲁向国务院报告，日美战争将从偷袭珍珠港开始。 *通过破译日本最高级的外交密码"紫密"获得的情报——"魔术"，美国情报机构掌握了东京与日本驻世界各地使领馆之间的大部分通信情况。1941年11月30日，"魔术"（截收日本致德国大使馆的电报）显示："日美对话已经破裂……盎格鲁—撒克逊国家与日本的战争可能通过一些冲突突然发生，时间比任何人想象的都要快。"12月5日，"魔术"（截收日本间谍发自珍珠港的电报）显示："5日下午港内有8艘战列舰、3艘巡洋舰、16艘驱逐舰。" *除"紫密"外，美国情报机构还成功破译了日本派驻美国及其他外国港口的间谍使用的密码，从而知晓东京要求驻珍珠港的间谍将珍珠港水域标分为5个区，并汇报各区停泊的舰艇情况。 *美海军情报机构于1941年11月1日和12月1日两次发现日军舰改变呼号，日航空母舰的无信电信号也就此消失。 *1941年12月3日，日本驻美国大使馆开始焚烧文件，烟雾冲天。

---

① See: Roberta Wohlstetter, *Pearl Harbor: Warning and Decision*, Stanford, CA: Stanford University Press, 1962; Colonel John Hughes-Wilson, *Military Intelligence Blunder*, New York: Carroll & Graf Publishers, Inc., 1999; Lyman B. Kirkpatrick, Jr., *Captains Without Eyes: Intelligence Failures in World War II*, New York: Macmillan, 1969; Charles D. Ameringer, *U. S. Foreign Intelligence: The Secret Side of American History*, Lexington, MA: Lexington Books, 1990; Mark Lowenthal, *U. S. Intelligence: Evolution and Anatomy*, Washington, D. C.: Praeger Publishers, 1992；[日]实松让：《情报战》，王云辅等译，南京·江苏人民出版社，1981年版；[美]托马斯·特罗伊：《历史的回顾——美国中央情报局的由来和发展》，狄奋等译，北京：群众出版社，1988年版；[美]约翰·兰尼拉格：《中央情报局》，潘世强等译，北京·中国社会科学出版社，1990年版。

第一章　战略预测评估的基本问题

续表

案例2	日本偷袭珍珠港①
防御方的主要战略预测评估产品	*1941年11月27日，美陆海军联合向罗斯福总统递交了《关于远东形势的意见书》，判断日本将南进，主要目标是入侵泰国。 *1941年12月初，美海军通信部的《国际形势简报》认为，日本对泰国采取早期行动的可能性很大，并断言日海军主力仍留在其本土水域。 *1941年12月5日，美陆军情报部部长迈尔斯在情报评估中列举了日本可能进攻的目标，其中可能性最大的是泰国。
案例3	埃、叙发动第四次中东战争②
案例简介	1973年10月6日，埃及、叙利亚对以色列发动突然袭击。尽管在战前获悉了大量预示战争即将爆发的情报，但以色列情报机构仍没有做出正确判断，致使以军在西奈和戈兰两线遭到重创。
防御方在战前搜集到的重要征兆	*1973年4月16日，以色列军事情报部的情报表明：埃及地面部队正向运河调动；在整个4月和5月上半月，沿运河一线修建了约65个坦克掩体，同时加高了他们前线的主要沙垒以便监视以色列的沙垒；在沙垒上建了新的通道，并且开辟了下河的新道。埃及动员了民防，号召国民献血，宣布在城市实行灯火管制，保护桥梁。

---

① See：Roberta Wohlstetter, *Pearl Harbor*：*Warning and Decision*, Stanford, CA：Stanford University Press, 1962；Colonel John Hughes-Wilson, *Military Intelligence Blunder*, New York：Carroll& Graf Publishers, Inc. , 1999；Lyman B. Kirkpatrick, Jr. , *Captains Without Eyes*：*Intelligence Failures in World War II*, New York：Macmillan, 1969；Charles D. Ameringer, *U. S. Foreign Intelligence*：*The Secret Side of American History*, Lexington, MA：Lexington Books, 1990；Mark Lowenthal, *U. S. Intelligence*：*Evolution and Anatomy*, Washington, D. C. ：Praeger Publishers, 1992；[日] 实松让：《情报战》，王云辅等译，南京·江苏人民出版社，1981年版；[美] 托马斯·特罗伊：《历史的回顾——美国中央情报局的由来和发展》，狄奋等译，北京·群众出版社，1988年版；[美] 约翰·兰尼拉格：《中央情报局》，潘世强等译，北京·中国社会科学出版社，1990年版。

② See：Richard K. Betts, *Surprise Attack*：*Lessons for Defense Planning*, Washington, D. C. ：The Brookings Institution, 1982；P. R. Kumaraswamy, *Revisiting the Yom Kippur War*, London：Frank Cass Publishers, 2000；Colonel John Hughes-Wilson, *Military Intelligence Blunder*, New York：Carroll& Graf Publishers, Inc. , 1999；Bar-Joseph, *The Watchman Fell Asleep*：*The Surprise of Yom Kippur and Its Sources*, New York：State University of New York Press, 2005；[以] 恰伊姆·赫尔佐格：《赎罪日战争》，军事科学院译，北京·解放军出版社，1984年版；[日] 田上四郎：《中东战争全史》，军事科学院译，北京·解放军出版社，1985年版。

续表

案例3	埃、叙发动第四次中东战争
防御方在战前搜集到的重要征兆	＊1973年10月2日，叙利亚装甲部队以空前的规模展开部署，大马士革平原上的萨姆导弹已处于待命发射状态。在南部地区出现了一个叙利亚装甲旅。 ＊1973年10月4日，苏联紧急从埃及和叙利亚撤出家属。 ＊1973年10月6日凌晨4时，以色列军事情报部部长泽拉接到"摩萨德"的电话称，他们获得的一份情报显示："今天傍晚，阿拉伯国家必定从两个方向发动进攻。"
防御方的主要战略预测评估产品	＊1973年4月16日，以色列情报机构判断发生战争的可能性还很小，理由是埃及人无法对付以色列的纵深空袭。 ＊1973年10月1—3日，以色列情报军官本杰明·托夫中尉曾连续向上报告称，埃及进行的演习是在准备和掩盖战争，但这些分析最终从敌情报告中删去了。 ＊1973年10月5日，以色列军事情报部部长泽拉在内阁会议上说："（阿拉伯国家）发动战争的可能性很小"，他把这个结论重复了三次。
案例4	阿根廷出兵马岛[①]
案例简介	1982年4月2日，阿根廷海军突然出兵占领马岛（英称"福克兰群岛"）。战争爆发前，英国情报界只把动用武力看作是阿根廷解决争端的最后一种手段。这样一种似是而非的结论未能引起英国议会与政府的充分重视，结果导致英国在战争初期曾一度处于被动态势。

---

① See：*Franks Report*, *Falkland Islands Review*: *Report of a Committee of Privy Counsellors*, London: Her Majesty's Office, 1983; Lawrence Freedman, Intelligence Operations in the Falklands, *Intelligence and National Security* 1, No. 3, Sep. 1986; David E. King, Intelligence Failures and the Falklands War: A Reassessment, *Intelligence and National Security* 2, No. 2, Apr. 1987; Colonel John Hughes-Wilson, *Military Intelligence Blunder*, New York: Carroll & Graf Publishers, Inc., 1999; 许可策：《20年战争管窥——当代局部战争战例选析》，北京·军事科学出版社，1989年版；王谦：《英国情报组织揭秘》，北京·时事出版社，2011年版。

续表

案例 4	阿根廷出兵马岛
防御方在战前搜集到的重要征兆	*1982年3月2日，阿根廷政府单方面发表公报严正声明：阿根廷已经耐心、真诚地与大英帝国谈了15年。尽管新的会谈机制指出要尽早解决争端，但阿根廷政府保留中止该机制运作的权利，同时有权自由选择并采取最符合阿根廷利益的措施。 *1982年3月初，英国情报机构成功破译了阿根廷的信号情报。其中大量情况反映阿根廷海军正在实施较大规模的调动：1. 两艘阿根廷护卫舰向马岛水域驶进；2. 阿根廷"圣菲"号潜艇向马岛投送一支特种侦察分队；3. 一支由900名海军陆战队员组成的阿根廷特遣部队撤离与乌拉圭举行年度联合演习的海域，并突然向东（马岛方向）挺进；4. 阿根廷空军战机频繁转场，密集调动；等等。 *1982年3月中旬，英国外交与联邦事务部的情报显示，阿根廷军政府对纽约谈判的结果非常恼怒……阿根廷决定，如果在1982年3月之前没有收到英国的答复，将撤回岛上的空中和海上服务设施。
防御方的主要战略预测评估产品	*1981年7月9日，英国联合情报委员会对"未来几个月阿根廷在福克兰群岛争端中使用武力的可能性"进行预测评估，认为阿根廷争取福克兰群岛主权的决心并没有减弱的迹象，但其首要选择是外交和经济途径，武力只是最后一种选择。 *1982年3月10日，英国国防情报参谋部向国防部、外交与联邦事务部发送了一份备忘录，指出在阿根廷政府中，除了海军外，都倾向于用外交手段解决争端，军事行动在当前并没有得到积极的考虑。因此没有理由相信阿根廷海军能说服总统或其他政府成员采纳其建议；阿根廷海军的态度目前也不会对马岛局势造成紧迫的威胁。

续表

案例 5	"9·11"恐怖袭击事件①
案例简介	2001年9月11日,"基地"组织劫持民航客机对美国的世贸大楼、五角大楼等进行了举世震惊的恐怖袭击,堪称"珍珠港事件"在新世纪的重演。虽然美国情报界于事前获取了若干重大线索,但仍未能对恐怖袭击的时间、方式、地点等核心要素进行确切的预警。
防御方在战前搜集到的重要征兆	*1995年,菲律宾警方告知美国,其发现一台"基地"组织的计算机,机内有一个名为"波金卡计划"的文件。该计划的一个版本包括劫持飞机撞击美国世贸中心、白宫、五角大楼等标志性建筑。 *2000年4月,英籍巴基斯坦人尼亚兹·汗亲自前往联邦调查局在新泽西州内瓦科的办公室,明白无误地告诉工作人员,"基地"组织对他进行了培训,他们的任务就是在美国领空劫持民用飞机或是劫持一架美国民航客机。 *美国驻阿联酋使馆于2001年5月接到一个电话,声称本·拉登的一群支持者准备在美国境内发动爆炸袭击。 *法国一情报机构于2001年1月获悉了"基地"组织策划劫持美国客机的计划,并向美国中央情报局通报了这一情况。 *2001年6月25日,一家阿拉伯电视台报道说,本·拉登与"基地"组织头目们谈笑风生,说今后几周"将要迎来重大的惊喜",而美国与以色列的利益将会成为攻击目标。 *埃及时任总统穆巴拉克在"9·11"事件前一周曾提醒美国,本·拉登的"基地"组织有可能针对美国发起一次大规模的袭击行动,但埃及情报部门并不知道具体的袭击目标。

① See: Bin Ladin Determined To Strike in US, *President's Daily Brief by the CIA*, 6 Aug., 2001, Declassified and Approved for Release on 10 Apr. 2004, http://nsarchive.gwu.edu/NSAEBB116/pdb8-6-2001.pdf; Office of the Director of National Intelligence, *Reforming Intelligence: The Passage of the Intelligence Reform and Terrorism Prevention Act of 2004*, Feb. 2009, http://www.fas.org/irp/dni/reform.pdf; Ivan Eland, *Intelligence Reform Is a Failure*, 26 May, 2010, http://www.independent.org/newsroom/article.asp?id=2798; David E. Kaplan and Kevin Whitelaw, *Intelligence Reform—At Last*, 12 Dec., 2004, http://www.usnews.com/usnews/news/articles/041220/20intell.htm;[美]大卫·雷·格里芬:《新珍珠港——迷雾重重的"9·11"事件与布什政府》,艾彦等译,北京·东方出版社,2004年版;[美]美国遭受恐怖袭击国家委员会:《"9·11"委员会报告——美国遭受恐怖袭击国家委员会最终报告》,赵秉志等译,北京·中国人民公安大学出版社,2004年版。

续表

案例5	"9·11"恐怖袭击事件
防御方的主要战略预测评估产品	*2000年，美国中央情报主任乔治·特尼特在参议院情报特别委员会一次公开会议上指出："最近我们获知的一切进一步使我们确信，本·拉登想再次对美国实施打击……我们仍然相信，他可能会实施突袭。" *2001年7月，在菲尼克斯办事处的一名美国联邦调查局工作人员给联邦调查局总部和纽约办事处国家反恐小组发送了一份备忘录，警告说本·拉登将一些人员送到美国民航学校学习的行为具有"协同努力的可能性"。其理论根据是在亚利桑那州有"过多的具有强烈研究兴趣的人"进入了这类学校，而这些人只学习飞机的起飞和驾驶，不学习降落。 *2001年8月6日《总统每日简报》上一篇题为《本·拉登决意在美国境内发起攻击》的报告称，本·拉登自1997年起就策划在美国境内发动恐怖袭击……联邦调查局经过分析认为，各种迹象表明"基地"组织有可能在策划劫持飞机或用其他方式对美发动袭击。

（二）案例的启示

从以上的案例可以看出，哪怕是20世纪以来举世公认的最为成功的几场战略突袭，也不可能在事前做到百分之百的"密不透风"，大量的征兆（情报素材）必然会被防御方搜集到。那么，为什么防御方在事前搜集了如此之多的情报素材，仍无法做出正确的战略预测评估并及时发出预警？是因为搜集到的情报素材不够充分，还是其他环节出了问题？

显而易见，情报素材数量与战略预测评估质量并没有直接的关系。人们通常认为，情报素材越多越有利于分析，即情报素材数量与战略预测评估质量呈现一种正相关关系。诚然，一定数量的情报素材是进行战略预测评估的必要条件，缺少了这些原始的情报素材，战略预测评估也就没有了依据。然而，那种期望"通过搜集和占有大量的情报素材，战略预测评估的质量就能自然得到提升"的想法，则是完全行不通的。例如，苏联情报机构在苏德战争前搜集到的关于德军意图入侵苏联的征兆多达84个；以色列情报机构在第四次中东战争前对埃及和叙利亚军队的"了解"程度让人十分惊叹；美国情报机构在"9·11"事件前也获得了关于恐怖袭击的诸多线索；其他案例中防御方情报机构在事前搜集到的有价值的情报素材亦十分可观。然而遗憾的是，它们均未能对即将到来的威胁做出正确的预测评估。

对于此种情况，美国情报分析专家理查兹·休尔给出了令人信服的科学答案。他认为，老道的情报分析人员对自己做出判断时究竟使用了多少信息其实并不完全知晓。他们并没有意识到自己的判断只取决于少数决定性要素，而不是对所有手头信息进行系统性整合后才做出的。情报分析人员实际使用的信息量要远远低于自己的预期。[①] 休尔随后又以著名的赌马实验说明了这一问题。

    给8位老牌赌马分析师提供一份典型的赌马历史成绩单，其中有88个变量——比如马匹负重力、马匹在前一年中获得前三名的百分比、骑师的记录，以及该马匹上一次比赛距今的天数等。要求每位分析师选择其预测比赛结果时最需要的也是其认为最重要的5个变量，随后再要求他们分别选出自己认为最重要且最需要的10个、20个和40个变量。这时，给分析师们提供过去40场比赛的真实数据（这些数据都是经过处理的以隐藏马匹和赛事的真实信息），并要求他们分别使用先前选出的5个、10个、20个和40个最重要的变量来预测比赛成绩。也就是说，每位分析师都要对每场比赛做出4次预测——分别使用不同数量的变量。对于自己的每次预测，每位分析师还被要求以百分比的形式进行量化打分，以表明自己对预测准确度的信心。

---

① Richards Heuer, Jr., *Psychology of Intelligence Analysis*, Langley, VA: CIA Center for the Study of Intelligence, 1999, p. 52.

第一章 战略预测评估的基本问题

把分析师们的预测与这40场比赛的实际结果进行对照,实验结果显示,不管每位分析师得到了多少信息,其预测的平均准确度都一直保持不变。具体来说,随着信息量的增加,其中3人预测的准确度在下降,2人有所上升,另外3人则保持不变。[1]

那么,对于战略预测评估而言,什么样的情报素材才是具有决定意义的?这可以通过对情报素材的分类来予以辨别。按照可靠性和"诊断价值"(Diagnostic Value)[2],情报机构获取的反映战略预测评估客体行动的情报素材可分成两类:直接征候情报和间接征候情报。直接征候情报是指那些明确、可靠并且具有较高诊断价值的情报,往往能直接反映战略预测评估客体的战争(作战)决心、计划、开战时间和战法等。这类情报,如果是来自对方的领导层,而且又包含着明确的警报,将明白无误地揭示其意图。间接征候情报既指那些反映战略预测评估客体当前或未来行动的零星信息,也包括其发出的有关战争的声明。从总体上看,间接征候情报的诊断价值普遍不高。[3] 照此看来,搜集直接征候情报更有助于战略预测评估质量的提升。但回顾情报史不难发现,能搜集到直接征候情报的机会是非常罕见的。就上述战略突袭案例来说,也只有苏联情报机构在战前曾搜集到直接征候情报,而以色列情报机构在战争爆发当天所获的直接征候情报由于袭击已迫在眉睫,故不再具备实际意义。在战

---

[1] Richards Heuer, Jr., *Psychology of Intelligence Analysis*, Langley, VA: CIA Center for the Study of Intelligence, 1999, pp. 53 – 54.

[2] 关于对"诊断价值"这一概念的理解,理查兹·休尔曾打过一个形象的比方:对于医生来说,病人发烧可能在确定病人生病方面很有价值,但至于病人到底患了什么病,发烧这一症状的"诊断价值"就微乎其微了。因为它可能会与多种病情的症状都相符,所以在确定病人到底患了何种疾病方面,它的价值相当有限。具体到战略预测评估领域也是同理,如果某条情报素材能够证实所有的假设,那么它就不具备"诊断价值";而如果某条情报素材在能够证实某一假设的同时,还能够证伪其他假设,那么它就具有极高的"诊断价值"。See: Richards Heuer, Jr., *Psychology of Intelligence Analysis*, Langley, VA: CIA Center for the Study of Intelligence, 1999, p. 102.

[3] 张长军:《战略突袭预警》,北京:军事科学出版社,2010年版,第68页。

略预测评估中，指望搜集到直接征候情报往往是一种"奢求"，而间接征候情报则时有新获。因为一项具有战略意义的重大行动从谋划到实施，少则数周，多则数月甚至跨年，期间还需要多个部门的参与，就算保密措施再严格，也必然会有各种各样的间接征候情报通过多种渠道泄露出去。然而，即便拥有如此数量众多的间接征候情报，分析人员还是难以生产出高质量的战略预测评估产品。那么，这就意味着分析处理情报素材的环节可能存在着某些问题。

认知心理学的研究发现表明，情报分析人员在进行预测评估时并不是将所有零散的情报素材拼凑在一起来组建一幅图案，而是在头脑中率先构建出一幅图案，然后再去寻找合适的情报素材。[1] 由此可见，高质量的战略预测评估依赖的是分析人员头脑中形成的那幅图案的准确性，而不是所获情报素材数量的多少。通常，分析人员拥有的零散的情报素材似乎能够拼入许多不同的图案中，但只要玩过拼图游戏的人都知道，如果没有参考图做指引，在拼图时就会感到无从下手，更多的是毫无方向感地乱拼。如若这样，哪怕花费再多时间和精力也很难获得满意的结果。尤其当拼图越大，涉及的拼图碎片越多，这种感觉就会越发强烈。在战略预测评估中也是同理，搜集到一定数量的情报素材只是进行预测评估的基础，情报分析人员能否在脑海中对所要预测评估的问题形成准确的图案并对情报素材进行有序的拼接，这才是决定战略预测评估质量的关键所在。

第二节 提升战略预测评估质量的途径：构建以假设为核心的战略预测评估方法

理查兹·休尔曾指出："改进搜集工作的努力存在着某种固有的

---

[1] Richards Heuer, Jr., *Psychology of Intelligence Analysis*, Langley, VA: CIA Center for the Study of Intelligence, 1999, p. 62.

极限，相反，改进分析工作却有着广阔而丰富的想象空间。"[1] 就战略预测评估来说，创建一套以假设为核心的方法，即建立关于战略预测评估问题的参考图（假设），最大限度挖掘情报的价值，继而对参考图加以科学有效的检验，最终形成与实际相符的图案，便是提升战略预测评估质量的根本途径。

一、构建以假设为核心的战略预测评估方法的必要性

（一）借助假设的基本属性是提高战略预测评估质量的重要途径

战略预测评估处理的是可能带有欺骗性的信息，所以不仅要辨别所获信息的真伪，还要从中提炼出有用的部分，再把其加工成为能够辅助决策的情报。在这一过程中，必然要用到科学的方法，而要最大程度确保战略预测评估的客观与科学，就需要借助假设的两个基本属性：科学性与假定性。

科学性是假设得以成立的前提和基础。"科学"一词作名词解时，是指人们不同于无知和误解的知识体系；作为形容词解时，则是指展现了科学的原则和方法。[2] 假设具有的科学属性取的是"科学"一词的形容词解释。由于"科学"最根本的内容是方法和规则，而不是研究的主题[3]，所以在战略预测评估中，假设的科学性由应用假设的方法所决定，即建立与检验假设的方法必须符合规范且合乎逻辑。这主要表现为以下几点：（1）追求解释性和预测性的推理目标。战略预测评估中的假设要能针对某一已知的事件进行由果溯因式的解释，并在此基础上能针对某一现象做出科学的预测，以指导行动。（2）可以检验的应用程序和情报素材。从假设的建立到假设的检验，不仅需要遵循一定的程序步骤，而且还需要以相应的

---

[1] Richards Heuer, Jr., *Psychology of Intelligence Analysis*, Langley, VA: CIA Center for the Study of Intelligence, 1999, p. 92.

[2] *Ebster's New Collegiate Dictionary*, Springfield: G & Merriam Company, 1997, p. 1034.

[3] Gary King, Robert Keohane, Sidney Verba, *Designing Social Inquiry: Scientific Inference in Qualitative Research*, Princeton, NJ: Princeton University Press, 1994, p. 9.

构建以假设为核心的战略预测评估方法

情报素材作为建立假设的依据和检验假设的证据。所有这些都必须具备逻辑与实践上的可检验性，从而确保程序不会出错，情报素材不会是虚假错误的。（3）推理的结果仍面临需要进一步研究的不确定性。诚如恩格斯所说："今天被认为是合乎真理的认识都有它隐藏着的、以后会显露出来的错误方面。"① 因此，即便假设经检验后得到了初步结论，却仍需要在批判中继续发展，直至最终接受实践的检验。（4）坚持一组有效的应用规则。由战略预测评估问题的提出到假设的建立，再到假设的检验，直到最终结论的形成，这中间始终需要遵守相应的规则和具体的应用原则。

假定性是假设的内在品格。战略预测评估中的假设是在一定情报素材基础上理性思维的产物，包含着对某一未知现象及其规律的推测。战略预测评估本身仍需经历这样一个艰难的过程，即从众多可能中挑选出唯一会成为现实的那个可能。要实现该过程则需要借助假设的假定性。假定性使得假设只需要根据相关情报做出有条件的判断和推理，以便更好地解释各种不确定性，其更多的只是一种盖然性预测。战略预测评估正是在这种盖然性预测的指引下去发现可供其选择的多种可能的方向，从而为进一步准确的预测奠定坚实的基础。大多数情况下，要想获致全面、真实的情报无疑是一项很难完成的任务。当战略预测评估客体的意图尚未充分暴露时，战略预测评估主体只能借助以假设为核心的战略预测评估方法来推测未知的情况。其具有一定的猜测性，带有较强的假定成分，而这种推测能否正确反映事物的发展趋势还有待于接受进一步的检验。所以在战略预测评估中，不管是多么严密、科学的假设，它都带有假定的性质。只要它还处于假设阶段，就有可能是正确的，也有可能是错误的。

（二）应用假设的基本功能是战略预测评估的内在要求

情报分析中的假设可以有多种类型和不同的形式：对某国综合

---

① 中共中央编译局：《马克思恩格斯选集》（第4卷），北京·人民出版社，1972年版，第240页。

第一章 战略预测评估的基本问题

国力的评估；对两国裁军谈判失败的解释；对战争是否会爆发的预测；对某国政治不稳定性的原因分析……它们可按照功能分为两大类，即解释型假设和预测型假设。情报分析人员分别从这两类假设的解释和预测的基本功能入手，生产出符合决策需要的情报产品。就战略预测评估而言，固然离不开预测性假设的应用，但要对战略预测评估客体的发展趋势进行科学预测，也需要对其过去和现在的行为进行解释，所以说，战略预测评估需要综合应用这两类假设。

解释型假设是指能够对已存在和已发现的事物现象做出假定性解释和说明的那类假设。为了提高自身的真实可信度，此类假设常常会结合一般性的知识，逻辑推演出一系列多层次的假设，以对广泛的事实做出最为科学的解释。只有正确地利用假设这种解释性功能，才能使分析人员透过情报素材中的偶然性现象发现其必然性的结果，透过情报素材中变量的积累趋势发现其质变的关节点。如第二次世界大战结束后，在美苏从合作走向对抗的大背景下，美驻苏代办乔治·凯南（George Kennan）向国务院发回了一份长达8000字的电报，其包含着对战后苏联的理论、政策、行为动机和做法等多方面的假设。以这些假设为基础，美国成功解读了战后苏联的战略走向。同时，也为其采用的"强硬"政策提供了一个完美的逻辑依据。①

预测型假设是指能够对目前尚未存在而将来会出现的事物、现象做出推测和预言的一类假设。我们"不仅要解释过去，而且要大胆预测未来，并敢于从事实践活动以实现未来"。② 这是因为，"科学若要有价值，就必须预言未来。我们必须根据过去的实验和观察所得的资料进行推理，并要为未来做出相应的安排"。③ 在战略预测

---

① ［美］戴维·霍罗威茨：《美国冷战时期的外交政策——从雅尔塔到越南》，上海市"五·七"干校六连翻译，上海人民出版社，1974年版，第39页。
② 中共中央编译局：《列宁全集》（第21卷），北京·人民出版社，1959年版，第52页。
③ ［俄］W. I. B. 贝弗里奇：《科学研究的艺术》，陈捷译，北京·科学出版社，1979年版，第92页。

评估领域，假设常常根据客观规律和已掌握的情报素材，通过逻辑和非逻辑等思维方法，对事物未来的发展趋势做出有根据的预测。因此预测型假设是情报分析人员对问题的初步预见，是完成战略预测评估产品的重要一环。例如，1998年初，美国与伊拉克在化学武器核查问题上出现矛盾，为了避免战争的发生，联合国秘书长安南亲赴伊拉克进行调解。针对调解是否能成功这一问题，情报分析人员可以根据美伊双方的战略利益进行分析，并建立以下4种具有预测功能的假设：成功的可能性"很大""较大""不大"和"不可能"。下一步的战略预测评估也将围绕这些假设进行，通过进一步检验假设来预测事件今后的发展态势。[①]

（三）假设是战略预测评估链条中承上启下的一环

谢尔曼·肯特用"分析金字塔"（Analytic Pyramid）[②] 形象地表述了情报分析，尤其是战略预测评估的基本模式（如图1—1所示）。

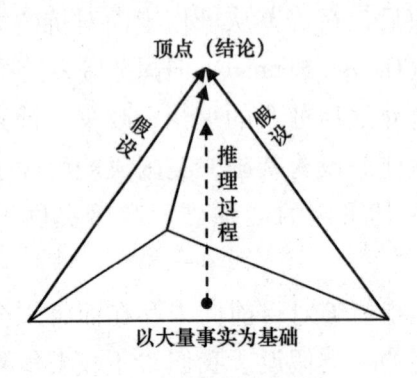

图1—1 分析金字塔

"分析金字塔"的基座是通过情报搜集活动获致的大量情报素材。这些情报素材需要经过分析人员的研判以确保其准确真实。金

---

① 参见阎学通、孙学峰：《国际关系研究实用方法》，北京·人民出版社，2001年版，第21页。

② Sherman Kent, Estimates and Influence, *Studies in Intelligence*, Vol. 12, No. 3, Summer, 1968.

字塔的侧面由符合逻辑推理的假设构成，它们沿着各自的轨迹向金字塔上方汇聚，并最终指向对未来进行预测的塔的顶点，即结论。

按照此模式，战略预测评估就是把一个问题分为若干连续的部分，然后通过一定的逻辑过程来得出预测性的结论。这个逻辑过程包括提出一定数量的可行的假设，并根据可获得的证据，按照公认的原则严格评估假设等。[①] 只要能搜集到足够的情报素材并加以研判，再在此基础上应用缜密的逻辑方法或个性化的非逻辑方法建立假设，然后借助证据评价对假设进行检验，就可以得出较为准确的结论。假设成为了战略预测评估中连接情报素材与最终结论的关键一环。当情报分析人员确定了自己所要预测评估的问题后，就可以围绕问题构建相关的"分析金字塔"。为了让金字塔牢固，也为了让战略预测评估产品的结论最具信服力，首先要做的就是对搜集到的大量情报素材进行研判。只有用一定数量的且真实可靠的情报素材做塔的基座，才能对以前不确定的情况进行初步判断。其次，是要找到情报素材中重要的变量，围绕变量建立相关假设，从而构成塔的侧面。不同的假设处于不同的方向，但是它们却共同指向塔的顶点。假设的整个构建过程其实就是一个逻辑推理的过程，但也不排除极少数情况下的非逻辑因素。最后，要确定"分析金字塔"不同侧面的假设哪个能最终到达塔的顶点，就需要借助证据对其进行检验，用证据来决定每个假设的去留。只有经受住检验的假设才有可能最终成为结论。从海量的情报素材到建立合乎逻辑的假设，再到假设的检验，直至最终结论的形成，这是一个由下向上层层推理的过程，也是战略预测评估最基本的过程。其间，假设不仅是战略预测评估的有机组成部分，更是维系整个分析链条的中间环节。

（四）假设为战略预测评估的思维活动规定了大体的方向

首先，假设能够凝聚情报素材。恩格斯曾经说过："没有理论的

[①] Rob Johnston, Developing a Taxonomy of Intelligence Analysis Variables, *Studies in Intelligence*, Vol. 47, No. 3, 2003.

构建以假设为核心的战略预测评估方法

思维，就会连两件自然的事实也联系不起来，或者就会连二者之间所存在的联系都无法了解。"① 用这句话来说明假设在战略预测评估中凝聚情报素材的作用最为贴切。搜集到的情报素材大多是零散的、不准确的，甚至是自相矛盾的，如何将它们加以研判与整合成为了摆在情报分析人员面前的首要问题。正如"物理学的任务就在于用假设从经验材料中总结出这些规律"②，面对搜集来的海量信息，情报分析人员也同样需要借助假设将它们有机地结合在一起，使情报素材呈现出一种较为有序的状态。这样才有助于分析人员发现其中的内在联系与本质规律，从而对所要解决的问题达到一种清晰明了的认识和预测。

其次，假设能够为战略预测评估指明目标并突出重点。战略预测评估的精髓就是要由已知的情报来探求未知的事实。对于一个问题，情报分析人员往往会建立多个假设以供选择。这些假设之间存在着相互竞争的良性互动关系，这种良性互动不仅可以尽量避免情报分析人员在战略预测评估中的主观片面性，而且还会促使他们通过新一轮的取证工作来肯定一部分假设，否定一部分假设，发展一部分假设，并对最有可能成为现实的假设进行重点检验。虽然建立的相关假设具有假定的属性，但这种假定性却代表了一种倾向，可以使战略预测评估工作在一定阶段内集中目标、突出重点。从假设的建立到假设的检验，再到最后结论的形成，情报分析人员在应用假设的同时，也为具体的战略预测评估确定了相应的步骤，使整个战略预测评估工作不会陷入茫然混乱的局面。

最后，假设能够促进战略预测评估不断深化与发展。战略预测评估的顺利展开是通过一系列假设得以实现的。没有假设的思维过程，也就没有战略预测评估的深化与发展。正如前面所提到的"分

---

① 中共中央编译局：《马克思恩格斯选集》（第3卷），北京·人民出版社，1972年版，第482页。

② 许良英、范岱年编译：《爱因斯坦文集》（第1卷），北京·商务印书馆，1976年版，第519页。

析金字塔"，最初的战略预测评估是建立在大量情报素材基础之上的，然后由情报素材引申出对某一问题的多个假设，这些假设在相互竞争中产生出最终的结论。战略预测评估正是沿着这样的逻辑思路步步开展深入的。如果某一假设在检验中被证实了，说明它达到了"一定程度的可确认性"，从而会对战略预测评估起到一个强有力的推动作用；如果被证伪了，那么它将缩小战略预测评估的范围，从而能够将重点转移到别的有可能成为结论的假设上去。现实中还会存在这样的情况，即假设会随着证据的搜集辩证发展：取消建立时的一些不合理成分，发展合理的因素，甚至会产生新的假设以取代原有假设，从而形成一个更为科学的假设。总之，假设的这三种情况会从不同的方向共同促成战略预测评估的深化与发展。

二、构建以假设为核心的战略预测评估方法的可行性

（一）假设在科学中的应用已具有相当的成熟性

一部科学发展史，无论是自然科学史，还是社会科学史，都是一个不断提出假设，不断证实或推翻假设，不断建立新假设的历史过程。从某种意义上讲，没有假设，没有假设的科学应用，也就没有科学的发展与完善。

就自然科学而言，恩格斯曾经说过："只要自然科学在思维着，它的发展形式就是假设。"[①] 这一论断说明了假设是自然科学思维发展的必然结果。人类要认识自然现象及其发展规律，就需要观察事物，并在此基础上提出问题，建立相应的假设，然后再对假设进行严格的检验。假设不仅是自然科学研究的初步结果，更是形成自然科学理论的前提和基础。要解释自然现象、探求自然规律，就需要首先建立假设。一个科学假设的建立，往往预示着一

---

① 中共中央编译局：《马克思恩格斯选集》（第3卷），北京·人民出版社，1972年版，第561页。

个"新的问题,新的可能性,从新的角度去看旧的问题",①也意味着建起了一座新的通往自然科学理论的桥梁。在假设建立后,接着就是对其进行严格的检验。进一步的观察材料会使这些假设纯化,取消一些,修正一些,直到最后纯粹的形成定律,②从而构建一套较为完备的自然科学理论。在自然科学研究中,许多重大的发明创造和理论突破都是通过假设得以实现的。无论是毕达哥拉斯的数学和谐性假设、德谟克利特的原子论假设,还是哥白尼的"日心说"、爱因斯坦的相对论、门捷列夫的元素周期表等,它们都共同遵循了科学思维发展的基本形式,使用了治学的基本方法,沿着问题—假设—求证—理论,新问题—新假设—新求证—新理论的途径不断前进。

  同样,对于社会科学而言,应用假设仍然是一种历史悠久、重要的科学研究方法。那种认为假设只在自然科学研究中适用的观点无疑是偏颇的、狭隘的。早在2000多年前,我国著名的思想家孟子就开始以运用假设的方法来研究历史,因此才会有伯夷、伊尹与孔子"得百里之地而君之,皆能以朝诸侯,有天下;行一不义,杀一不辜,而得天下,皆不为也"的著名论断。③ 同样,修昔底德在研究伯罗奔尼撒战争时,假设了火势因风而蔓延到普拉提亚城中心的情况;④ 恩格斯在研究中国的鸦片战争时,假设了侵略者遇到顽强抵抗

---

① [美] A. 爱因斯坦、[波] 英费尔德:《物理学的进化》,周肇威译,上海科学技术出版社,1962年版,第66页。

② 中共中央编译局:《马克思恩格斯选集》(第3卷),北京·人民出版社,1972年版,第561页。

③ 《孟子·公孙丑章句上》。

④ 修昔底德认为"这真的是一次很大的火,普拉提亚人抵抗了其他一切攻击之后,这次大火几乎把他们完全毁灭了。它使城市的大部分不能支持;假如真的如敌人所盼望的,刮起风来,把火焰吹向城中去的话,普拉提亚人一定不能免于死亡。但是并没有刮风,据说,当时雷雨大作,把火灭熄,这样就挽救了危机。"参见 [古希腊] 修昔底德:《伯罗奔尼撒战争史》,谢德风译,北京·商务印书馆,1960年版,第160页。

的情况。① 这些都是反事实虚拟假设②在历史研究中的具体应用。马克思、恩格斯关于共产主义社会的设想，邓小平同志关于"一国两制"的伟大构想则是理论性假设③成功应用的光辉范例。所以说，一部社会科学史同样也是一部假设发展的历史。

当然，与自然科学相比，社会科学在应用假设时会面临更大的障碍。这是由社会现象的内在特点、我们作为这些现象观察者而有的特点以及我们与被观察现象的特殊关系决定的。④ 首先，社会科学是研究社会本质和规律的科学。相对于自然现象和规律而言，社会的本质和规律要复杂得多。而且社会现象具有不可逆、不可重复的显著特点，所以即便具备了一定的条件，也不一定会相应地出现某种预期的社会现象，人们也很难通过重复实验的方法来加以检验。自然现象与规律不会以人的意志为转移，但社会行为的主体——人，却具有很强的能动性。这种能动性在其社会行为中更多地表现为一种偶然性、随意性和机动性，会使科学研究不能有效地控制各种变量，从而加大了研究的难度。其次，在一定时期内，人们认识社会的能力总是会受到科技发展水平、社会历史条件等诸多因素的限制，再加上人们所能掌握的外部信息量有限，所以当面对瞬息万变的社会现象时很容易力不从心。最后，社会科学家不仅仅是以旁观者的身份进行研究，他还处于所要研究的社会现象之中，因此可以用直接理解或称为投入理解的方法研究，这是一种你处于这种时候的经

---

① 鸦片战争的镇江"驻防旗兵虽然不通兵法，可是决不缺乏勇敢和锐气。……这些驻防旗兵总共只有1500人，但却殊死奋战，直到最后一人。……如果这些侵略者到处都遭到同样的抵抗，他们绝对到不了南京。"参见中共中央编译局：《马克思恩格斯选集》（第12卷），北京·人民出版社，1972年版，第190页。

② 反事实虚拟假设是指以纯粹假设为前提推测出虚拟图像，通过这种虚拟图像和史实图像的比照达到新的理解。其中的假设要么是某种根本未发生的史实，要么是与既成事实相反的假定。

③ 理论性假设是指依据或参照史实形成的理论形态的假设。它依据历史发展的趋势，理论化地预测未来，因此属于历史的理论性预测。

④ 王逸舟主编、袁正清副主编：《中国国际关系研究（1995—2005）》，北京大学出版社，2006年版，第432页。

· 55 ·

验理解。① 但它却很容易在研究者身上产生"不识庐山真面目,只缘身在此山中"的困境。

(二) 学科间的科学研究方法具有可移植性②

世界是普遍联系的有机统一体。任何事物和现象无不处于相互联系之中,不存在绝对孤立的事物和现象,并且事物之间的联系也不以人的主观意志为转移。因此,即便各个学科有着自身的规律、研究对象和任务,但同时它们也与其他许多学科有着千丝万缕的联系。当代科学正在发生着深刻的变化。科学研究的目的和对象不再只是在各自领域内创造知识,不再是自己设计自己,自己发展自己,而是在解决众多因素、高度综合的当代科学问题和社会问题的总发展和总设计中,协同地走上有目的、有要求的自觉发展道路。在这种情况下,每一门学科所取得的成果都可以迅速地转移到其他学科中去,促进和带动其他学科的发展。各门学科共同的语言、概念和方法正在形成,当代社会和科学的综合发展特点要求我们必须运用多种学科知识和技术手段,才能解决我们所面临的种种问题。③ 也正是学科间这种客观普遍的联系,使得学科间的科学研究方法具有了可移植性。

学科间的方法移植主要是指,A 学科的研究方法移植到 B 学科中去,并加以适当的改造,变成适合 B 学科应用的研究方法,从而推动 B 学科自身的发展和完善,解决原有理论、方法无法解决或无

---

① [美] 肯尼斯·贝利:《现代社会研究方法》,许真译,上海人民出版社,1986 年版,第 8 页。

② "移植"又称"栽植"。农业上指自苗床挖起秧苗,移至大田或他处栽种的工作。"移植术"是指"将身体的某一器官或某一部分,移置到同一个体(自体移植)或另一个体(异体移植)的特定部位而使其继续生活的手术。一般是为修补机体的某种缺陷。"本书所用的是"移植"一词的比喻义,是指将一个或几个学科领域的概念、原理、技术和方法移用到其他学科领域中去,为解决其他学科领域中所存在的疑难问题提供启发和帮助,促进科学研究得到新的发展,或为其他学科领域的研究提供新的解释、研究方法和手段。参见《辞海》,上海辞书出版社,1989 年版,第 4586 页。

③ 阎晋中:《军事情报学》,北京·时事出版社,2003 年版,第 26—27 页。

法很好解决的重大问题。具体到实际中，正是因为学科间的科学研究方法具有可移植的特性，才使相关学科的理论与方法能移植到情报分析领域。关于这方面的尝试，从20世纪四五十年代就已经在美国情报界如火如荼地展开。以谢尔曼·肯特、理查兹·休尔等为代表的情报专家们普遍认为，应该将社会科学中的成熟方法引入到情报分析领域，从而有助于提高情报预测的科学性、准确性。假设作为一种较为成熟、独立的科学研究方法，具备了移植到战略预测评估领域的基本条件。如果再对它加以适当的改进和发展，那么，假设就能够在具体应用上充分地适应战略预测评估的特殊性，从而成为提升战略预测评估质量的一种不可或缺的智力工具。

（三）战略预测评估客体是可能与现实的统一体

从逻辑上说，任何假设得以成立的前提条件，就是其研究对象不同于当下已然事实的其他可能性状态的存在。[①] 因此，战略预测评估中应用假设的可能性问题，终究取决于战略预测评估客体本身的性质。如果战略预测评估客体的行为本身是唯一的、必然的，那么，在战略预测评估中应用假设将变得毫无意义。反之，如果能够证明战略预测评估客体其行为的内在可能性品格，我们就为战略预测评估中能够应用假设提供了某种哲学本体论的依据。

任何事物都是可能和现实的统一体。正如黑格尔所论述的："现实的东西本身是可能的；它是与可能性的直接的、肯定的同一；但这个同一规定自身只是可能性；因此，现实的东西也规定自身只是一个可能的东西。"[②] 战略预测评估客体的行为也不例外，它也是可能与现实的辩证统一体。它在发展中往往存在着多种可能性，但最终只有一种可能会成为现实。因此，其整个发展变化的过程可被视为一个由可能走向现实的过程。以第二次世界大战中盟军的诺曼底

---

① 李振宏：《历史学的理论与方法》，开封·河南大学出版社，2003年版，第541页。
② [德] 黑格尔：《逻辑学》（下卷），杨一之译，北京·商务印书馆，1976年版，第196页。

登陆为例。① 虽然当时德军控制的西欧海岸线全长4800多千米，但可供登陆的却不超过480千米，即只有从弗拉兴到瑟堡这一段距离。因为登陆地点的选取需要满足一些最基本的条件，如应该在空军的掩护范围内，登陆部队能够获得有效的空中支援；有良好的港口，能供大量物资的起卸；有宽广的滩头，便于大规模抢滩登陆等。基于以上条件和战争规律的限制，最后可供盟军登陆的地点只有两个：加莱海峡，从敦刻尔克到索姆河口之间的地段；诺曼底西部，从卡昂到柯腾丁半岛之间的地段。② 盟军的登陆地点作为此次战略预测评估的问题，它有两种可能性，具体表现为加莱海峡和诺曼底西部两种选择。而这两种可能性并不是主观臆造的，它们合乎了登陆作战的条件和规律。其存在于现实之中，并以这种现实为依据。但最终盟军只会选择两个登陆地点中的一个，即将两个可能中的一个转变为现实，使它成为客观存在的事实。此过程则主要体现了盟军的意志，盟军的主观能动性在其中发挥着重要的作用。反映在德军的战略预测评估中，如果要成功预测出盟军登陆的那个唯一的、必然的地点，就需要先行考虑能供其登陆的各种可能的地点。既然盟军的登陆地点存在着两种可能，那么，在已掌握的情报素材基础上，围绕这两种可能建立相关的假设便不可避免。正是战略预测评估客体本身的这种能动性，促成了其行为必然是可能与现实的统一，为假设在战略预测评估中的应用创造了条件。多种可能性在数量上保证了假设的可行性；而由可能向现实转变的必然过程则在时间上保证了假设的可行性。

---

① 参见［英］乔治·克拉克主编：《新编剑桥世界近代史》（第12卷），丁钟华等译，北京·中国社会科学出版社，1999年版，第1032—1034页；刘鹭：《诺曼底登陆战役的一些经验》，军事学术杂志社编：《第二次世界大战军事论文选——纪念中国抗日战争和世界反法西斯战争胜利四十周年》，北京·军事科学出版社，1985年版，第296页。

② 钮先钟：《第二次世界大战的回顾与省思》，桂林·广西师范大学出版社，2003年版，第193页。

第三节 战略预测评估的技术路线

关于情报分析人员在应用假设上的缺陷,美国情报界早已有了深刻的认识:

> 也许最糟糕的是,情报分析人员很难首先提出自己的假设,清晰地解释其中的逻辑依据,也很难向决策者最终明确地说明他们尚不知道什么。总之,我们发现,许多用来生产准确、可靠情报产品的基本分析过程已被破坏得支离破碎或并未被遵循。①

基于此,极有必要还原战略预测评估应有的分析过程,思考假设在其中应用的逻辑轨迹,使内化、混沌的分析模式不断明示化、结构化。虽然正如天底下没有两片相同的树叶一样,每一次具体的战略预测评估都会有自己的独特性,但是如果依照"奥卡姆剃刀"(Occam's Razor)② 的经济原则,把战略预测评估过程中不必要的因素剔出,并依据假设的基本特征去分析和归纳,那么,情报分析人员就会围绕假设的建立与假设的检验两大阶段,遵循一条较为稳定

---

① Commission on the Intelligence Capabilities of the United States Regarding Weapons of Mass Destruction, *Report to the President of the United States*, Washington, D. C.: U. S. Government Printing Office, 31 Mar., 2005, p. 389.

② "奥卡姆剃刀"是由 14 世纪逻辑学家、圣方济各会修士奥卡姆的威廉(William of Occam)提出的一个原理。这个原理称为"如无必要,勿增实体"(Entities should not be multiplied unnecessarily),即非必要的东西,并不能使事物的本质增加。"多并不意味着必要","用较少的东西可以办的事情,而用较多的东西去办,是劳而无功"。应用奥卡姆剃刀的最大好处是简化问题,如新古典经济学在理论体系的构建过程中就遵奉了"奥卡姆剃刀"原理做了大量简化。

的技术路线①来完成战略预测评估（如图1—2所示）。

步骤一：提出合适且有价值的战略预测评估问题

战略预测评估始于问题，并以问题结束，不过后面的问题并非开始时问题的重现，而是新的问题、新的假设的开始。问题不仅是战略预测评估的起点，而且还决定了战略预测评估的目标与方向，反映了战略预测评估的水平和价值。问题一方面来源于情报用户的需求，另一方面则来源于情报分析人员自己的观察与思考。在此过程中，情报分析人员需要和情报用户形成良性互动，以期准确把握用户的需求；同时，为了使假设的建立更具针对性，还需要对问题进行可操作化的处理。一般要详细阐述需要解决的问题或需要回答的疑问，从对问题进行定义的陈述开始，提供有关该问题更具体的细节。②

步骤二：假设的建立

假设的建立是战略预测评估过程中具有决定性意义的重要一步。一旦建立的假设存在先天性缺陷，那么，就算再科学、再严密的检验也无法弥补前期假设建立中的漏洞，这势必会影响到战略预测评估结论的正确性与准确性。因此，除了需要获致高质量的情报素材外，还必须使用科学的方法围绕战略预测评估问题建立假设。总的

---

① 关于战略预测评估的技术路线，本书借鉴了美国实用主义哲学家杜威（John Dewey）关于论思想的"五步说"。杜威认为，有系统的思想通常需要经过五个阶段：第一阶段为思想之前奏（antecedent），是一个困惑、疑虑的阶段，它促使思想者去认真思考。第二阶段是找到这些疑虑和困惑究竟在何处。第三阶段是为解决这些困惑和疑虑去寻找一个"解决问题"的假设；或在一些"现成"假设中选择解决问题的方法。第四阶段是在这些假设中选择其一作为解决困惑和疑虑的可能的方法。第五也是最后阶段，其是一个求证的阶段，要把"大胆"选择的假设"小心地"证明出来，并有切实理由相信这是对原有疑虑和困惑最满意的解决方法。后来，胡适先生在《实验主义》一文中不仅介绍了杜威的"五步说"，还将其作为"大胆假设，小心求证"这一方法的具体步骤。认为前两个阶段是为了引出第三个阶段——假设，而后两个阶段则是为了检验第三个阶段。See: John Dewey, *How We Think*, Boston, MA: D. C. Health & Co., 1910, p.224. 转引自 [美] 唐德刚译注：《胡适口述自传》，上海·华东师范大学出版社，1997年版，第96页。

② [美] 罗伯特·克拉克：《情报分析：以目标为中心的方法》，马忠元译，北京·金城出版社，2013年版，第40页。

第一章　战略预测评估的基本问题

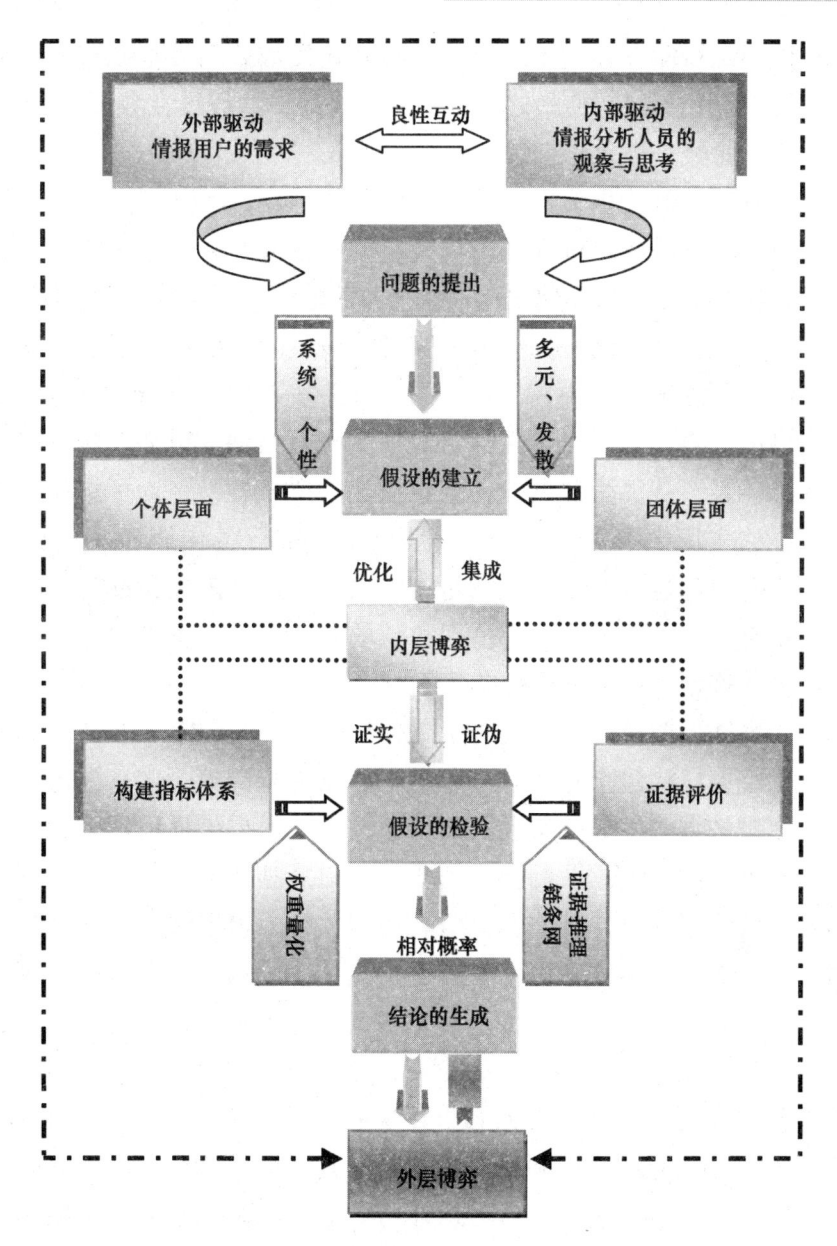

图1—2　战略预测评估技术路线图

来说，建立假设的方法可分为两个层面：一是通过个体层面系统、深入且个性化的方法建立假设；二是通过发挥团体层面的优势以弥补个体层面可能存在的不足，从而在构建发散式假设群的基础上实现假设的优化集成，使最终进入后续检验环节的假设在数量上适中，在质量上是经一体化整合过的有机体整体。

步骤三：假设检验之指标体系的构建

由于假设是尚未得到评价或检验的答案或结果，它是有待于证实或证伪的对事实或事物之间关系的暂时性断言。[1] 因此，提出一个科学的假设不一定就是一个站得住脚的假设。假设必须经过验证。[2] 对于战略预测评估来说，其建立的假设一般是较为复杂的命题，故需要借助"自上而下"的回溯推理对其进行推演和分解，构建出一套指标体系，从而为证据检验假设搭建桥梁。此外，为了进一步提升指标的实用性和针对性，还需要对指标进行量化处理：一方面，应尽量对指标进行高层次的测量，以更好地展现战略预测评估客体的活动态势；另一方面，应使用科学的方法确立指标的权重，以尽量确保战略预测评估结论的准确性。

步骤四：假设检验之证据评价推动下的结论生成

围绕假设构建指标体系只迈出了假设检验的第一步，要想以理性、客观的方式生成战略预测评估结论，还需要借助证据评价的力量。本书中的"证据"特指在假设建立以后搜集到的用以对假设进行检验的情报素材，其需要同时具备相关性、可信性与证明力三项资格（详见本书第四章第一节）。相对于指标体系的构建而言，证据检验假设则是一个"自下而上"的推理过程。证据、推理、指标这三者环环相扣，共同构成了纵横交错证据—推理链条网。同时，证据检验假设还是一个主观见之于客观的过程。在肯定情报分析人员充分发挥主观能动性的同时，还需要对其证据评价行为加以科学合理的限制与规范。这样，对证据证明标准的主观判断才能不断客观

---

[1] [美] 唐·埃思里奇：《应用经济学研究方法论》，朱钢译，北京：经济科学出版社，1999年版，第61页。

[2] 秦亚青：《权力·制度·文化：国际关系理论与方法研究文集》，北京大学出版社，2005年版，第303页。

化。战略预测评估结论最终在指标体系和证据评价的共同作用下得以生成，并通过计算各个假设成立的相对概率以提醒决策者必须考虑未来的多种可能性，而不是仅仅将目光锁定于某一个假设之上。

步骤五：宏观博弈视角下的假设发展

战略预测评估中的假设发展具有明显的双层博弈特征。在内层博弈中，博弈方情报机构内部建立的假设群进行着彼此间的博弈；在外层博弈中，博弈方之间围绕着如何实现己方假设最优化，同时诱使对方假设堕入预设的"陷阱"而进行着彼此间的博弈。两个层次博弈的结果相互影响。本步骤即由内层博弈转向外层博弈，从微观转入宏观，将战略预测评估置于情报对抗的大背景下，对假设的整个发展过程进行一种全新的解读。根据博弈论的相关理论，结合战略预测评估主客体对抗的特点，本书构建了假设发展的博弈模型：不完全信息动态零和假设博弈。在该模型下，整个假设发展的博弈过程并不单是正向的推进，其还伴随着逆向的回复，这是一种认识上的"螺旋上升式"过程。假设在"肯定"和"否定"的交替中，不断发展完善，并逐步升级为最终的战略预测评估结论。

第二章 战略预测评估问题的提出与假设的建立

澳大利亚著名历史学家和哲学家戴维·奥尔德罗伊德（David Oldroyd）在其著作《知识的拱门：科学哲学和科学方法论历史导论》① 中，将假设的建立与检验形象地比喻为"知识的拱门"。"拱门"的逻辑起点源于问题，"拱门"的上升阶段以假设的建立为基础，而在"拱门"的下降阶段，则涉及到对假设的检验。但遗憾的是，大多数哲学家、科学家似乎都将目光聚焦于"拱门"的下降阶段，而忽视了"拱门"的上升阶段，② 甚至连享有"20世纪最伟大的哲学家之一"美誉的卡尔·波普尔（Karl Popper）在其经典著作《科学发现的逻辑》③ 一书中，也没有谈及发现的逻辑，而是将其"扔给"了心理学家。④ 反映在情报分析领域，休尔的竞争性假设分析法也是将重点放在了假设的检验环节，问题的提出与假设的建立则是一笔带过。基于此，本章将从战略预测评估的逻辑起点——问题出发，聚焦"拱门"的上升阶段，修复整个"拱门"的"残缺破损"之处，为战略预测评估的展开筑牢基础。

---

① David Oldroyd, *The Arch of Knowledge: An Introductory Study of the History of the Philosophy and Methodology of Science*, New York: Methuen Publishing, 1986.
② David Schum, *Thoughts about a Science of Evidence*, London: University College London, 2005. p. 21.
③ [英] 卡尔·波普尔：《科学发现的逻辑》，查汝强、邱仁宗译，沈阳出版社，1999年版。
④ 波普尔认为，最初阶段，构思或者发明一个理论的行为，似乎对我来说既不需要逻辑分析，也不会受到逻辑分析的影响。人是如何获得新的念头的问题——无论是音乐节奏、戏剧冲突，还是科学理论——对于经验心理学而言可能会对此问题感兴趣，但是这与科学性知识的分析无关。

第一节　战略预测评估问题的提出

科学研究开始于问题。① 正如波普尔所言："我们不是从观察开始而总是从问题开始；从实践的问题，或者从遇到问题的理论开始……"② 战略预测评估工作亦如此。但在实际战略预测评估工作中，长期以来，"'问题'的问题"却没有得到应有的重视，致使在各国情报界都存在着大量针对某些类似主题的低水平的重复性战略预测评估。这不仅无助于国家利益的维护，而且浪费了大量情报资源，降低了决策者对情报机构的信任。要避免这一现象的发生，情报官员，尤其是情报分析人员就必须对"'问题'的问题"有一个正确的认识。

一、问题提出的重要性

关于问题提出的重要性，科学家爱因斯坦曾有过一个著名的论断："提出一个问题往往比解决一个问题更重要，因为解决问题也许仅是一个数学上或实验上的技术而已。而提出新的问题，新的可能性，从新角度去看旧的问题，却需要有创造性的想象力，而且标志着科学的真正进步。"③ 问题不仅决定了科学研究的产生，而且其深度和广度更决定了研究可能企及的高度。在战略预测评估领域，问题④的提出同样重要，甚至说更为重要，因为战略预测评估

---

① 孙小礼主编：《科学方法中的十大关系》，上海·学林出版社，2004年版，第58页。

② ［英］卡尔·波普尔：《走向进化的知识论》，李正本、范景中译，北京·中国美术学院出版社，2001年版，第67页。

③ ［德］爱因斯坦、英费尔德：《物理学的进化》，周肇威译，上海科学技术出版社，1962年版，第66页。

④ 在情报工作中，"问题"有两层含义：一是"方法的问题"，即获得事实的方法，比如搜集某国军事组织基本数据的方法；二是"实质性的问题"，即关于国家安全、国际安全方面的问题，比如某国的战略实力。此处指的是第二层含义。See: Sherman Kent, *Strategic Intelligence for American World Policy*, Third Edition, Princeton, NJ: Princeton University Press, 1965, p. 159.

构建以假设为核心的战略预测评估方法

所涉及的问题皆关乎国家利益的维护与拓展,乃至国家的生存与发展。

(一) 问题的提出实际上决定了战略预测评估的方向

对于战略预测评估而言,问题一旦提出后,就要加以具体的规定,包括预测评估的范围、对象和内容等。这正如肯特所言,问题"既像固定跑道,注定了我们的预测要从那里启航,又像罗盘一样,引导着预测飞行的方向"。[1] 例如,上级部门提出了一项关于未来10年国外情报体制转型趋势的问题,情报分析人员首先面对的是国家范围的选择,是以全球所有国家为对象,还是以其中的情报大国为典型代表;情报大国如何界定,是以情报人员人数为优先考虑因素,还是综合考虑情报技术水平、情报活动烈度与成效等;之后还要界定情报体制具体包括哪几个方面,如管理协调机制、机构构成、监督机制等。因此,提出一个问题就意味着要解决整个战略预测评估的基本方向问题,否则,战略预测评估将会非常混乱,犹如无本之木,无源之水。

(二) 问题的提出牵引着战略预测评估由已知迈向未知

美国哲学家拉里·劳丹(Larry Laudan)在谈到未解决问题的地位时说:"通常认为,未解决问题为科学的发展和进步提供了推动力;毫无疑问,把未解决问题转变为已解决问题的确是进步理论确立其科学地位的途径之一。"[2] 战略预测评估就是在未解决问题的牵引下,由不知到知,由知之较少到知之较多的过程。例如在中途岛战役前,美军虽知晓日军未来的主攻方向是太平洋北部和中部,但却无法判明具体地点。于是日军的具体进攻地点就成了美军最迫切需要解决的问题。在愈发临近战役打响的前夕,美军太平洋舰队截

---

[1] Sherman Kent, *Strategic Intelligence for American World Policy*, Third Edition, Princeton, NJ: Princeton University Press, 1965, p. 40.

[2] [美] 拉里·劳丹:《进步及其问题》,刘新民译,北京·华夏出版社,1999年版,第20页。

收的电报也越来越多地提及 AF 这一地点。这表明，日军下一阶段的攻势将围绕 AF 展开。美军情报官员分析判断认为 AF 指代的是中途岛，为了对其进行检验，他要求中途岛守军用明语发电报称岛上的供水蒸馏塔坏了。随后美军果然破译了一份日军关于 AF 缺乏淡水的报告，这表明 AF 就是中途岛。可以说，问题的不断发现、不断提出、不断解决以及不断再生，也正意味着战略预测评估在向前不断推进，表示对某一领域问题的认识在不断地由未知向已知迈进。

（三）问题的提出反映了一项战略预测评估工作的水平和价值

在战略预测评估工作中，真正的创新、真正的发现，往往发轫于提出一个与众不同的、有价值的问题；反之，则将使战略预测评估的价值大打折扣。比如，近年在某国情报界，有诸多情报机构竞相围绕"南海局势的发展走向"这一问题进行战略预测评估，但其中很多都是简单重复式的，再加上缺乏科学、严谨的分析工具，得出的结论很难有强大的信服力。毫无疑问，除非使用新的情报素材和分析方法以得出新的结论，否则再选择这一问题进行预测评估，就是在做无用功，是对情报资源的一种浪费。再者，有时评价一项战略预测评估成果的价值，往往是要与其是否涉及一些重大问题相挂钩，比如美国是否必然衰落，中日何时爆发战争，等等。但实际上，一项战略预测评估工作质量的高低和价值的大小，主要是看所选问题是否满足了情报用户的需求；是否可以指引后续工作在较深入的层次上揭示战略预测评估客体行动的内在规律；是否能够在较高层次上概括战略预测评估客体行动的整体状况、发展变化趋势，而不是在较低层次上简单列举其行动的个别状况和具体表现，在较浅层次上描述其行动的表面特征，甚至重复研究已经证明了的事实、状况和结论。

二、问题提出的方式

对于情报分析人员来说，战略预测评估问题的提出主要有"外部驱动""内部驱动"两种方式。前者基于情报用户的需求，后者则基于情报分析人员自己的观察与思考。

（一）情报分析人员"换位思考"用户提出的问题

为了满足制定政策的需求，情报用户经常直接向情报机构提出问题要求予以解答。然而，用户提出问题的初始指导原则几乎总是不完善的，甚至在无意间具有误导性。① 在关于伊拉克是否拥有大规模杀伤性武器这一案例中，问题的提出就被情报用户简化处理了，即"萨达姆有大规模杀伤性武器吗？"围绕这样一个问题进行战略预测评估势必会掩盖和忽略其他一系列重要的问题，如威胁有多大？对谁构成了严重的威胁？在什么时间范围内存在威胁？等等。同时，以此问题为指引还有可能衍生出其他更具误导性的问题，如更为狭隘的问题："萨达姆拥有大规模杀伤性武器最有说服力的证据何在？"以及更消耗情报界分析资源的问题："伊拉克和'基地'组织之间的联系何在？"② 此外，情报用户还会受到框架效应（framing effect）③ 的影响。这意味着即便用户将等量的原始信息进行逻辑重组后能够形成完全相反的思维框架，但他们也更趋向于按照情报分析人员提供的思维框架去接受问题。④ 例如，某国决策者要求情报机构对本国与 X 国开战的结果进行预测评估。假定分析结果已经判定，情报分析人员提供给情报用户的结论可以有两种表述方式：一是开战的获胜概率为80%；二是失败的概率为20%。两项数据意义相同，理论上不会影响领导人的决策。然而在现实中，面对两个差异巨大的数据时，第一种表述中的"80%"显然会坚定决策者开战的决心，而第二种

---

① ［美］罗伯特·克拉克:《情报分析：以目标为中心的方法》，马忠元译，北京·金城出版社，2013年版，第35页。

② See: Roger George, James Bruce, eds., *Analyzing Intelligence: Origins, Obstacles, and Innovations*, Washington, D. C.: Georgetown University Press, 2009, pp. 94 – 95.

③ 一个问题在逻辑意义上相似的两种说法却导致了不同的决策判断。

④ Matthew Herber, The Intelligence Analyst as Epistermologist, *International Journal of Intelligence and CounterIntelligence*, Vol. 19, No. 4, Dec. 2006, pp. 666 – 684.

表述中的"20%"则必然会强化决策者对失败风险的认识,同时弱化其开战的决心。

为了消除情报用户提出问题时可能存在的上述负面影响,情报分析人员就需要做到"换位思考",即"像用户一样思考,但要像情报生产者一样回答问题"。[1] 这一角色就如同球赛中的球探,决策者则如同教练。[2] 具体来说,美国情报专家罗伯特·克拉克认为,在用户提出问题后,情报分析人员需要明确以下5个问题:(1) 何时需要得出结果?用户看重的是即时、精确和详细的情报。(2) 用户是谁?即使是为某个单一用户生产的情报产品,通常也会分发给其他许多用户。把排列在第二顺序的用户及其需求牢记在心,也是有好处的。(3) 用途是什么?分清主要和具体用途。(4) 用户需要什么形式的情报输出或产品?书面报告是情报行业的标准做法,但大部分得不到用户的阅示。口头介绍可以与用户互动,更好得到反馈。(5) 真正的问题是什么?对于用户提出的问题背后的问题,要尽可能多地获取背景知识,并了解答案将对组织决策产生怎样的影响。[3]

回答了上述问题后,情报分析人员生产出来的情报产品才能有效契合用户的需求,更好地服务于决策。然而要达到这一境界,一方面,情报分析人员需要掌握国家安全政策制定过程的专业背景知识,如情报分析专家杰克·戴维斯就以美国为例进行说明:分析人员应当熟知美国政策制定的流程和他们所服务的重要政策制定者。分析人员从第一年开始就必须花足够时间理解华盛顿是如何工作

---

[1] Office of Training and Education, *Analytic Thinking and Presentation for Intelligence Producers: Analysis Training Handbook*, p. 62. http://www.scip.org/files/resources/analytic-thinking-cia.pdf.

[2] See: Jack Davis, Improving CIA Analytic Performance: Analysts and the Policymaking Progress, *The Sherman Kent Center for Intelligence Analysis Occasional Papers*, Vol. 1, No. 2, Sep., 2002, p. 6.

[3] [美] 罗伯特·克拉克:《情报分析:以目标为中心的方法》,马忠元译,北京·金城出版社,2013年版,第37—38页。

的。① 这表明分析人员不能只在办公室里一心一意地搞研究，还应当积极评估政府的各项政策，知晓情报如何在其中发挥作用。另一方面，情报分析人员还要与用户进行沟通，甚至"把一半以上的时间花在办公室之外"②，把握好用户的"脉搏"。这也正是美国前中央情报主任罗伯特·盖茨（Robert Gates）所主张的："除非情报官员与政策制定者站到同一条战壕……否则将无法提供相关、及时的情报支援决策。"③

（二）情报分析人员的观察与思考

除了情报用户的需求之外，情报分析人员自己的观察与思考也是提出战略预测评估问题的又一个重要途径。为了提出有价值的问题，情报分析人员需要对某一特定领域进行长时间的跟踪式研究，这本身也是科学利用基本描述型情报和动态报告型情报的过程。这里所说的特定领域更多涉及的是与情报分析人员工作相关的方向，它是一个相对比较宽泛的概念，例如台湾方向、美国方向、俄罗斯方向等。从情报机构来看，其庞大的数据库涵盖了所有可获的基本描述型情报，宛如具有海量内容的百科全书，在方便情报分析人员查阅的同时，还能够满足他们进行分析研究所需的基本信息。就情报分析人员来说，其个人头脑中也同样具备这样的知识库，而且与其工作方向直接对接。情报分析人员在日常工作中积累的知识与经验会被自然地内化，不断填充自己的知识库。他们的知识越广博、业务越专精，知识库的容量就会越大，存储的内容也就会越准确。一旦一线侦察单位上报的动态报告型情报反映新的情况出现，情报分析人员就会敏锐地察觉，然后通过科学设计，提取自己的知识库

---

① Jack Davis, Tensions in Analyst-Policymaker Relations: Opinions, Facts, and Evidence, *The Sherman Kent Center for Intelligence Analysis Occasional Papers*, Vol. 2, No. 2, Jan. 2003, p. 8.

② [美]格里高利·特勒沃顿：《重塑信息时代的国家情报系统》，中国现代国际关系研究所译，北京·时事出版社，2000年版，第378页。

③ Roy Godson, ed., *Intelligence Requirements for the 1990s: Collection, Analysis, Counter Intelligence and Covert Action*, Lexington, MA: Heath, Lexington, 1989, p. 111.

或者查询所在情报机构的数据库，将原有的基本描述型情报以最佳的路径激活，以进行客观的、系统的、定量的分析，从而发现并提出有价值的战略预测评估问题。

例如，1999年5月17日，当时的台湾地区领导人李登辉在其任期到期前一年出版自传《台湾的主张》，明确将两岸关系定位为"两个国家"，并公开反对我"一国两制"政策。面对这样一则动态报告型情报，情报分析人员要想提出有价值的问题，就需要借助一套科学提问方法。首先是选定分析单位。针对此情报，可以选定领导人的日记、回忆录或自传作为分析单位进行研究。它们都属于原始文献，是当事人亲自所写的第一手资料，具有较高的价值。其次是选定比较对象。在此过程中，数据库或知识库将发挥不可取代的重要作用，相关的基本描述型情报在此阶段被逐一激活，从而能够较为清晰地展现最新情况背后所蕴藏的异常变化。通过数据库可以得知，在李登辉之前，台湾地区领导人共有三位：蒋介石（1954.05—1975.04在任）、严家淦（1975.04—1978.05在任）、蒋经国（1978.05—1988.01在任），其中蒋介石和蒋经国写过日记，但都没有在离任前公开。纵观世界各国，也鲜有政治人物在离任前公开日记、回忆录或自传的情况，因为根据一般政治规律，这些第一手文献的公布很有可能让当事人遭致一些不必要的政治麻烦。于是，他们大多会选择一个恰当的时机将自己撰写的第一手文献公开或出版，离任后不久无疑是首选。最后是发现异常。通过以上分析梳理，情报分析人员就会发现有悖于常理的地方，随之产生疑惑，一个有价值的战略预测评估问题也由此应运而生：李登辉为何会选择在自己离任前一年出版这样一个自传？这背后真正的动机是什么？以这样的问题为牵引，后续的分析研判将会得出重要的战略预测评估结论，即李登辉即将要走上公开主张"台独"的道路。如果不以这样一套跟踪式研究的方法来发现或提出问题，情报分析人员就有可能错失进一步挖掘这则情报价值的良机。也许他只会简单地认为这则情报非常重要，因为涉及到我们关注的敏感地区台湾，且涉及到其领导人。最后的情报产品很可能就是一条动态报告型情报，告知情报用户李登辉出版的自传中明确鼓吹"台独"。这无疑与正确问题牵引下进行的战略预测评估相差甚远。

第二节　个体层面建立假设的方法

在战略预测评估的现实工作中，假设的建立不能被一笔带过，它是科学应用假设方法中不可或缺的一部分，是检验假设的大前提条件。一旦建立的假设不够科学或缺乏创意，或有所遗漏，那么，就算再严密的检验也无法填补假设的先天缺陷，正确的结论也自然无从谈起。基于此，如何科学建立假设就成为了一个不容回避的重要问题。具体而言，应从逻辑和非逻辑两个层面入手，充分发挥情报分析人员个体思维的力量以建立相应的假设。

一、建立假设的逻辑方法

假设的建立高度依赖于情报分析人员的逻辑推理能力以及所使用的逻辑推理方法。传统的逻辑推理方法多是线性的，往往（虽然并非绝对）假定未来的发展结果是唯一的，并根据近年的发展情况进行趋势外推，得出关于未来发展状况的假设。这种方法是建立假设的基础性方法，通过它建立的假设更适用于相对稳定的环境或不确定性较低的环境。当面对不太稳定的环境或不确定性程度较高的环境时，则需要引入新兴的逻辑方法——情景分析法（Scenario Analysis Theory），以提高所建立假设的解释和预测效力。

（一）传统的逻辑推理方法

推理是逻辑学的基本主题，根据推理的前提对结论的支持强（程）度不同，即推理的前提与结论之间的联系性质不同，推理可分

第二章　战略预测评估问题的提出与假设的建立

为必然性推理①和或然性推理②两大类。由于或然性推理的结论不必然为真，所以在形式逻辑体系中一直未受到重视，甚至更多的是受到一种排斥。从逻辑上看，能获得必然性的结论固然很好，但一次性获得这种结论的实际可能性却很小。因为，人们对客观事物的认识总是由少到多、由表及里、由浅入深、由未知到已知、由或然到必然。③ 情报分析人员对战略预测评估问题的认识过程也是如此，从搜集的部分情报素材到生产出高质量的情报产品，分析人员一直在遵循着由假设到结论，即由"或然"到"必然"的规律。所以，或然性这种在逻辑上的特殊价值对于战略预测评估中假设的建立而言，有着不可忽视的理论与现实意义。

选用或然性推理作为建立假设的核心方法主要基于两方面的考虑：一方面，或然性推理既不要求推理前提绝对真实可靠，也不要求推理形式严格有效，这符合了战略预测评估中建立假设的特殊要求。由于受到主客观条件的限制，战略预测评估主体不可能掌握所需的全部情报素材，也不可能保证已获情报素材都是真实准确的，而战略预测评估工作的特点又有时限性要求，因此，假设建立的大前提很难做到绝对真实和可靠。同时，战略预测评估客体本身又是复杂多变的，它不会做直线式的简单运动，而战略预测评估主体的认识又总是相对有限的，所以在战略预测评估之初，当运用某些推理建立假设时，不一定能确保作为假设大前提的前后件之间具有必然的联系。从这个角度来看，假设的大前提也不是绝对真实可靠的。在建立假设的过程中，各种形式的推理都会涉及。一些推理自身的

---

① 必然性推理是指前提为结论提供了完全支持的推理，即前提与结论之间具有必然性联系的推理。这样的推理只要前提真，并且推理形式正确，结论就必然真。必然性推理，由于其结论被严格地限制在前提的断定范围之内，不得有任何超出，因而结论可靠，但创造性相对较弱。

② 或然性推理是指前提只给结论提供一定程度支持的推理，即前提与结论之间不具有必然性联系的推理。这种推理即使前提都真，然而其推理形式却不能保证它的结论一定真。或然性推理，由于其结论超出了前提的断定范围，是前提已有知识的推广，因而其结论是不可靠的，但却具有较强的创造性。

③ 张静：《论侦查推理中的或然性推理》，《福建公安高等专科学校学报》2004年第4期。

构建以假设为核心的战略预测评估方法

性质也决定了其结论的或然性,如类比推理、归纳推理等;而另一些推理,如演绎推理,即便自身具有必然的性质,但在实际建立假设的过程中,为了满足战略预测评估的现实需要,其也不一定能严格遵守逻辑推理的规则。① 另一方面,或然性推理得出的结论中所含的信息要多于前提中所蕴涵的。它从描述观察到的特殊事件开始,到预言未来(或追溯过去)的更多的特殊事件为止。② 即便其结论具有或然性,但却有较强的助发现作用,而这又正是战略预测评估中通过建立假设以预测未来所迫切需要的。因此,在战略预测评估中可以而且更多地是运用或然性推理来建立相关假设的,具体包括以下几种逻辑推理方法。

第一,类比推理。类比推理是情报分析中运用最为广泛的一种工具,也是大多数假设得以建立的基础。③ 它是根据两个或两类事物在某些属性上相似或相同,从而推出它们在另一个或另一些属性上也相似或相同的推理形式,其结论不具有必然性。在战略预测评估中,若要由过去预知未来,该推理方法对于假设的建立具有很大的推动作用,尤其是该方法中的历史类比推理。美国未来学家约翰·奈斯比特(John Naisbitt)在《大趋势:改变我们生活的十个新方向》一书中指出:"预测最可靠的方法就是了解现在"④,而现在又是过去的延伸与继续,明天的战略必须建立在昨天的教训上。⑤ 历史的发展具有继承性和延续性的特点,其间一些规律性的因素是必然的、稳定的,并且能够在一定条件下重复出现。即便在不同的环境

---

① 张静:《论侦查推理中的或然性推理》,《福建公安高等专科学校学报》2004年第4期。
② [英]詹妮弗·特拉斯特德:《科学推理的逻辑》,刘钢、任定成译,石家庄:河北科学技术出版社,2000年版,第4页。
③ Jerome Clauser, *An Introduction to Intelligence Research and Analysis*, Lanham, MD: Scarecrow Press Inc., 2008, p.130.
④ [美]约翰·奈斯比特:《大趋势——改变我们生活的十个新方向》,梅艳等译,北京:中国社会科学出版社,1984年版,第2页。
⑤ [美]汉森·W.鲍德温:《明天的战略》,复旦大学国际政治系编译组译,上海人民出版社,1974年版,第2页。

第二章 战略预测评估问题的提出与假设的建立

下,相同的因素也极有可能导致相似的结果。[①] 如历史上国家间的权力斗争经常会导致战争,在现代国际社会里依然如此。这也就是常说的"历史事件有些有惊人的相似之处"。[②] 因此,情报分析人员可以立足于过去和现在,同时又使用一种逻辑结构把它同未来联系起来,以达到对未来进行预测的目的。[③] 历史类比这一逻辑推理方法无疑成为了建立假设的一条理性思维的捷径。例如,旧日本帝国向来有以偷袭发动战争的惯例,比如1894年在丰岛海面偷袭中国北洋水师挑起甲午战争;1904年在旅顺港偷袭沙俄太平洋舰队发动日俄战争;因此,当1940年日美关系逐渐紧张、矛盾无法调节时,美国情报分析人员便可建立"日本将以偷袭方式发动对美战争"的假设。

由于该推理方法具有或然性的特点,若要提高运用此方法建立假设的可靠性,情报分析人员不但要熟悉其现在,还要熟悉其过去,在熟悉其过去和现在的基础上,慎重地推断其未来。[④] 具体需要做到以下三点:一是要尽可能多的找到战略预测评估客体与历史之间相似或相同的属性。二是要提高推出属性(即战略预测评估中建立的假设)与已知相同或相似属性的相关程度,这种相关程度更多的表现为一种必然的内在联系。三是要力求避免简单的机械历史类比。历史可以教会我们许多东西,但历史也可以是沉重的负担,它会使人们简单机械地将现实与历史相比,可能会导致错误地认识现实[⑤],从而陷入"历史禁锢假设"的误区。因此,在运用类比推理建立假设时,要特别注意不同条件所可能造成的影响,并根据变化了的条件去探讨后发展事物在哪些方面还保持着与先发展事物的相似特征,

---

[①] 阎学通、孙学峰:《国际关系研究实用方法》,北京·人民出版社,2001年版,第149页。
[②] 陈恒力主编:《军事预测学》,北京·军事科学出版社,1993年版,第111页。
[③] 李玉兰:《科学预测的逻辑机制》,载中国逻辑学会编委会编:《逻辑今探》,北京·社会科学文献出版,1999年版,第546页。
[④] 周敏、华星白编著:《信息整合教程》,北京·军事科学出版社,2005年版,第184页。
[⑤] [美]罗伯特·杰维斯:《国际政治中的知觉与错误知觉》,秦亚青译,北京·世界知识出版社,2003年版,第14页。

以及在哪些方面已不再相似，等等，从而根据当时、当地的具体情况①，建立较为科学、准确的假设。

第二，归纳推理。近代形式逻辑的创始人亚里士多德曾经说过："证明从普遍出发，归纳从特殊开始，但除非通过归纳，否则要认识普遍是不可能的。"② 归纳推理是根据一类中的部分对象具有（或不具有）某种属性，并且经验中没有发现相反的情况，从而得出该类全部对象具有（或不具有）某种属性的推理。③ 归纳推理是情报分析逻辑方法的主流选择。作为历史学家的一门工具，其运用于情报分析领域的根源可追溯到谢尔曼·肯特。该方法能够帮助情报分析人员厘清杂乱的数据信息，并找寻其中的规律，将已知的知识最终转化为预测性的知识——假设。④ 现实中的情报分析人员几乎不可能掌握所需的全部情报素材，也不可能具备所有的经验和知识，所以只能从对问题的个别性认识上升到一般性认识，进而在战略预测评估中建立起相应的假设。只不过在大多数情况下，情报分析人员对该方法的应用是无意识的。

归纳推理在应对渐变性问题建立假设时，效果尤为明显。比如围绕某国国家战略的演变、外交政策的特点以及军事力量建设等问题建立的假设。而要提高由归纳推理建立假设的可靠性，则需要做到以下几点：一是要增加枚举的数量。这是对情报分析人员知识、经验以及占有情报素材数量的要求。二是推理的前提要尽可能地反映所要研究问题的本质属性。这是对枚举质量的要求，即尽量排除那些偶然的、非本质的因素，力求从那些与战略预测评估问题密切

---

① 肖显杜、王益民、刘继贤：《军事预测学》，北京·国防大学出版社，1990年版，第89页。

② 苗力田主编：《亚里士多德全集》（第1卷），北京·中国人民大学出版社，1990年版，第283页。

③ [德] 黑格尔：《逻辑学》（下卷），杨一之译，北京·商务印书馆，1976年版，第372页。

④ Roger George, James Bruce, eds., *Analyzing Intelligence: Origins, Obstacles, and Innovations*, Washington, D. C.: Georgetown University Press, 2009, p. 175.

第二章　战略预测评估问题的提出与假设的建立

相关，且反映问题本质特征的典型情报素材、经验与知识中归纳出一般性的假设。三是要尽量考察是否有反面事例。如果在一些可能出现反面事例的情况下而没有出现反面事例，那就说明该假设被推翻的可能性很小，其可靠性也随之相应提高。

此外，在应用归纳推理建立假设时，还必须对其所面临的问题有一个清醒的认识。首先，不同情报分析人员根据相同的情报素材，可能会建立不同的假设。从个体层面来看，这无疑是该方法的一个弊端，但如果放置在团体层面，这又为建立多样化假设创造了可能。其次，该方法还存在一个固有的缺陷，就是小概率事件一旦发生将会产生颠覆性的破坏力，所以对于归纳推理的运用不能满足于20世纪五六十年代由谢尔曼·肯特提出的历史性归纳方法，还应吸收最新的社会科学知识与技术。尤其是在现今的"大数据"时代，更应进一步将归纳推理与强大的分析工具相结合，如统计分析工具、事件分析数据库等，并系统研究和应用其衍生出的新方法，如趋势外推法、平稳时间序列预测法等，以期建立更为科学的假设。

第三，或然性演绎推理。演绎推理是指从关于某类事物的一般性知识出发，推出该类事物中特殊性事物情况的结论。其推理的思维方向是由一般到特殊。该推理在物理学中应用更为广泛，因为物理学存在很多普遍的定律，如万有引力定律、能量守恒定律等，而战略预测评估领域却很难找到如此具有普遍性的规律。虽然演绎推理在产生可靠的情报方面价值不大，但却在创造新的假设方面作用非凡，尤其是或然性演绎推理，这也是为情报界所公认的。[1] 战略预测评估中建立假设所用到的或然性演绎推理主要包括或然性选言推理和或然性假言推理两种方法。

或然性选言推理是以选言判断为前提，推出选言肢为或然性结论的推理。情报分析人员在建立假设的过程中，由于受到主客观条件的限制，很难对战略预测评估客体行为的每一细节都做出准确的

---

[1] See: Roger George, James Bruce, eds., *Analyzing Intelligence: Origins, Obstacles, and Innovations*, Washington, D.C.: Georgetown University Press, 2009, p. 174.

判断，反映在选言推理上就是大前提常常具有不确定性，是关于战略预测评估客体意图的几种可能性的断定。例如，德国在1939年闪击波兰成功后，其首要的对手是法国和英国。如果德国要发动下一步的攻势，其首要主攻目标是法国或者英国。经查证德国确实在进行军事进攻准备，但没有针对英国进行渡海进攻的迹象，据此就可以建立"德国很有可能对法国发动战争"的假设。虽然尚不能肯定前提中的肢判断都是正确无误的，但也不能肯定肢判断穷尽了所有的可能情况，但它所建立的假设却具有很强的现实导向性。

或然性假言推理是指以假言判断为前提，根据假言判断前后件之间的逻辑性质而进行的推理，并且其结论是或然性的。战略预测评估中建立假设主要使用的是推理形式正确，但假言前提中前后件之间的联系不是必然的这一类或然性假言推理。[1]虽然作为大前提的假言命题其前后件之间有时不具有必然的联系，但却能够达到相对正确的程度，因为它们之间更多的可能是一种共生或相关现象。正如燕子低飞就会下雨一样，燕子低飞和下雨这两者之间并不具有必然的联系，但如果看到燕子低飞，则很有可能会出现下雨的事实。在战略预测评估中，以这样的假言命题作为大前提所进行的推理，尽管是或然性推理，但由其建立的假设却具有相当高的可信性。如1998年印度和巴基斯坦两国打破核不扩散的禁忌，先后进行了核试验。随后双方又展开了导弹军备竞赛。众所周知，军备竞赛是敌对关系的一种表现形式，它与战争爆发之间不存在必然性的联系。但同时不可否认的是，军备竞赛虽然不是促成战争的原因，但它的加剧则很有可能导致战争危险的升级。要针对印巴军备竞赛这一事实通过或然性假言推理来建立相关假设，即便其推理的大前提不是绝对真实可靠的，但推出的假设"印巴将发生新的军事冲突"却具有较高的可靠性。事实证明也确是如此，印巴双方于1999年5月在克

---

[1] 还有一类或然性假言推理是大小前提都正确，但推理形式不符合假言推理的规则。具体表现为：充分条件假言推理用了"肯定后件式"或"否定前件式"；必要条件假言推理用了"肯定前件式"或"否定后件式"。此类在建立假设过程中并不常用，所以本书不对其进行讨论。

什米尔实际控制线地区发生了两个月的冲突。[1]

（二）情景分析法

情景分析法[2]是近年来国际上日趋流行的一种分析未来发展的方法。所谓"情景"，是关于可能未来的特性描写，具备脚本样式和细节描述，特别关注因果联系、内部一致性和具体性。[3] 情景分析法主要通过分析未来发展的多种可能路径，探究可能的选择。[4] 其应用在西方已有60多年的历史，领域包括军事战略研究、企业发展规划、市场预测等。如20世纪50—60年代，兰德公司研究员，后来被誉为"情景分析之父"的赫尔曼·卡恩（Herman Kahn）率先应用情景分析法为美国导弹防御计划提供咨询。20世纪70—80年代，壳牌石油公司先后运用情景分析法成功应对了1973年的石油危机[5]以及80年代的全球石油过剩[6]。不久前，美国国家情报委员会（National Intelligence Committee）又利用情景分析法对2030年前世界的发展趋势进行了分析，其成果《全球趋势2030：变换的世界》出版成为畅

---

[1] 参见阎学通、孙学峰：《国际关系研究实用方法》，北京·人民出版社，2007年第二版，第17页。

[2] 亦称情境分析法、前景描述法、脚本法、情景规划等。

[3] Paul Schoemaker, Disciplined Imagination: From Scenarios to Strategic Options, *International Studies of Management & Organizatio.*, Vol. 27, No. 2, Summer, 1997.

[4] See: Michael Allaby, *Facing the Future: The Case for Science*, London: Bloomsbury Publishing, 1995.

[5] 1971年中东产油国出现了一些动荡的迹象，只有壳牌公司敏锐地觉察到了变化，运用情景分析法构建了一个名为"能源危机"的情景。假设一旦阿拉伯世界动荡，西方石油公司失去了对世界石油供给的控制，将会发生什么，以及怎样去应对可能产生的能源危机。由于壳牌公司提早构建了能源危机的情景，并做好了应对准备，所以成为了世界七大石油公司中唯一一家未受重创的公司。

[6] 20世纪80年代初，石油产业进入了泡沫时期。就在1986年石油价格崩落前夕，壳牌公司再次借助情景分析法构建了"石油过剩"的情景，假设OPEC分裂，能源需求会放缓，石油产业将进入调整期，并以此为指导没有再收购其他的石油公司和油田以扩大生产，还卖掉了多余的石油储备，从而避免了危机。

销书，成为"当下最流行的国际问题读物之一"。[①]

情景分析法的广泛应用为战略预测评估质量的提升，尤其是其中假设的科学建立提供了契机。战略预测评估问题，究其本质是由人和人的行为所构成的一种社会现象和社会产物。一方面，其具有较强的异质性，往往取决于多个变量的互动；另一方面，主导情报活动的人有着很强的能动性，虽然其行为有规律可循，但也极大地增加了情报活动的不确定性。相比传统的逻辑推理方法，情景分析法对于这两个特点具有更强的针对性。首先，情景分析法不囿于历史的轨迹，通过多种情景将未来环境的发展变化演示出来。其次，情景分析法能够将影响未来发展的可知因素剔除出去，然后再重点分析考察不确定因素以及它们之间的关系。最后，情景分析法能够建立一种体系化的网状分析模式，突出集成效益，规范建立假设的过程。

在针对每一个具体的战略预测评估问题建立假设时，情景分析法虽有自身的独特性，但也会呈现出一种较为稳定的应用程序，大致可分为以下四个步骤。

步骤一：识别驱动力。驱动力就是推动情景情节、决定情景结果，以及影响事件结果、动机的要素。驱动力是发展情景的一个重要环节。[②] 通过国际关系研究中的层次分析法可以建立较为完善的驱动力群，在识别出宏观驱动力的基础上，进一步分解出若干微观驱动力。例如，针对国际危机预警这一问题，可以首先确定政治、经济、军事、社会发展、环境资源、外交等6个宏观驱动力。然后再对每个宏观驱动力逐一细化，产生相应的微观驱动力。以其中的军事驱动力为例，它还可以拆分为军费开支情况、政府对军队的控制情况、国家武装冲突的历史情况等微观驱动力。总之，分析层次越系统，层次间隔越小，越能精准地识别驱动力，且越能清晰地辨明

---

① [美] 美国国家情报委员会：《全球趋势2030：变换的世界》，中国现代国际关系研究所译，北京·时事出版社，2013年版。

② 娄伟：《情景分析理论与方法》，北京·社会科学文献出版社，2012年版，第144页。

其对所要分析问题的影响程度。

步骤二：标明不确定性因素。识别驱动力后，由于驱动力数目较多，不可能逐一都进行分析，这就需要从中找到那些在未来发展中具有高冲击力（影响力）、高不确定性的驱动力，构建冲击与不确定矩阵。把识别的驱动力按照冲击力（影响力）与不确定程度进行高、中、低档分类，分别放在矩阵的相关位置。对于高不确定群组，可依重要性的层级排列优先次序，以作为情景内容撰写的基础。至于低不确定群组，则可用来作为说明情景内容时的材料资源投入使用。[1]

步骤三：建立情景假设。在高不确定性驱动力群中，选出两个或三个最具高冲击力（影响力）与不确定性的驱动力[2]，且每个驱动力都能在未来发展中展现出两个或三个不同的结果："好""坏""无变化"，其中"无变化"大部分情况下可以忽略不作考虑。借助选出的驱动力构建情景轴，以作为情景假设的主体架构，进而完成情景假设的建立。假定选择2个驱动力，且它们只往好、坏两个方向中的一个发展，那么就可以建立二维情景轴，在4个象限上形成4种情景假设。如果选择3个驱动力，则可以构建三维情景轴，同时形成8个情景假设。最初建立的情景假设一般数量较多，容易将战略预测评估问题复杂化，耗费情报分析人员大量的时间与精力。实践证明，通常情况下从众多的情景假设中选取3个来进行重点研究最为科学、合理。可设置为"基准情景假设"，以及分别向两个方向延伸的"乐观情景假设"与"悲观情景假设"，从而全面涵盖未来发展的各种可能。

步骤四：完善情景假设。建立情景假设只是为未来发展的可能性搭建了"骨架"，还需要借助脚本技术对选定的情景假设的细节进

---

[1] 娄伟：《情景分析理论与方法》，北京·社会科学文献出版社，2012年版，第144、234—235页。

[2] 如果重要的驱动力较多，也可按类别分成几组（如3组）。由于每一种关键因素的排列组合都对应一种未来发展环境，关键因素数量越多，排列组合的种类则会出现数量级的倍增。由于无法针对每一种排列设定情景并提出战略对策，所以需要对重要的驱动力进行分类汇总，将具有相同或相近特征的关键因素排列组合归为相同类。因此，最终选定的两个或三个驱动力也可以是关键驱动力的组合。参见娄伟：《情景分析理论与方法》，北京·社会科学文献出版社，2012年版，第147页。

行完善，将其赋予鲜活的"血肉"。首先，应根据所选定情景假设的自身特点为其命名。名称应特色鲜明，便于记忆，能够使情报分析人员和情报用户对各个情景假设形成一种直观的整体印象。其次，对各个情景假设进行整体性描述，突出其核心内容以及发展逻辑。再次，系统描述所选驱动力是如何在情景假设中发挥作用的，各驱动力间又存在着什么样的相互关系与作用，以及它们在各自情景假设下是如何发展变化的。如果要确定各驱动力在对事件整体影响中所占的权重及不同结果的可能性，则可以进行交叉影响分析或趋势影响分析，利用决策树、贝叶斯理论、概率论等方法进行定量计算。最后，将每个情景假设都创造性地发展为上下连贯，且由一系列事件构成的情景内容，实现叙事的生动形象化。

下面以"未来一段时间菲律宾南海政策走向"为例，对情景分析法的应用加以具体说明。自20世纪70年代开始，菲律宾先后派兵侵占我南海传统海疆线内的40万平方千米海域。[①] 2010年6月，亲美且对华态度强硬的阿基诺三世（Benigno Aquino Ⅲ）当选菲律宾总统，其南海政策极其强硬，典型例证为黄岩岛对峙事件和"南海行为准则"问题。针对黄岩岛对峙，菲律宾单方面将争议提交国际仲裁、发动全球菲侨抗议活动；在"南海行为准则"问题上，菲律宾甚至提出了比越南、印度尼西亚等国更为苛刻的争端解决原则，并试图将东盟及有关国际争端解决机制打造成为其非法掠取南海利益的"保护伞"。

鉴于菲律宾在南海问题上的挑衅举动严重侵害了我国的国家利益，可将情景主题定为：未来一段时间（10年之内）菲律宾的南海政策走向。

从不同的角度，可将菲律宾南海政策发展的驱动力分为利益（包括经济利益、安全利益等）诱惑、国内政局、国家实力、战略判断、国际环境（主要是指美国、日本、印度等国和东盟等国际组织

---

① Rory Medcalf and Raoul Heinrichs, Crisis and Confidence: Major Powers and Maritime Security in Indo-Pacific Asia, *Lowy Institute for International Policy*, Jun., 2011, p. 22.

的介入程度）等5个方面。把上述驱动力的冲击程度与不确定程度分为高、中、低3个级别，据此建立一个冲击与不确定矩阵（如表2—1所示）。

表2—1 菲律宾南海政策的冲击与不确定矩阵

冲击程度＼不确定程度	高	中	低
高	菲律宾的战略判断 菲律宾的国内政局 美国的介入程度		经济利益诱惑
中		其他东盟国家的介入程度	安全利益诱惑 菲律宾国家实力（与中国对比）
低	其他大国（日本、印度等）的介入程度		

从高冲击力（影响力）、高不确定性的驱动力群中，甄别出最关键的3个不确定性因素，分别是菲律宾的战略判断、菲律宾的国内政局、美国的介入程度。然后再以它们为轴，构建不确定轴面，生成情景假设（如图2—1所示）。

在三大不确定性因素中，战略判断是菲律宾制定对外政策的基础和前提。菲律宾在南海问题上之所以有"蚍蜉撼大树"的勇气和信心，一个重要原因就是其战略误判：一是认为中国趋向于"避战""怕战"；二是认为美国会对菲律宾提供无限帮助；三是认为东盟会与其一道在南海问题上对抗中国。

在国内政局上，近年来菲律宾国内政治斗争十分尖锐。阿基诺三世利用其双亲的政治威望和民众对前总统阿罗约（Gloria Arroyo）的不满才得以上台。为进一步巩固统治地位，他彻底否定了阿罗约时期奉行的中美平衡路线，声称中、菲、越三国石油公司的《在南

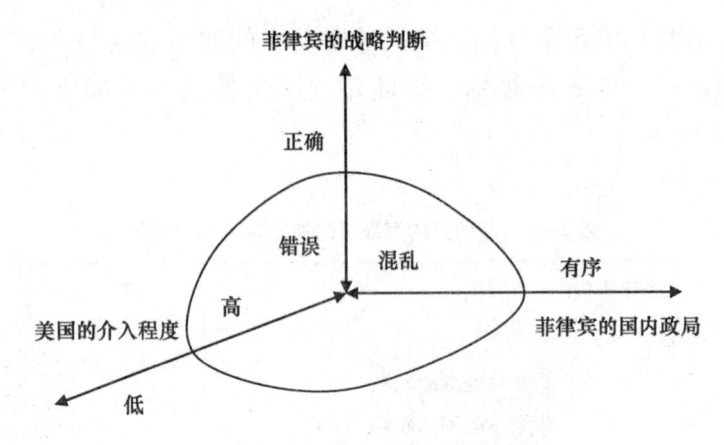

构建以假设为核心的战略预测评估方法

图 2—1 菲律宾南海政策的不确定轴面

中国海协议区三方联合海洋地震工作协议》是"违宪和引狼入室"的"恶政"①,将中菲关系和中菲南海争端推向持续紧绷状态。

美国的介入程度作为驱动力之一,也尤为关键。菲律宾与中国的军事力量明显不对等,因此它把美国对它的安全承诺看得特别重要。这正如菲律宾学者约瑟夫·杉杜兰(Joseph Santolan)所说:"没有美国政府的支持,阿基诺三世政府是不会如此主动寻求挑衅中国南海主权要求的。"② 但菲律宾激进化的南海政策只是美国实现其亚太战略调整的一枚棋子,美国也不可能寄希望于菲律宾一个国家应对中国崛起。据此不难看出,美国对菲律宾的支持、鼓励和投入力度也将是充满变数的。

在依据以上 3 个不确定因素构成的不确定轴面中,菲律宾的战略判断可由失误转向正确,菲律宾的国内政局可由混乱转向有序,美国的介入程度也可由高转向低。将它们进行排列组合,从而能够建立 8 个基本情景假设(如表 2—2 所示)。

---

① RP may not seek extension of JMSU, *Philippines abs-cbn news*, March 12, 2008; The Spratly deal: selling out Philippines sovereignty. http://pcij.org/blog/2008/03/17/the-spratlys-deal-selling-philippine-sovereignty.

② Joseph Santolan, *Tensions Escalate over the South China Sea*, May 3, 2011, http://www.china-defense-mashup.com/tesions-escalate-over-the-south-china-sea.html.

第二章　战略预测评估问题的提出与假设的建立

表2—2　建立并选择关于菲律宾南海政策的情景假设

序号	菲律宾的战略判断	菲律宾的国内政局	美国的介入程度	情景假设的选择及其命名
1	错误	混乱	高	最差结果
2	错误	有序	高	
3	错误	混乱	低	中间结果
4	错误	有序	低	
5	正确	混乱	高	
6	正确	有序	高	
7	正确	混乱	低	
8	正确	有序	低	最佳结果

其中，选择序号为1、3、8的三种情景假设做进一步完善，并发展情景逻辑。然后逐一分析每种情景假设的内在含义，丰富情景假设内容（如表2—3所示）。

表2—3　情景假设主要内容

情景分析 情景假设	情景名称	情景假设主要内容
H_1	最差结果	菲律宾政府坚持认为，中国还在崛起过程中，趋向于"避战""怕战"，目前及未来一段时期是其维持在南海"实际存在"和继续侵占中国南海海域主权的最后"机遇期"。美国为了进一步遏制中国崛起，加速"重返亚太"进程，加强在菲律宾的军事存在，加大对菲律宾武器援助与武器出售的力度，提升与菲律宾的军事演习频率，默许甚至支持菲律宾在南海问题上与中国进行对抗。再加上菲律宾国内政局动荡，菲律宾政府为了转移国内矛盾和安抚民族主义情绪，奉行激进的南海政策，在主权主张、资源开发、地区安全合作、推动争端解决机制的国际化等方面均呈现出明显针对中国的激进化特征。

续表

情景分析＼情景假设	情景名称	情景假设主要内容
H_2	中间结果	菲律宾国内政局混乱，在南海问题上奉行强硬立场成为国内各派获取政治资本的工具，政府在战略判断上持续失误。面对日益强大且奉行和平外交政策的中国，美国逐渐调整"亚太再平衡"战略，对南海问题的介入程度开始降低。基于此，菲律宾适当收敛其在南海问题上的冒险性举动，但仍坚持在已经非法占据的南海岛礁上与中国进行对峙。
H_3	最佳结果	菲律宾国内政治生态环境较为健康，政府更替平稳，国内经济民生发展良好。菲律宾政府珍惜与中国的良好关系，对中国的和平崛起予以良性回应，不把南海利益和自身安全的维护寄托于某一大国或某一组织。美国不奉行围堵中国政策，放弃把菲律宾当作应对中国崛起的棋子，对菲律宾的支持、鼓励和投入是有限的。菲律宾的南海政策重归理性，寻求尝试更多和平、合作解决南海争端的有效途径。

二、建立假设的非逻辑方法

人类的系统思维，本质上是逻辑思维与非逻辑思维的有机组合。[①] 这也注定了逻辑方法与非逻辑方法之间存在着相互联系且相互作用的对立统一关系。非逻辑方法是指在强烈的感觉刺激和外在启示的激励下，充分利用人脑潜意识和下意识认识能力，借助直觉和灵感等各种具体的思维方法，以突发性的形式，对已存在的事实进行不同方向、不同程度的再创造，进而获得新颖、独特、有价值的

---

① 陶国富：《马克思主义创新思维之非逻辑思维》，《马克思主义研究》，2010年第6期。

新观念、新知识、新方法等成果的思维方式。[①]

战略预测评估作为人类一项高级的思维活动，既是一门精准的科学，也是一门灵活的艺术。科学性注定了其在建立假设的过程中必须依赖严谨的逻辑方法，而艺术性则意味着它还需要充分发挥非逻辑方法释放出的超强创造力，将各种可能性蕴涵于假设建立的过程之中。这两种方法的联系转化、整合突破，共同催生了战略预测评估中科学且富有创造力的假设。然而由于非逻辑方法与情报分析人员与生俱来的能力息息相关，具有极强的独特性与不可复制性，它无法像逻辑方法那样给出一套严密的分析推理过程以及必须遵守的规则和相对固定的模式，所以只能从学理的角度对此方法进行分析和总结。这种有意识的研究探索，虽不能改变情报分析人员的天赋，但却能帮助他们在假设建立过程中更好地释放非逻辑方法的潜力。

（一）非逻辑方法的特点

与逻辑方法相比，在假设建立过程中，非逻辑方法不受固定逻辑规则的约束，是一种超越逻辑程序的激发式跃动，呈现出一系列显著的特点。

首先，产生的时机具有突发性。非逻辑方法的运用虽然是一个厚积薄发的过程，前期的酝酿必须经过深思熟虑，但其产生的时机却难以控制，往往呈现出在不经意间突然爆发的特点。相比逻辑方法而言，依靠非逻辑方法建立假设所需的情报素材相对较少，前提条件也不够充分。甚至有些时候，情报分析人员根据一两条情报素材就有可能快速做出大胆的假设，实现了瞬间思维"能级"的跃迁，但这种跃迁何时产生、因何产生都不确定，它会因人、因时、因地而异，且不可复制。

其次，运用过程具有跳跃性。非逻辑方法是一种发散的、非线性的思维方式，是在量的积累下的一种质的飞跃。借助该方法，情

[①] 夏军：《非理性世界》，上海三联书店，1993年版，第225页。

报分析人员无需充足的情报素材作为依据，也不用遵照规范的推理过程就能舍弃种种表面现象，直接把握住问题的核心本质建立相关假设，从而实现认识上的整体跃升。这种跳跃性思维碰撞出的火花甚至能将某些没有联系的情报素材联系起来，即便它没有一个清晰的思维路径，也能够建立一个较为清晰的假设。

最后，思维结论具有创造性。在战略预测评估中，非逻辑方法是一种创造性很强的思维实践活动，是对应用逻辑方法建立假设后的有力补充。尤其是在逻辑思维处于停滞状态时，借助该方法更易促成思维上的突破，释放出创造性的能量，从而能够最大限度摆脱传统认识的束缚。此时建立的假设，往往能够另辟蹊径，把握住战略预测评估中的一些关键环节，考虑到一些特殊情况，尤其是"难以置信，却极有可能发生"的这类情况。

（二）非逻辑方法在建立假设中的作用

战略预测评估中假设的建立作为一项复杂的创造性活动，非逻辑方法自身的特点决定了它所发挥的重要作用是逻辑方法无法替代的。

首先，有利于快速高效地建立假设。情报分析人员在应用逻辑方法建立假设的过程中，会尽可能全面地阅读、分析情报素材，然后再在此基础上遵循一定的逻辑路径，按照特定的研究规则进行较为复杂、严密的逻辑推理，这将是一个耗时费力的过程。而非逻辑方法没有固定的规则需要遵循，且具有很高的自由度与发散性。情报分析人员在一定因素的刺激下，凭借很少的情报素材就能直接"跳过"逻辑推理环节，从而有效缩短了建立假设的思维过程，提高了建立假设的效率。这对于视时间为生命的情报工作而言，无疑意义重大。同时，这种一步式的快速跳跃，也让绝大多数情报分析人员自己都很难复述是如何借助非逻辑方法建立假设的。最后过程如何，也只能归结于瞬间的灵光一闪。他们更多只是记住了最后的结论，即自己建立了什么样的假设。

其次，有利于创造性地建立假设。情报分析人员按照固定的逻辑程序建立的假设大多是有理有据、透彻细致的，但却中规中矩，很难有新意。而非逻辑方法凭借其自身的独特性，会有意无意打破逻辑规则的束缚，不再拘泥于固定的、规范化的逻辑推理路径。它会立足于战略预测评估客体的复杂性与高不确定性，以敏锐、灵活、发散的思维触角，将一些看似不可能但在现实中却有可能发生的情况加以考虑，从而另辟蹊径，在很大程度上弥补逻辑方法因线性推进、程式化推理而可能产生的局限，最终帮助情报分析人员突破思维定式，创造性地建立新颖的假设。

最后，有利于全面完整地建立假设。情报分析人员在建立假设的过程中，逻辑方法与非逻辑方法是相辅相成的。这样建立的假设才能有效涵盖战略预测评估客体未来发展的各种走向。此外，现实中的战略预测评估客体具有极强的主观能动性，且在各种强大的压力面前也很有可能做出非理性的决策，而情报分析人员又无法拥有全面完整情报素材，这些高不确定性和复杂性有时会造成逻辑推理链条的断裂，使假设的建立陷入僵局。此时，非逻辑方法将有可能成为打破僵局最好的"焊接工"。非逻辑方法不受时间和空间的限制，可以渗透到任何思维过程中去。情报分析人员借助它可能会在某些因素的刺激下，依靠对战略预测评估问题的直观感受产生尚无逻辑推理根据的相关假设，从而接通"短路"的逻辑思维，促成思维质的飞越，有效弥补逻辑方法建立假设的缺失，最终丰富完善了假设群。

（三）非逻辑方法的表现形式

非逻辑方法的表现形式主要包括直觉、灵感、想象等思维方式。情报分析人员正是基于对它们的灵活应用，才能在战略预测评估中根据部分情报素材快速建立假设。

表现形式之一：直觉。直觉是由于思维的高度活动而形成的对客观事物的一种比较迅速的直接的综合判断。当这种判断由于在长期沉思之后出现的特别迅速，因而成为一种直觉的闪现或顿悟。① 直觉能透过和洞察思维对象的结构和本质，它既不需要形象思维的联想过程，也不需要逻辑思维的分析、抽象、推理和论证，径直指向最后思维活动的结论。② 直觉必须从大量的数据知识中产生，但从根本上来看，其则是想象力的跳跃。这种跳跃超越了从手头数据得出的纯粹的、必然的结论，是创造性思维的过程。③ 在战略预测评估过程中，极具敏感性与洞察力的情报分析人员在面对纷繁复杂的情报素材时，更容易借助直觉这一非逻辑方法，瞬间对战略预测评估客体形成直观感受，忽然产生贯通的顿悟式理解，催生尚无逻辑依据的假设，而这些假设往往具有较强的独特性。

1932年2月7日，美国海军进行了一场军事演习，模拟了驻扎珍珠港的太平洋舰队遭受空袭的情景。几年后，曾经见证过此次演习的美国将军比利·米切尔（Billy Mitchell）就有过这样的论断：

> 如果总统（罗斯福）能够预知这场麻烦将从日本开始，也许我们在菲律宾和夏威夷会部署更多的飞机。多年来，他都认为远东地区是不可能发生战争的，而且日本对我们发动攻击是件不可思议的事情。在他看来，日本人不会如此不礼貌的宣战。然而这种想法完全是海军的思维。事实上，夏威夷是很脆弱的，它对日本大范围开放，并且那里云集着大量的日本间谍。正如我之前所说的，就是那里，会在一个晴朗安静的周末早晨，被炸弹攻击。④

可以说米切尔将军建立的假设："夏威夷会在一个晴朗安静的周

---

① 周义澄：《科学创造与直觉》，北京·人民出版社，1986年版，第193页。
② 陶国富：《马克思主义创新思维之非逻辑思维》，《马克思主义研究》，2010年第6期。
③ Washington Platt and Ross A. Baker, The Relation of the Scientific "Hunch" to Research, *Journal of Chemical Education*, Vol. 8, Issue 10, Oct. 1931.
④ Emile Gauvreau, *The Wild Blue Yonder*, New York: E. P. Dutton, 1944, pp. 169–171.

第二章　战略预测评估问题的提出与假设的建立

末早晨遭受日本袭击",就是根据直觉做出的。该假设的建立既没有充分的情报素材作为依据,也没有严密的逻辑推理,其仅仅只是米切尔根据个人的直觉做出的整体把握和直接判断,然而这一假设却与后来发生的事实极其吻合。

表现形式之二:灵感。灵感是科学创造过程中,达到高潮阶段时出现的一种突发性思维状态。[1] 它是在知识和经验积累基础上进行的一种非逻辑思维,具有"长期积累,偶而得之"的精妙。阿基米德(Archimedes)坐在浴缸里,认识了浮力的问题;牛顿(Isaac Newton)注意到掉落的苹果,理解了万有引力。同样的,灵感促使爱因斯坦提出了"空间和时间是否是相对而非绝对的现象"这样的疑问。[2] 可见灵感这种富于创造性的非逻辑方法在科学发现与研究中具有无可比拟的重要作用。在战略预测评估中,情报分析人员对问题的反复思考会使大脑进入高度活跃状态。此时,若是受到某种偶然因素的刺激或启发,也有可能产生灵感,在大脑中闪现出一个意象、一个概念、一种新颖的思路或建立起某种新的联系,从而使百思不得其解的问题瞬间顿悟,假设得以快速建立。

表现形式之三:想象。人们在实践活动中反映客观事物,不仅能够感知当时直接作用于主体感觉器官的事物,而且能够在已有的知识经验基础上,在头脑中创造出没有直接感知过的事物形象,这种非逻辑方法就是想象。[3] 对于经验达不到的东西,必须借助超越经验的想象力,进行猜测性的构思,建立某种假设或模型。想象常常来自某种类比和联想,甚至以灵感的形式突如其来。表面上看它不符合逻辑,但它是逻辑思维的重要补充,是帮助揭示事物真相的有

---

[1] 敬志伟:《非逻辑方法与科学认识》,《山东理工大学学报(社会科学版)》,1997年第2期。

[2] Roger George, James Bruce, eds., *Analyzing Intelligence: Origins, Obstacles, and Innovations*, Washington, D.C.: Georgetown University Press, 2009, p. 272.

[3] 敬志伟:《非逻辑方法与科学认识》,《山东理工大学学报(社会科学版)》,1997年第2期。

构建以假设为核心的战略预测评估方法

力工具。① 在情报界，一名合格的情报分析人员与一名杰出的情报分析专家，两者最为重要的区别之一就在于想象力是否丰富。② 假设的建立需要情报分析人员对可能的原因、当前的情况以及后续的发展进行大胆的想象。战略预测评估中所有可能的结果都不是给定的，情报分析人员需要借助想象这一非逻辑方法，将各种情报素材与自己大脑中储存的信息自由组合，通过想象细节来预测问题可能发展的方向，重现其发展的过程以及各种可能的结果。借助想象构建的新的联系图景能有效弥补战略预测评估链条可能存在的缺失，帮助情报分析人员视通万里、思接千载，冲破时空的限制与思维的局限，从而最后能过滤、组合并建立起可以进行逻辑解释的假设。于是，想象成为了情报分析人员建立假设的"思想实验室"。尤其当情报搜集不力时，更需要发挥想象的空间，去弥补、复制和研究可能存在的情况。这不仅包括传统意义上的意外情况，还包括非传统意义上的意外情况，从而建立看似不可能，但随后会发生的相关假设，哪怕它们非常难以想象。事实证明，越是难以想象的，越需要格外注意。③

对于想象力的重要性，美国情报界有着深刻的认识。"9·11"委员会就曾明确指出，在处理未知事物时不应低估想象力和创造力的作用④，并在其最终报告中将"缺乏想象力"视为冷战后美国情报分析工作一直表现不佳的主要原因之一。⑤ 美国情报分析专家詹姆

---

① 孙小礼主编：《科学方法中的十大关系》，上海·学林出版社，2004年版，第20页。

② Jerome Clauser, *An Introduction to Intelligence Research and Analysis*, Lanham, MD: Scarecrow Press Inc., 2008, p. 53.

③ See: Roger George, James Bruce, eds., *Analyzing Intelligence: Origins, Obstacles, and Innovations*, Washington, D. C.: Georgetown University Press, 2009, p. 206.

④ Carl J. Jensen, *An Analysis of Failure: Pearl Harbor, 9/11, Hurricanes Katrina and Rita*, Policing and Mass Casualty Events, Volume 3 of the Proceedings of the Futures Working Group, 2007, pp. 7 – 23.

⑤ National Commission on Terrorist Attacks, *The 9/11 Commission Report: The Full Final Report of the National Commission on Terrorist Attacks upon the United States*, New York: W. W. Norton & Co., 2004, p. 344.

斯·布鲁斯（James Bruce）考察了美国历史上（1941—2002 年）8 个著名的战略预测评估失误案例，发现其原因均涉及情报分析人员的想象力不足。[①] 当时的情报分析人员根本没有想到日本人打算突袭珍珠港；苏联会秘密将核导弹部署到古巴；羸弱的阿拉伯国家敢于进攻以色列；一次激进的伊斯兰革命就能推翻巴列维政府并改变伊朗的国体；新执政的印度人民党会突然进行核武器试验；苏联在刚签署完《生物武器公约》后就会大规模地秘密研制生物武器；恐怖分子会劫持美国民航客机撞向双子塔和五角大楼；萨达姆·侯赛因会秘密终止他的大规模杀伤性武器计划，然后又百般阻挠联合国和西方国家的核查……[②] 所有这些"没想到"都可以归结为是预测评估过程中想象力的缺失，导致无法有效建立高影响、低可能的假设。

（四）生成非逻辑方法的触发条件

非逻辑方法的应用不仅十分复杂且极具个性化。它会因为情报分析人员个体的差异、战略预测评估问题的不同而对分析人员产生各不相同的刺激。也正因为如此，虽然很多情报分析人员承认非逻辑方法对于建立假设意义重大，但同时也认为其过于神秘，无法把握，更多是一种"可遇而不可求"的方法。然而通过对非逻辑方法的相关研究发现，其并不是凭空产生的，只要具备一定的触发条件就极有可能激活对该方法的应用。但很多时候，恰恰是情报分析人员自己束缚了运用该方法的空间。从这个角度来看，非逻辑方法并非无章可循，也并非"可望而不及"。虽然无法存储直觉、灵感、想象等非逻辑方法，但是却能通过研究学习去把握生成非逻辑方法的触发条件，并最大限度地塑造条件，从而促成其在假设建立过程中应用效益的实现。

首先，以丰富的知识储备和实践经验为基础。建立假设的非逻

---

① See: Roger George, James Bruce, eds., *Analyzing Intelligence: Origins, Obstacles, and Innovations*, Washington, D. C. : Georgetown University Press, 2009, p. 204.

② Ibid., pp. 205 – 206.

构建以假设为核心的战略预测评估方法

辑方法究其本质并不是神来之笔，也不是凭空臆造的，而是在不断的积累和学习过程中产生的。例如，大侦探福尔摩斯与华生第一次见面时，虽然用了不到一秒钟的时间就建立了"华生是从阿富汗回来的"这一准确的假设，然而这背后却蕴藏着福尔摩斯对当时英国军队状况的深刻了解，才会有一系列思索飞似地掠过他的脑际。在战略预测评估中亦是如此。正如谢尔曼·肯特所指出的，"没有专家，就没有情报"。[1] 情报分析人员要想建立富有创造性的假设，就必须具有广博的知识、丰富的实践经验，接受过最专业的训练。不仅要在某一特定领域有所专精，还要成为一位名副其实的"杂家"。这样在进行战略预测评估时才更容易根据已掌握的情况触发非逻辑方法的运用，对问题产生新的甚至是与众不同的认识，以完善假设群的建立。虽然非逻辑方法的运用和天赋存在一定的关系，但主要还是源于后天知识与经验的积累。积累的过程其实就是情报分析人员不断形成"潜知"的过程，而这些"潜知"又很难被察觉，只有当遇到特定事件的刺激后，它们才有可能被"激活"，成为运用非逻辑方法建立假设的源泉。蕴藏在脑子中的"潜知"越多、越丰富，它们可能被"激活"的概率才会越高。一旦缺少了知识和经验作为依托，仅凭空洞大脑是无法驾驭非逻辑方法来建立假设的，其更多产生的只是主观臆断。

其次，以热切的探索精神与长期的专注思考为牵引。探索精神作为一种心理力量，能够让情报分析人员产生坚定的信念与强大的动力。这种内心积极的情绪会使他们的大脑始终处于高度兴奋的状态，更容易将注意力、知识和经验以及情报素材整合起来，产生激发非逻辑方法运用的强劲动力。同时，也必须意识到，虽然非逻辑方法在建立假设过程中更多的是表现为一种灵感的瞬间释放，但这突破性进展的背后却需要付出艰辛的努力。瞬间的灵感青睐于有准备的头脑，来源于长时间的逻辑思考。情报分析人员只有在显意识

---

[1] Sherman Kent, *Strategic Intelligence for American World Policy*, Third Edition, Princeton, NJ: Princeton University Press, 1965, p. 107.

中按照逻辑规则与方法多角度建立假设后，才能让潜意识中的非线性思维高速运动。即便逻辑方法在思维饱和状态下有所停滞，潜意识中的思考也会不自觉地继续工作。显意识与潜意识两者间的相互融合、相互作用，能够有效打破不同思维结构的限制。一旦时机成熟，就能有效触发非逻辑方法的生成，从而弥补逻辑方法建立假设的不足。

最后，以宽松的环境和放松的心情为契机。战略预测评估的目的是维护和拓展己方的国家利益，担负该任务的情报分析人员必然会产生巨大的心理压力。由于一些顾忌的存在，如害怕出现战略预测评估失误，担心自己建立的假设过于"独特"而无法被分析团体接受和认可等，情报分析人员在很多时候，尤其是在对一些重大问题进行战略预测评估时，往往会持一种保守、谨慎的态度，而这无疑限制了非逻辑方法的应用，降低了建立假设的创造性。根据心理学研究发现，当一个人的思想处于宁静，神经系统处于放松时，他的创造性机制在没有外界干扰的情况下，反而工作得非常出色，灵感在这时常常会不约而至[1]，也最容易开启非逻辑方法运用的大门。原先的思维路径会随着时间的推移和心情的放松相对弱化，这就为重建新思路创造了契机。很多科学家的重大发现都是在诸如做梦、散步或聊天等非正常的工作状态中产生的。如凯库勒（Friedrich Kekule）梦见蛇舞，让他想到了苯分子的结构式也该如此，从而扫除了有机化学发展进程上的一大障碍；阿基米德洗澡的时候突然想到溢出浴缸的水与浸入水中的他的身体的关系，从而破解了"王冠之谜"，发现了浮力定律；等等。[2] 战略预测评估亦是如此。美国情报分析专家华盛顿·普拉特（Washington Pratt）通过调查研究发现，情报分析人员在完全放松的情况下最具创造性思维，也最容易为非逻辑方法的运用敞开大门、释放空间，但这却又是在长时间紧张工

---

[1] 黎小平：《浅谈侦查中的非逻辑思维》，《江西公安专科学校学报》2001年第2期。
[2] 孙小礼主编：《科学方法中的十大关系》，上海·学林出版社，2004年版，第20页。

作、艰苦探索之后的放松。[1]

第三节　团体层面集成优化假设的路径

由于每一位情报分析人员的知识结构、思维方式、工作经验以及立场、观点和价值取向等各不相同，即便是面对同一个战略预测评估问题，拥有相同的情报素材，他们也可能会从不同的角度对素材进行解读与取舍，然后运用自己最"得心应手"的分析方法建立相关假设。这就极有可能会出现"同一问题，不同假设"的情况。此外，个体的局限性还会让情报分析人员很难考虑到各种可能性，这就为建立的假设不够全面完整埋下了隐患。一旦关键性假设缺失，想要做出正确的战略预测评估也就无从谈起了。基于此，针对复杂的战略预测评估问题，在建立假设的过程中，不仅需要情报分析人员个体采取系统、深入且个性化的方法，还需要发挥集体的智慧，采取团队合作的模式来进一步完善假设的建立。而这种合作模式并不是简单的集体讨论或专家咨询，也不是将情报分析人员个体层面建立的假设进行简单的叠加。真正的团队合作应该采用结构化的专家预测模型[2]，将科学的分析方法与技巧融入到一套系统、规范的组织模式与应用程序之中，从而在团体层面开辟出优化集成假设群的独特路径，最终与个体层面建立的假设优势互补。

---

[1]　Washington Platt and Ross A. Baker, The Relation of the Scientific "Hunch" to Research, *Journal of Chemical Education*, Vol. 8, Issue 10, Oct. 1931.

[2]　美国危机预警专家圣地亚哥州立大学教授迪帕克·K. 加普塔（Dipak K. Gupta）将专家预测模型分为非结构化与结构化两大类。非结构化专家预测模型主要采用传统的逻辑分析方法和讨论或咨询的方法，不受特定的程序步骤约束，分析结果完全取决于一组专家的知识积累。结构化专家预测模型主要是采用比较系统和规范的过程来完成专家意见的组织收集和整合处理工作。See: Dipak K. Gupta, An Early Warning about Forecasts: Oracle to Academics, in Suanne Schmeidl and Howard Adelman, eds., *Early Warning and Early Response*, Columbia International Affairs Online: Columbia University Press, 1998.

第二章 战略预测评估问题的提出与假设的建立

一、构建多元化的分析团队

在战略预测评估初期,将背景和观点不同的情报分析人员集合起来组建分析团队,对于丰富假设群大有裨益。虽然现实工作中,面对某些复杂的战略预测评估问题,情报界也会寻求团体力量的支持,但团队的构建模式却非常简单,基本是按研究方向将一个部门内的相关专家集合在一起进行讨论。这样的分析团队虽然易于快速成型,但却有着极强的同质性,很难建立独特、全面的假设群。那么,若要在团体层面为假设的建立创造一个良好的组织环境,首先就需要从组织结构入手,构建一支多元化的情报分析团队。

(一) 对象国(地区)专家与专业领域专家相结合

在现今世界绝大多数国家的情报机构中,情报分析人员的工作一般是按照地理学意义进行划分的,基本遵循了"由大的地理区域到相对细化的方向,最后再精确到对象国(地区)"这样一条标准,如东北亚方向到朝韩方向,再到朝鲜、韩国。每位情报分析人员会有针对性的负责一个对象国(地区)方向。这样的划分模式有利于促进分析人员致力于钻研自己分管负责的方向,经过数年的研究积累和实践磨砺,他/她可能会成长为一名精通某一对象国(地区)的专家。即便如此,这样一名优秀的对象国(地区)专家也并不能简单地和专业领域专家画上等号。专业领域专家致力于功能性研究,他们也许是社会学家、经济学家、军事学家,或者是历史学家。他们研究时虽然会以某一国家或地区作为依托和参照,但最终目的却是为了跨越地理界限的束缚以揭示普适性的规律与法则。情报界的对象国(地区)方向专家很难有精力和时间再把自己打造成为一名优秀的专业领域专家。他们专精于自己负责的对象国(地区),从这个角度来看是专家,但是如果从功能性角度来看,也许只能算作是通才。

由于一项大型的战略预测评估不仅会涉及诸多专业性极强的知识,还有可能会聚焦于某一领域,如社会学、经济学、政治学、物理学、化学和军事学等，专通相结合的要求往往使对象国（地区）专家力不从心。所以最好的策略就是把对象国（地区）专家和专业领域专家安排到一起，尽可能在最初的分析阶段就将他们组成团队，让他们相邻而坐，相互切磋，最后再通过一系列激励措施使他们能相互采纳对方的专业观点[1]，从而确保所建立假设的完整、可靠。

（二）圈内专家与圈外人士相结合

一支科学的情报团队不能仅仅只局限于情报界业内人士，还需要吸纳圈外人士。这个"圈外"可以从以下几个角度来进行解读：首先，是研究方向上的"圈外"。正如前文所述，情报分析人员的工作方向大多是按照地理区域进行划分的，其更专长于自身所负责的某一对象国（地区）的分析工作。然而在现今这样一个高度互动、融合的世界中，国家间、地区间存在着牵一发而动全身的关系，尤其在进行战略预测评估时，往往需要考虑其所涉及的各种关系，相关国家（地区）都应作为变量在假设建立过程中加以分析。这就意味着要将负责不同方向的情报分析专家引入团队，才更有利于建立科学的假设。例如，在针对"台湾对外军事合作"这一问题进行预测评估时，仅仅靠台湾方向的情报专家是不够的，还需要美国、日本等方向的专家加盟。

其次，是情报分析业界的"圈外"。建立的多元化团队应该不局限于情报分析业界，还应向业外拓展。以往分析团队的成员基本全来自于情报分析岗位，这注定了他们更多是以情报生产者的视角来建立假设。虽然在情报分析领域他们是内行，然而单一固定的视角却容易束缚思想，成为建立假设的无形障碍。即便事态已经发生了一些新的变化，经验丰富的他们也极有可能因为僵化的视角而迟迟无法做出反应以建立新的假设。这时候就需要"圈外"的"外行"来打破僵局。例如，在德国重新统一之前，一些德国问题的情报分

---

[1] Sherman Kent, *Strategic Intelligence for American World Policy*, Third Edition, Princeton, NJ: Princeton University Press, 1965, pp. 121–122.

析专家起初并没有意识到许多事件对于推动两德统一的进程意义重大。反而他们的上级，虽然不是这方面的专家，但却更具有战略眼光，更容易认识到这些事件的本质。在他们的敦促与提醒下，这些情报分析专家才做出了正确判断。① 因此，在组建多元化的情报分析团队时，需要"圈外"人士的加入，帮助圈内专家跳出现有的框架，转变视角重新分析问题，另辟蹊径建立新的假设。这些"圈外"人士可以是情报用户、情报管理者，也可以是情报搜集者、情报理论研究者，甚至还可以是与情报无关但却拥有精湛分析能力的人士。

最后，是各情报分析单位的"圈外"。无论是出于情报分析工作本身的需要，还是出于管理的需要，情报都是一种组织，它是由寻求特定知识的活生生的人组成的一个实体组织。② 一个国家的情报组织，除了有中央级的情报机构外，还会存在一系列平行的部门级、军队级情报机构，而这些机构内部又可以划分出不同层级情报分析单位。虽然它们关注的情报重点和方向各不相同，但也有交叉融合的部分。然而由于存在部门间利益的争夺，激烈的竞争不可避免。每个情报分析单位，大到一个情报机构，小到一个情报分析工作组，都将自己之外的组织视为是"圈外"，随之产生一种天然的排斥心理，而这显然不利于假设的优化集成。因此就需要以情报共享理念为牵引，让"圈外"一些合理化的分析进入"圈内"，促成思维的碰撞；给予"圈外"人士自由表达观点的权力，尤其是当他们发出不同的声音时，"圈内"专家更应该认真听取和思考，这样才能在思想的交流碰撞中消除分析的狭隘和偏见，提升建立假设的科学性。

（三）资深专家与新人相结合

资深情报分析专家③由于对对象国（地区）进行长期跟踪研究，

---

① See: Richards Heuer, Jr., *Psychology of Intelligence Analysis*, Langley, VA: CIA Center for the Study of Intelligence, 1999, p. 5.

② Sherman Kent, *Strategic Intelligence for American World Policy*, Third Edition, Princeton, NJ: Princeton University Press, 1965, p. 69.

③ 根据国内外对资深专家的相关认识，一般情况下是指在一定领域连续工作10年以上，且至少具备该领域相关高级专业技术职称的此类人士。

不仅具备丰富的理论知识，还拥有大量宝贵的实践经验。他们在现实情报分析工作中有德高望重的地位和威望，往往使其代表了最权威的声音。然而无数战略预测评估失败的事实也证明，越是资深的情报分析专家，就越容易受制于自己多年来"精心"打造的思维模式，难以自拔。专业自信使他们往往对自己建立的假设深信不疑。这种倾向性会让他们无视甚至是排斥其他可能的假设，从而进一步增加了错误判断带来的潜在威胁。例如，美国中央情报局的一位伊朗问题资深专家，拥有20多年研究伊朗问题的理论与实践经验，能说一口流利的波斯语，曾多次对伊朗进行过实地考察，并在20世纪70年代与美国研究伊朗问题的众多学术专家保持着密切联系。于是，他成为了中央情报局领导们所梦寐以求的情报分析人才的一个标杆，纷纷表示希望拥有更多这样的专家。然而也正是这样一位资深专家，却于1978年5月，即伊朗革命爆发前的5个月，建立了"伊朗并未出现革命迹象甚至是也未出现革命前的局面"这一错误的假设，并认定该假设就是未来唯一的那个结论。[1] 就此来看，资深专家建立的假设也未必是万无一失的，而以他为核心构建的分析团队也会随之产生一系列问题。由于团队中的成员大多是专家一手培养并与之长期共事的，这种学生加同事的特殊关系让团队中的普通成员与资深专家具有极强的同质性，看问题的角度以及思考问题的方式方法大致相同。一旦资深专家针对某一战略预测评估问题建立了相关假设，那么这些假设就极有可能被奉为圭臬，成为风向标，其他成员很难再有新的突破，于是建立的假设便极有可能产生单一性和不可选择性的倾向。

要想弥补这一缺陷，就需要为分析团队注入新鲜的血液，引入新生力量，打造一支资深专家与新人相结合的分析团队。一方面，新人更容易跳出权威的束缚。正所谓"初生牛犊不怕虎"，由于是新加入的成员，对于组织体制的运作以及团队内部的等级划分情况不是很清楚，尚未形成权威崇拜或权威畏惧，所以更易于大胆地提出自己的假

---

[1] See: Roger George, James Bruce, eds., *Analyzing Intelligence: Origins, Obstacles, and Innovations*, Washington, D. C.: Georgetown University Press, 2009, p. 201.

设。另一方面，新人更容易以新鲜的视角来分析问题。第一次被分配去负责研究某一特定问题或某一国家的情报分析人员或许会形成一些独到见解，而那些研究同一问题或国家长达数十年之久、经验丰富的资深专家却有可能一直忽视某些要点。新鲜的视角在建立假设之初尤为重要，有利于穷尽未来发展的各种可能，而以往的经验既可能有助于分析问题，亦可能造成障碍。[①] 因此，一种科学的团队合作模式应该是新人帮助资深专家跳出思维的局限，从新的角度来分析问题，建立假设；这些虽新颖但尚不成熟的假设则需要资深专家利用自身过硬的素养和专业技能对其加以进一步的考察和完善。

二、构建发散式假设群

在判断假设的可能性与可行性之前，团队内的讨论会激发所有成员的想象力，并提出单个成员想象不到的可能答案。[②] 也只有当所有可能的假设都被考虑到了以后，才能最大限度降低因遗漏关键假设而导致战略预测评估失败的概率。如何让分析团队的成员集思广益，用团队互动形成的新观点来启发和完善个人层面建立的假设，以形成发散式的假设群，同时又能较好地规避集团思维存在的弊端，这就需要对组织实施的具体路径进行科学规划与设计。

（一）构建目标

系统的分析过程要求情报分析人员能够在不同的假设之间进行选择，因此一种理想的状态应该是：建立所有可能的假设，然后系统评估每一个假设，最终确定与现有证据最相符合的假设。[③] 这意味着无论什么时候假设都需要在数量和质量上得到保证。[④] 然而有研究

[①] Richards Heuer, Jr., *Psychology of Intelligence Analysis*, Langley, VA: CIA Center for the Study of Intelligence, 1999, p. 11.

[②] Ibid., pp. 97–98.

[③] Ibid., p. 43.

[④] Sherman Kent, *Strategic Intelligence for American World Policy*, Third Edition, Princeton, NJ: Princeton University Press, 1965, p. 174.

表明，战略预测评估工作在建立全面的假设方面表现得很不理想。情报分析人员要么因为能力不足，要么因为时间有限，总之很难达成建立假设的理想状态。如果有意识地对假设建立阶段投入更多的精力，那么战略预测评估工作的表现将大为改善。[①] 这种有意识地投入首先应落实在构建发散式假设群这一目标上。

该构建目标可以从两个层面进行解读：

第一，在数量上保证建立的是一个假设的集合。战略预测评估本质上就是寻找唯一的最佳答案的过程。建立的假设应考虑到各种情况，最大限度穷尽一切可能。正如毛泽东所指出的："凡行动不可只估计一种可能性"[②]，"要设想情况的某些可能的变化"。[③] 当面对多种可能性时，情报分析人员要尽可能建立全面的假设，而不是将赌注全部压在最有可能成为现实的那个唯一的假设之上。美国前副总统理查德·切尼（Richard Cheney）也曾提出过著名的"百分之一学说"，认为只要有百分之一的风险，不管这个机率有多小，都应当采取相应的措施。而这就需要能够针对这百分之一的机率建立相关的假设。因此，按照现代逻辑的方法，在此目标下建立的假设应是一个假设的集合，构成假设群，群中包含着反映各类可能性情况的假设。各个假设通过选言联结词"或者……或者"组成一个选言命题，其逻辑形式为：$H_1 \vee H_2 \vee H_3 \cdots\cdots \vee H_n$。每一个独立的假设就成为了选言命题中的各个选言肢。选言肢是对所要预测评估问题的各种可能性的预判，遗漏任何一个选言肢都将意味着有可能错过真正的结果。事实上，战略预测评估工作大量使用的正是这种相对穷尽的选言命题假设集。

第二，在质量上保证所构建的假设群中除了有常规性假设外，

---

① See: Richards Heuer, Jr., *Psychology of Intelligence Analysis*, Langley, VA: CIA Center for the Study of Intelligence, 1999, p. 49.

② 中共中央文献研究室、军事科学院编：《毛泽东军事文集》（第4卷），北京·军事科学出版社、中央文献出版社，1993年版，第58页。

③ 同上，第134页。

还应包含创造性假设。量的积累最终导致质变，只有在提出了所有可能的常规性假设后，才更有利于激发情报分析人员去思考不同寻常的假设。因此，创造性假设更多的是一种替代性假设，帮助分析人员考虑另一种可能，批判地审核原先极其自信的预测评估；它也可能是一种将欺骗和拒止行为考虑在内的假设，深挖隐藏在目标背后的动机与行动，为进一步情报搜集工作指引新的方向。这里需要特别指出的是，虽然情报分析人员可以构建出在逻辑上能够穷尽所有可能性的假设，但这些假设必须有实际意义。例如，要建立A国对某一情况反应的假设，情报分析人员可以根据这方面的经验以及相关的情报素材，认为A国可能采取a、b、c三种行动中的一种，其构建的假设群如下：

H_1：A国将采取a行动；

H_2：A国将采取b行动；

H_3：A国将采取c行动；

然而为了不漏掉任何一种可能，又加上了这样一个假设：

H_4：A国将采取其他行动。

这是一个为了包含逻辑上所有的可能而发明的"全包含"假设群。其中H_1、H_2、H_3都属于常规性假设，而H_4是一个非常含糊且无任何实质性意义的可能性假设，并不具有创造性。也许它唯一的作用就是提醒情报分析人员在建立假设时不要忘了还存在其他的可能性。因此，在建立假设的过程中应避免出现这样的"全包含"假设群。[1] 真正的创造性假设应属于非常规性假设，它不是情报分析人员头脑里最先浮现的符合主流观点的假设，而是在分析团队集合了所有常规性假设后，通过相互启发，突破自身思维局限，在重新审视业已建立假设的基础上生成的。以"9·11"事件为例，在此事件发生之前，美国情报机构，甚至连美国联邦航空局都曾获得过相关重要情报。这些情报会促成疑点的生成，即为什么有人想要驾驶和

---

[1] See: David Schum, *Evidence and Inference for the Intelligence Analyst*, Vol. I, Lanham, MD: University Press of America, 1987, p. 25.

操纵商用飞机，但又不想学习起飞和降落？围绕这一问题，不同情报分析人员可能会建立不同的假设，现将假设汇总如下：

H_1：他们计划稍后再学习起飞和降落，这是例外培训方案的第一部分；

H_2：在许多视频游戏中都有模拟飞机驾驶的，这些"学员"想要使设计的游戏更加逼真；

H_3：一家航空公司正在培训非专职飞行员，想要让他们能够在长途飞行中承担换班任务；

H_4：他们计划将所搭乘的飞机用来运送毒品或其他走私品，并且不想让飞行员获知被劫持飞机所要抵达的目的地；

H_5：这些"学员"计划劫持一架或多架民用客机，劫机者想在着陆前控制飞行并自行导航，并最终胁迫飞行员将飞机降落在他们选定的目的地；

H_6：劫持飞机后并不打算降落，而是让它在半空中爆炸以制造恐慌；

H_7：劫持飞机后并不打算降落，而是将它对准特定目标，作为"飞行炸弹"使用，类似于第二次世界大战期间日本的"神风"特工队；

H_8：劫持飞机后用来威胁美国政府，要求释放被关押的该组织内某位重量级人物。[①]

在该假设群中，非常规性假设主要包括：H_2、H_7，其中 H_2 可归为乐观假设，即便其成为现实也不会对美国造成负面影响；H_7 属于一经发生后果极其严重的悲观假设，而且以前恐怖组织也没有实施过类似的行动，因此该假设更具新意，是非常规性假设中的创造性假设。H_1、H_3、H_4、H_5、H_6、H_8 属于常规性假设，其中 H_1、H_3 是乐观假设；H_4、H_5、H_6、H_8 是悲观假设。H_6 的现实意义并不大，因为劫机者没有必要仅仅为了炸毁一架飞行途中的飞机而去劫机，除

---

① See: Terence Anderson, David Schum, William Twining, *Analysis of Evidence*, Second Edition, Cambridge, MA: Cambridge University Press, 2005, pp. 49–50.

非计划让爆炸发生在目标附近,而这一思路无疑会在某种意义或程度上启发 H_7 的生成建立。① 所以,H_6 对于 H_7 的意义明显要大于其本身的意义。

(二) 策略选择

为了从数量和质量上顺利达成"构建发散式假设群"这一目标,在组织实施过程中应进行有效的策略选择,以期达到最佳的构建效果。

首先,以开放型的应用模式充分发挥个体的分析优势。有研究发现,人们独自完成任务会比和他人一起完成团体任务更努力。团体工作最大的一个问题就是责任分散化,它增加了有些团队成员逃避责任、不参与工作的可能性。如果让团队成员先独自工作,然后再重新组合,那么团体将可以产生更多的思想。② 因此,如何充分发挥个体分析优势就成为了团队合作所必须要优先考虑的问题。组织者应采取开放型的应用模式,不给情报分析团队成员设定任何分析限制,不以各种准则来约束其分析方法和路径,只将组织实施的规则加以说明。此外,也不对所要预测评估的问题进行暗示性解读,不对所提供的情报素材进行辅助性解释说明,而是要求情报分析人员尽可能地自由发挥,根据自身的理解,独立分析问题、解读素材、建立多样化假设。在此应用模式下,每位情报分析人员虽同属一个分析团队,但又是彼此独立工作的个体。这就为其主观能动性的发挥提供了广阔平台,可以最大限度地发挥个体层面建立假设的优势。

其次,以匿名函询的方式促进新假设的生成。研究表明,整体的组织环境对个体创造性的发挥有着重大影响。新鲜、合理的观点最有可能出现在适宜它成长和交流的组织环境中。③ 那么,什么样的

---

① See: Terence Anderson, David Schum, William Twining, *Analysis of Evidence*, Second Edition, Cambridge, MA: Cambridge University Press, 2005, p. 50.

② Steven Beebe, *Communicating in Small Groups*, Fifth Edition, Boston, MA: Addison Wesley Longman, Inc., 1997, p. 229.

③ Richards Heuer, Jr., *Psychology of Intelligence Analysis*, Langley, VA: CIA Center for the Study of Intelligence, 1999, p. 75.

组织环境才更有利于团队成员大胆地提出新假设,更或是能让他毫无压力地对他人观点进行批驳? 民主、自由、平等的组织环境无疑会成为首选。而这一环境的营造,无论如何别具匠心,只要存在面对面的互动交流,就很难规避集团思维存在的弊端,如从众心理、敬畏权威、对团队统一建立的假设过于自信等。因此,在策略选择上可以采取匿名函询的方式来最大限度优化组织环境。隐匿姓名后,以书面的形式发表自己的意见、提出自己的假设,可以降低团队成员的心理压力,不用碍于他人的看法或者是权威的声音而压抑自己独特的想法。同时,创造性假设一旦建立,也不用担心因为"非主流"而遭受"群起而攻之"的"灭顶之灾"。例如,在珍珠港事件前,美国太平洋舰队司令金梅尔(Husband Kimmel)顾问团中的哈尔西夫人(Mrs. Halsey)就曾提出"日本可能会突袭珍珠港"的假设。然而由于该假设太过"标新立异",以致于团队中的成员认为她不是疯了就是愚蠢至极。[1] 最后在一片集体的声讨声中,哈尔西夫人难抵来自各方面的压力,她建立的假设自然也难逃销声匿迹的命运。如果当时采用的是匿名函询的方式,也许哈尔西夫人就可以很好抵挡住来自团体的压力,将自己的分析与论据进一步加以展示,大胆地对主流假设进行挑战,那么历史也将可能因此而改写。

最后,以多轮互动反馈的形式实现发散式假设群的构建。情报分析人员之间的互动是确保创新活动的一项基本机制。通常来讲,人们在进行团队协作的时候会提出更多的创新性观点,并帮助彼此形成、完善各自的观点。人际互动会更好地激发观点间的碰撞。[2] 因此,团体层面构建假设群最大的优势就在于互动,通过互动集思广益、群策群力,将个人层面建立的假设融合成更丰富、更全面的假设。然而互动的模式有很多种,选取何种互动是策略选择所必须认

---

[1] See: Irving L. Janis, *Groupthink: Psychological Studies of Policy Decisions and Fiascoes*, Boston, MA: Houghton Mifflin, 1982, p. 88.

[2] Richards Heuer, Jr., *Psychology of Intelligence Analysis*, Langley, VA: CIA Center for the Study of Intelligence, 1999, p. 77.

真思考的问题之一。在具体组织实施过程中,多轮互动反馈的模式具有无可比拟的优越性。从数量上看,轮次适宜的多轮互动反馈要优于一轮反馈互动。第一,一轮只能满足组织者和分析团队成员之间的互动反馈,而多轮则还可以实现团队成员之间的互动反馈。这不仅突出了参与者的主体地位,而且有利于观点的交锋与碰撞,使最终构建的假设群更具发散性。第二,每一轮次之间还预留了较为充足的时间,保证了团队成员有时间进行深入的思考。第三,在期限内团队成员可自由安排时间,能够选择在最好的工作状态下完成任务。这样不仅会更高效,而且还有利于激活非逻辑方法的应用,使建立的假设更具创造力。从性质上看,该互动模式属于匿名函询互动反馈。它要求团队成员将自己对问题的思考与回答以及建立的假设都落实于笔端,组织者收集整理后再反馈给各位成员。因为是书面材料,所以团队中的每位成员都可以清晰掌握自己与他人分析问题、建立假设的路径,知道异同所在。通过对这些异同的比较分析,反过来又会促使新一轮的思考,反思自己建立的假设是否科学、合理,是否还需要进一步补充完善,甚或是推翻重建。观点"背靠背"式的碰撞使整个过程都是在一种平和的心理状态下进行的,较好地避免了在面对面的激烈交锋中因出于自尊心而固执己见;或是因为碍于情面和压力而不愿发表不同于主流意见的看法,不愿与权威专家据理力争等类似情况的发生。经过这样的多轮互动反馈后,建立的假设群会逐渐丰富、发散,从而能够极大满足构建目标的需求。

(三) 组织实施[①]

团体层面的方法要在假设构建过程中发挥积极的作用,不仅需要明确的目标、科学的策略选择,更需要在落实过程中有一套规范

---

① 本书在参考了德尔菲法的基础上科学设计了构建发散式假设群的组织实施过程。德尔菲法本身要求专家群体意见的统计结果必须建立在满足一致性条件这一大前提下,所以原先分散的意见最终会逐步达成结果上的协调一致。而假设建立之初所追求的是发散性,并不是一致性,所以本书又通过对集体意见预测法、问卷调查法、测量与量表法、路标分析法的研究与借鉴,对德尔菲法进行了再改造与再创新,使它发展成为更符合构建发散假设群的一种实用方法。

可行的操作程序。具体来说,构建发散式假设群的组织实施过程大致可分为以下三个阶段。

阶段一:前期准备

围绕所要预测评估的问题成立专项任务小组,负责整个组织实施工作。如果涉及到跨单位、跨部门、跨行业联合作业时,还需要成立领导小组,以保证该活动能够最大限度地得到配合与支持。专项任务小组的主要任务包括:遴选参与专家的人选、整理战略预测评估相关资料、设计问卷调查表、下发并回收调查表、汇总并整理反馈意见等。根据战略预测评估问题的难易和重要程度,专项任务小组的人数可上下浮动。一般情况下,占分析团队人数的 1/7 左右较为合适。专项任务小组组建完毕后,就需要围绕预战略测评估问题展开以下几项前期工作。

首先,遴选分析团队成员。根据不同的战略预测评估问题,需要从业已构建的多样化的分析团队中遴选成员,确保成员的样本结构具有代表性。此外,分析团队人数应视实际需要而定。实践经验表明,构建发散式假设群的有效性往往会随人数的增加而提高,但当人数达到某一数额时,如再增加专家人数,对其有效性的提高就不明显了。[①] 也就是说,团队人员数量和假设群构建的有效性之间的正相关关系是有限度的。分析团队人数过多,就会产生大量需要专项任务小组处理的结果,反而增加了组织实施工作的难度与强度。所以,团队人数应根据战略预测评估问题的性质和难度而定,一般控制在 10—50 人这个区间。某些重大的或难度系数较高的战略预测评估,则可相应增加成员的数量。根据现实需求,还可按照一定的分类标准将战略预测评估问题进行拆分,大型分析团队也随之划分为子领域分析团队,分别负责某一子领域的假设群构建工作,最后再在此基础上实现几个领域假设的整合。

其次,整理战略预测评估相关情报素材并对组织实施程序等问

---

① 参见郭秀英编:《预测决策的理论与方法》,北京·化学工业出版社,2010 年版,第 16 页。

题加以必要说明。专项任务小组需要提前整理好相关的情报素材，并进行简单的分类；明确此次任务目的与需求，以科学的语言表述所要预测评估的问题，确保每位专家在理解过程中不会产生歧义；对构建目标、策略选择、整个组织实施过程等加以解释，做成函询调查表的前言或封面信；对于具体的操作程序、填答方法、注意事项、核心概念解读等，做成填表说明，以指导团队成员科学完成调查表的填写，更好地配合组织实施工作，从而提升假设群的构建效益。

最后，设计函询调查表。函询调查表是专项任务小组与团队成员，以及团队成员之间交流思想的媒介，其设计的优劣在某种意义上将直接决定发散式假设群构建的成败。在设计函询调查表时必须满足两个基本原则：一是遵循开放性的设计思路。函询调查表中所填写的问题均采取开放式问题的模式，不设置诱导性问题，不掺杂专项任务小组的意见，也不提供可被勾选的若干种标准答案，所有答案均是团队成员自由表达观点和意见的结果。函询调查表还需设置备注空白栏，为团队成员展示新思考或不同看法预留表述的空间。二是遵循规范化的可操作思路。在设计函询调查表时，必须考虑如何将规范要求加以内化，促使团队成员的填答反馈更具可操作化，有利于后期有效开展反馈信息的处理工作。例如，至少预留可供填写多个假设的位置，即便团队成员一次无法建立这么多的假设，但这样的设计却能在潜移默化中刺激和鼓励他们去做发散性的思考。在建立假设栏的右边可再开辟两栏，一栏设计为"建立假设的主要依据"，另一栏设计为"建立假设的主要方法"。该设计会促使团队成员在建立假设时采用路标分析法，以清晰记录整个思考过程中的重要拐点。这不仅有利于填补记忆和思维局限，快速还原建立假设的路径，为自我纠偏奠定基础，同时也有利于其他成员在下一轮反馈中进行参考和验证，甚或是带来新的启发。

阶段二：多轮互动反馈

确定合理的互动轮次是团体层面构建假设群所必须考虑的一个

关键问题。多轮并不意味着互动反馈的轮次越多越好，因为轮次太多不仅会增加分析的人力和组织成本，还会影响到假设群构建的时效性，以及整个组织实施过程的推进程度。从实际应用效果来看，2—3轮较为合适，根据所要预测评估问题的复杂和重要程度也可做适当增加。下面以两轮互动反馈为例，其具体组织实施过程如下：

第一轮互动反馈。专项任务小组将开放式的第一轮函询调查表发放给参与此次任务的分析团队成员。每位团队成员按照填表说明做出书面回答。其间，团队成员还可根据自己的分析需求向专项任务小组索取更详细的相关情报素材。专项任务小组在规定的时限内回收下发的函询调查表，着手制作第二轮函询调查表。由于第一轮是以开放的模式征集假设，第二轮则是在此基础上以评价他人的假设为主，同时修改、补充自己的假设，甚或是提出新的假设。因此，在制作第二轮函询调查表时要汇总各方意见，尤其是分歧性意见和那些"极端"的离群意见。也许这些意见最终会被淘汰，但是在下一轮的互动反馈过程中，它们也极有可能成为打开新思路、建立新假设的钥匙。

第二轮互动反馈。在此轮中，重点要求团队成员比较自己与他人的不同意见和假设，通过还原分析建立假设的路径对分歧进行评判，给出较为详细的理由，然后斟酌自己的假设是否需要修改、补充或推翻重建。所有这些思考都需要以文字表述的形式在函询调查表上留下记录，然后由专项任务小组再次回收并进行处理。处理过程中，除了加入新近建立的假设外，就是要重点整理评判意见和理由。当再次反馈给团队成员时，可以采取两表制的模式：一张是"汇总表"，主要覆盖所有调整修改后的假设群，并且每条假设旁边都附有支持和反对的论据。该表不再回收。借助此表，团队成员可以较为全面地掌握发散式假设群的整体构建情况，为后续优化集成假设群奠定基础。另一张是"假设赋值表"，采取闭合式函询调查表的方式，便于汇总和量化统计。该表给出整理好的若干假设，按照

第二章 战略预测评估问题的提出与假设的建立

李克特量表（Likert Scale）①，由团队成员逐一为假设打分，采取顺序量度来衡量团队成员对各个假设的支持与反对程度。一般可将对某一假设的态度划分为 7 个等级，分别为：坚决支持、支持、比较支持、待定、比较反对、反对、坚决反对，对应的量化分值为 -3—3（详见图 2—2）。支持为正数；反对为负数；态度待定为 0。此表最后上交专项任务小组用于量化统计处理。

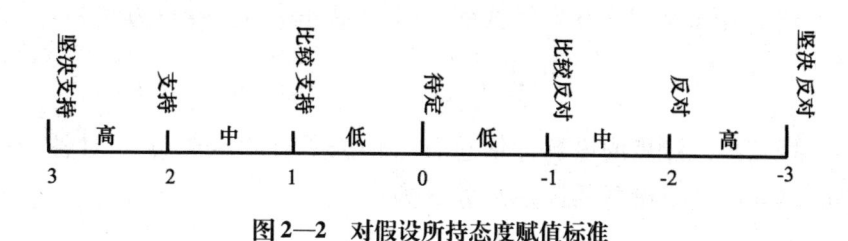

坚决支持	支持	比较支持	待定	比较反对	反对	坚决反对
高	中	低	低	中	高	
3	2	1	0	-1	-2	-3

图 2—2　对假设所持态度赋值标准

阶段三：反馈意见综合性处理

虽然专项任务小组在每一轮互动反馈后都会进行反馈意见的整理工作，但由于阶段三的反馈意见处理是在前两轮的基础上做出的，所以更具对比性、全局性和说服力。并且此阶段的最终处理结果不再反馈给分析团队的成员，而是在随后作为专项任务小组主持优化集成假设群工作的重要参考。借鉴意见反馈技术，可以从以下几个角度综合处理反馈意见。

首先，对业已整合过的假设群进行科学分类。这主要是从团队意见的角度对假设群进行划分。将团队成员意见较集中的假设划归为常规性假设，这类假设争议较小，得到了团队成员相对较高的认可度；离群意见下的假设划归为非常规性假设，留待以后重点讨论，因为在这些假设中可能蕴含着真正的创造性假设。

其次，对各个假设的评分数值进行量化统计。其目的有二：一是明确每个假设在假设群中所获支持度；二是筛选出意见离散度较

---

① 李克特量表是属评分加总式量表最常用的一种，由美国社会心理学家李克特（Rensis A. Likert）于 1932 年在原有的总加量表基础上改进而成的。

大的假设。

假设支持度的量化统计主要采取定性预测结果的统计处理方法。根据"假设赋值表",换算出各个假设所获支持程度的等级次序。具体处理方法和程序如下[①]:

第一步,计算各假设得分总值。设参与评分的分析团队成员数目为 m,待评分的假设数目为 n,第 i 个成员对第 j 个假设的评分等级为 C_{ij},第 j 个假设在发散式假设群中得分总值的计算方法为:

$$S_j = \sum_{i=1}^{m} C_{ij}(j = 1,2,\cdots,n)$$

第二步,计算假设群评估总分。根据所有团队成员 m 对各个假设的评分值,假设群的评估总分 S 为:

$$S = \sum_{j=1}^{n} S_j = \sum_{j=1}^{n} \sum_{i=1}^{m} C_{ij}$$

第三步,计算各假设所获支持程度权重系数。第 j 个假设所获支持程度权重系数计算方法为:

$$k_j = \frac{S_j}{S}(j = 1,2,\cdots,n)$$

第四步,将假设群中的假设按照 k_j 值由大到小排序。k_j 值越大,表明该假设在假设群中所获支持程度越高;k_j 值越小,表明该假设在假设群中所获支持程度越低。

筛选出意见离散度较大的假设主要是通过计算假设的分辨力系数来加以实现的。此处的分辨力是指某一假设能否区分出团队成员的不同态度。例如,有两个假设,分别是 H_1 和 H_2。如果 H_1 的支持程度或反对程度达到80%以上,那么它的分辨力就比较低,因为对于该假设,团队成员已基本达成共识。如果 H_2 支持程度为43%,反对程度为40%,不确定程度为17%,那么该假设的分辨力就较大,表明团队成员对该假设的意见离散度较高。假设的分辨力系数计算

[①] 参见郭秀英编:《预测决策的理论与方法》,北京·化学工业出版社,2010年版,第18页。

第二章　战略预测评估问题的提出与假设的建立

方法和程序如下①：

第一步，把所有分析团队成员给出的假设评分由高到低排列，上下各取25%作为高分组和低分组，其余的作为中间组。

第二步，比较高分组与低分组中每位成员在各个假设上的平均分数差异。假设的分辨力系数计算公式是：

$$D = \frac{\sum x_h - \sum x_l}{m}$$

该公式中，X_h代表高分组每个假设的分值，X_l代表低分组每个假设的分值，m为高分组/低分组的成员数量。最后计算出的D值越高，该假设的分辨力就越大，团队成员对于该假设的意见离散度也就越高。

如若最后还存在部分假设分辨力系数相同的情况，可进一步以临界比去评价假设的分辨力。其计算公式是：

$$CR = D / \sqrt{\frac{s_h^2 + s_l^2}{h - 1}}$$

该公式中，D代表某假设的分辨力系数，s_h^2为高分组某假设的方差，s_l^2为低分组某假设的方差。

比较CR数值，数值越大，分辨力越高。两相比较，原先分辨力系数相同的假设在此时也就有前后之分了。

最后，重点处理三类假设：一是支持度较高和较低的假设；二是意见离散度较大的假设；三是新增假设和修改完善后的假设。根据对各个假设的评分数值进行量化统计，可以顺利完成第一类和第二类假设的筛选工作。在处理支持度较高的假设时，注意重点整理反对它的意见；在处理支持度较低的假设时，则反之。对于那些意见离散度较大的假设，则需要将团队意见按照支持该假设和反对该假设划分为两大类，再对每类意见进行整合。尽量将对比鲜明、非

---

① 参见仇立平：《社会研究方法》，重庆·重庆大学出版社，2013年版，第169页；司有和编著：《竞争情报理论与方法》，北京·清华大学出版社，2012年版，第162—166页。

此即彼的那类支持和反对意见平行列出，这样有助于通过矛盾率来增强后期的讨论分析力度。第三类假设的筛选主要通过对比第一轮和第二轮的反馈意见，聚焦新变化。因为第二轮互动反馈是在第一轮的启发下开展的，此时团队成员是在纵览全局的基础上进行了深入思考，不再局限于自己原先的分析视角和方法，思维也更加发散，所以在此背景下新建立的和修改完善后的假设更具有说服力，应留待后期重点讨论。

三、实现假设群的优化集成

构建发散式假设群的过程究其实质就是追求假设数量的过程。在一定范围内，假设的数量越多，获得更多有价值的、创造性的假设的可能性就越大，然而这也意味着发散性假设群中的假设必然会存在数量较多且良莠不齐的情况，所以还需要对它们进行优化集成，使整个假设群趋于科学、完善。

（一）实现目标

在前期构建发散式假设群的过程中，情报分析团队对所要预测评估的问题已有了较为深入的思考，产生了积极的"预热效应"（warm-up effect），激发了思维的活力与创造力。而在此后，则需要将这种思维的力量由发散走向聚合，实现整个假设群的优化集成。该目标的达成，对于假设的数量和质量均提出了新的要求。

首先，应在数量上保证假设群所包含的假设数目适中，不低于3个，但同时要控制在7个以内。发散式假设群的构建，追求的是建立假设的数量，假设越多越好；而假设群的优化集成则需要对假设的数量加以限制。此时的假设并不是越多越好，而是要根据预测评估的复杂与难易程度，以适中为标准确定假设的数量。一条通用的原则是，问题的不确定性越高，分析结论对政策的影响就越大，需要考虑的可能性就越多，所建立假设的数目也会随之增多。如果只有2个假设，那么它们往往反映的是两种极端的情况，会缺乏对中间情况的考量，因此不能有效反映未来的发展情况。如果将假设数

第二章 战略预测评估问题的提出与假设的建立

量提升为 3—4 个，且反映的内容能够相互补充，则更有利于分析人员较为全面地看清和看待多种可能。由于假设群的优化集成直接与后续的假设检验工作相挂钩，如果假设数量过多，则会影响到检验的效率。战略预测评估中许多问题的根源都在于情报分析人员自身的工作记忆容量（working memory）有限。[1] 分析人员很难在记忆中保留多个假设的同时，还能以各种方法组织证据对每一条假设进行同等的检验。大多数人头脑中一次能处理事件的数量在 7 个左右[2]，情报分析人员也不例外。实践证明，数量庞大的假设会让情报分析人员的工作记忆不堪重负，3—5 个假设就已经是分析人员能力的极限了，此时必须借助科学的方法才能完成对假设的检验。如果假设的数量超过 7 个，则可能无法对其进行处理。[3] 因为随着变量的增加，会使分析检验假设的复杂程度呈几何级增长。为了确保后续检验工作能够顺利推进，假设的数量需要控制在 7 个以内。如果问题包含的可能性确实超过了 7 个，那么则需要对假设进行分组，分别建立子假设群，每个子群的假设数量控制在 3—5 个。

其次，应在质量上保证假设群中的假设是经一体化整合过的有机整体。如果说构建发散式假设群注重的是假设的集合，那么此阶段所追求的则是假设的集成，要求将原有的假设以全新而有效的方式重新组合。整个优化集成的过程可以看作是假设群一种整体寻优的过程。这主要体现在以下三个方面：一是整个假设群中的假设要准确、完备，假设之间要遵从互补性原理。每个假设都能以准确、精炼的语言表述未来可能出现的一种典型情景，具有各自的特征和差异属性，从而确保假设群不存在遗漏关键假设的情况。二是假设群至少能够涵盖未来发展的三大方向，即将假设群再次进行划分，

---

[1] Richards Heuer, Jr., *Psychology of Intelligence Analysis*, Langley, VA: CIA Center for the Study of Intelligence, 1999, p. 85.

[2] George A. Miller, The Magical Number Seven, Plus or Minus Two: Some Limits on Our Capacity for Processing Information, *The Psychological Review*, Vol. 63, No. 2, 1956.

[3] Richards Heuer, Jr., *Psychology of Intelligence Analysis*, Langley, VA: CIA Center for the Study of Intelligence, 1999, p. 98.

建立互不相容的子假设群：基准假设群、乐观假设群、悲观假设群。互斥性能够确保假设群的优化集成不会朝着一个方向发展而忽略了其他可能。三是框架式假设向细致化方向发展，悲观假设群得以重点完善。初始假设大多是粗线条的，不够细致，只具有框架性的指引作用，所以在优化集成过程中还需要将其进一步细化，确保要素齐全，指向明确。基准假设群代表了基本无变化的情况，乐观假设群则意味着事态正朝好的方向发展，悲观假设群才更应成为战略预测评估的重点，所以需要对此子假设群不断丰富、完善，尤其是要从中抽离出最坏的结果，建立相应的高影响/低可能假设。

（二）策略选择

为了有效促使假设群由发散走向集成，从而顺利进入后续的假设检验环节，需要对组织实施过程中的策略加以考察衡量，在面对面讨论的基础上对假设群进行质疑，以做出最优化的选择。

首先，以面对面的讨论激发创造性的头脑风暴。由于在前期构建发散式假设的过程中，分析团队的成员对相关背景资料已掌握得较为全面，并对问题做了深入、细致的分析思考，所以再在此基础上开展面对面的讨论，将会收到更好的绩效。面对面的思想交锋更容易在短期内激发团队成员思维的活力和创造力，在相互启发、相互刺激和相互影响中掀起头脑中的创造性风暴，甚或是诱发非逻辑方法的开启，从而实现假设群的优化集成。其间需要明确的是，这种面对面讨论的组织模式并非传统意义上的研讨会或座谈会，因此在具体组织实施策略时还须遵守以下原则。

原则一：打造一个能够真正自由发言的环境。由于参与讨论的团队成员存在一系列现实因素的困扰，如职位等级的差别、资历的深浅、相互熟悉程度的不同，以及所代表部门利益的不同等，因此在面对面的讨论过程中很难真正做到毫无顾虑地发表看法，尤其是当这些看法不够成熟或非主流时更是如此。为了最大限度克服此弊端，营造自由民主、轻松融洽的讨论氛围，首先就要确立"新观点、新假设是最受欢迎的"这一理念，让团队成员获得创新过程中的安全感与满足感。鼓励团队成员大胆说出自己的想法，因为它们极有可能在优化集成后，蜕变成另一个平时想不到或不敢想的绝佳假设。其次，不给讨论设置条条框框的限制，同时也要求团队成员最大限度地解放自己，让思维自由驰骋。最后，采取自由发言讨论的模式，不限定发言次序，不做轮流发言，有想法的人员均可即兴发言参加讨论。

原则二：不进行指向性引导。任何人不得通过有意识的操作，比如权威式引领、暗示性引导、有目的的提示等行为，来对讨论中产生的某些观点和假设加以约束或限制。指向性引导只会导致原本发散的假设群朝着某一指定的方向发展，使非常规性假设逐渐湮没于常规性假设之中，而那些蕴藏在非常规性假设中的创造性假设也就无法得到进一步的培育、发展与完善。在这种微妙干预下建立的假设群，虽然表面上看能够得到团队成员较高的支持与认可度，但实际上却背离了优化集成的初衷，无法有效应对高度不确定的未来。

原则三：延迟评判。在讨论期间，不允许任何人对他人或自己的观点、假设进行评判，无论该评判是批评性的，还是赞扬性的。只允许从正面客观、中性地阐明自己的观点意见。所有评判都必须推迟到讨论结果出台以后。因为一方面评判态度会直接影响到分析人员的心理状态，使其要么会因畏惧而压制自己的想法，要么会因自信心膨胀而无法听取他人的合理化建议，从而阻碍了新颖假设的建立；另一方面，评判会将分析人员思考的焦点落在如何为自己的观点进行辩护，从而削弱了创造性头脑风暴发挥的空间，所有这些都无益于假设群的优化集成。

其次，以批判性思维质疑业已建立的假设群。跳出既有的思维框架和分析模式，对假设逐一进行质疑，是假设群由发散走向集成的必经之路。而要确保该路径畅通无阻，则必须将积极主动且富有针对性的质疑与普通的提问相区别。这就要求在策略选择上以批判性思维为牵引，构建反省架构，从依存的基础和可能得出的结论两个方面去对某种信念或假设进行积极的、持续的、仔细的审视。① 情报分析人员应主要围绕以下四个方面对已构建的发散式假设群进行批判性质疑：

第一，对思维模式的科学性进行质疑。人类的大脑并非是一页白纸，随时都可以往上写点什么，也不是一块柔软的蜡，随时都可以刻上相等的痕迹。大脑会对感觉进行积极地挑选和分类，就好像是探照灯，光线直射并照亮那些大脑最感兴趣的部分。② 决定在大脑上能"写点什么"的就是思维模式。由于思维模式各异，对情报素材带来的所有刺激，情报分析人员不会、也无法同等接受。再加之思维局限性的存在，都极有可能生成错误的假设。所以必须首先对思维模式进行质疑，确保生成假设的"头脑机器"是在科学运转。

第二，对建立假设所依据的情报素材进行质疑。虽然推理遵循复杂而精妙的科学程序，但在面对虚假信息的伪装时，推理也会暴露出很大的脆弱性。③ 推理的严密并不能保证正确假设的生成，因为还需要考虑到假设得以建立的基础——真实、可靠的情报素材。即便建立假设过程中用的都是或然性推理，它不必像必然性推理那样有着严格的逻辑形式要求，但前提的可靠性也是其追求结论正确的一个重要条件，所以必须通过批判性质疑来确保建立假设的情报素材是准确无误的。

第三，对建立假设的逻辑起点进行质疑。任何假设的建立都必然有着自己的逻辑起点。这个逻辑起点源于情报分析人员的知识和经验，它会被认为是理所当然且已成为定论的事情。也许没有人会清晰地记得作为建立假设大前提的逻辑起点为何会出现在那里，它又是如何产生的，但却可以毫不犹豫地将它作为出发点，建立某个

---

① John Dewey, *How We Think*: *Experience and Education*, New York: D. C. Coller, 1938, p. 9.

② [英]詹妮弗·特拉斯特德：《科学推理的逻辑》，刘钢、任定成译，石家庄：河北科学技术出版社，2000年版，第8—9页。

③ David Schum, *Evidence and Inference for the Intelligence Analyst*, Vol. I, Lanham, MD: University Press of America, 1987, p. 296.

完全合乎逻辑的假设。然而一旦这个逻辑起点是错误的，那么后续的分析工作无论如何精湛，也注定了建立的假设是错误的，所以必须从一开始就对看起来十分合理的逻辑起点进行质疑，确保它是真正成立的大前提。

第四，对业已建立的假设群进行质疑。建立之初的假设群很可能会存在先天性的缺陷，必须对其加以批判性质疑，从而使假设群进一步完善。考察所要预测评估的问题是否还存在其他可能的选项，假设群是否涵盖了各种可能，是否有遗漏假设的情况；借助分析方法的多样性和可选择性看是否还能建立相同的假设；对假设进行敏感度分析，质疑那些分析中的主要变量或决定性因素，如果它们发生变化，会在多大程度上影响到业已建立的假设。

（三）组织实施[①]

要想顺利实现假设群由发散向优化集成的跃升，必须打造一条纵横交错的团体分析路径，即要在纵向上建立科学的组织实施模式、规范的操作程序，还要在横向上辅助以特定的分析工具与技巧。

阶段一：前期准备

第一是确定参与人员。依托在构建发散式假设群期间成立的专项任务小组，对参与人员进行遴选。主要从前期参与假设群构建的分析团队中选择，因为他们对所要预测评估的问题比较熟悉，也曾进行过深入的分析与思考，在后续的讨论中会更容易快速进入状态。但同时为了寻找不同的思维模型，确保能够以较新鲜的视角看待业已建立的假设群，规避认知局限，还应选择1—2名未参与前期假设建立工作的人员加入，整体人数规模控制在8—12人。此外，还需要遴选出主持人和会场秘书。

第二是策划组织讨论。为确保讨论高效有序地进行，必须做好

[①] 本书以批判性思维为纲，以头脑风暴法为蓝本，同时将假定质疑法、"故意唱反调"、"如果……那么"假定分析法、"A/B队"分析法、"红队"分析法、可选择假设分析法、高级态势分析法等一系列经典的情报分析方法融入其中，从而创造性地、全方位地打造了优化集成假设群的组织实施过程。

策划工作。在明确讨论议题的基础上列出问题清单，引导与会成员通过思考和回答来促成思想观点的交锋。这些问题应具启发性，比如：类似于该议题的战略预测评估，过去曾有过什么样的教训？或曾取得过怎样的成功？你更期望看到哪一个假设成为现实？或更不愿看到哪一个假设成为现实？你认为哪条情报素材有悖于你的专业知识或经验，有可能存在虚假或错误的情况？你认为哪一项假设的逻辑起点有必要重新考量？现今的假设群是否完整？有没有遗漏某一重要假设？对于意见离散度较大的假设，你是如何看待它的？对于支持度较高或较低的那个假设，是否能够给出反对或支持它的更好的理由？建立假设的分析推理路径是否存在问题？哪些因素的变动能够足以引起整个假设群的变化？等等。总之，通过科学、巧妙地设置问题，可以引发参与者的积极思考，使讨论互动能够快速步入正轨，也更为深入、聚焦。在具体落实过程中则需要根据议题和目标，设计不同的组织模式并采用更具针对性的技巧。不仅要规划整个讨论环节，还要重点筹划专题讨论，以解决其所对应的一大类问题。此外，如果针对较为复杂的假设群，尤其是那种下设子假设群的，还需要在准备阶段确定组织讨论的轮次，并为每一轮讨论设定特定的议题与所要达成的目标，然后再选取适用的组织模式和技巧。具体时间安排可根据议题的难易程度以及现场讨论情况灵活掌控。

阶段二：面对面讨论

组织与会成员面对面讨论，相互激发思维的活力与创造力，是优化集成假设群的重要途径，也是借助团体分析方法完成假设构建的核心阶段。在组织实施过程中，可根据前期准备工作的相关规划，按照预热讨论环节[①]、自由讨论环节[②]、专题讨论环节，层层深入开

[①] 该环节为后续讨论营造自由融洽的氛围，时间应控制在3—8分钟。

[②] 该环节用于掀起与会人员讨论的热情并激发思维的灵感。与会人员应以发散式假设群为依托，在听取他人发言讨论的基础上结合自己的观点和看法，巧妙地进行整合、修改、补充和完善，寻求思想的联系与配合，在思维的共振中建立综合集成性的新假设。时间应控制在20—30分钟。

展。其中的专题讨论环节是不断深化面对面讨论的成果的关键环节，它的组织模式较为复杂，时间通常应控制在40－60分钟以内。其具体模式可分为三大类。

第一类是以双方对抗为特点的对演模式。对演模式是指组织持不同观点的小组展开面对面的全面辩论，互攻其短，以求充分暴露其中的不足。[1] 借助这种较为激烈的对抗演示，能够最大限度地帮助团队成员克服人类思维在认知、记忆和推理等方面存在的不足，跳出思维定势，帮助与会人员更加认真、仔细地思考对方观点的价值和优点，[2] 借此来重新审核和完善业已建立的假设。该组织模式一般用于讨论意见离散度较大的假设，或用来挑战支持度较高的假设，甚或是为支持度较低的假设进行辩护等。具体组织过程如下：

首先，划分对演小组。针对讨论议题建立支持组和反对组。最好将与会人员划归到与其立场和观点相悖的小组中去，一方面可以强迫他们变换角度思考问题，往往会收到比自发式、自省式的批判性质疑更好的效果；另一方面由于本来持有的立场和观点是通过深入思考得来的，所以当对立面的对演小组站在自己的原有立场上进行辩论时，更容易快速捕捉到自己先前忽视的问题或不足，以及对方现今存在的漏洞。

其次，通过相互质疑与释疑展开观点的交锋。要求每个小组首先清晰、明确地陈述自己的观点，并给出充足的理由，然后简要说明采用的分析方法。随后双方针对分歧以及对方的分析漏洞提出质疑。被质疑方要么做出有论据支撑的回应，要么承认自己的观点确实存在弊端。在对演过程中，假设的建立过程会得到最为严格的全方位检验。

最后，对演结论的生成。当目标达成或到达时间节点后（一般控制在30—60分钟），就进入组内讨论、生成结论环节。各组的最

---

[1] 司有和编著：《竞争情报理论与方法》，北京·清华大学出版社，2012年版，第171页。

[2] U. S. Government, *A Tradecraft Primer: Structured Analytic Techniques for Improving Intelligence Analysis*, Langley, VA: CIA Center for the Study of Intelligence, 2009, p. 19.

终对演结论应主要涵盖以下几个方面的内容：需要继续捍卫的观点；原先观点存在的缺陷和漏洞；对方哪些观点是值得吸收、借鉴的；在对方的挑战与启发下己方做了哪些改进；最终补充、完善后的假设等。在大多数情况下，对演模式不会生成统一的结论，分歧还将继续存在，但是在对演过程中经受住批判性质疑挑战的合理观点将得到进一步强化，原先不合理的因素会被筛除或得到修补，从而在相互交锋中使假设趋于成熟、完善。若发现重大分析缺陷，就应重新思考，建立新的假设，并附上要点说明。

第二类是以相互启发为特点的推演模式。推演模式是指采取角色扮演的方法，将与会人员分为红、蓝两队。红队扮演战略预测评估主体，蓝队扮演战略预测评估客体，然后从各自的角色出发，力求真实地推演在某种环境背景下可能采取的行动，从而不断挑战和完善假设群。借助该模式有利于摆脱"投射效应"[1]带来的致命缺陷"以己度人"，即"我们认为他们的逻辑必须和我们的逻辑一样"。[2] 推演模式能够切实促使蓝队从战略预测评估客体的目标、意图、价值观和文化的视角进行分析判断并做出决策，同时以此为参照，启发红队从主体的视角审视假设，形成红蓝两队双向互动，从而不断提升假设的科学完整性，尤其有利于促成"意想不到"的假设生成。

在具体组织实施过程中，蓝队推演难度系数最大，同时也是整个推演成功与否的关键所在。因此在组织过程中，必须重点从两个层面入手以提升蓝队推演的效力。

第一层面：蓝队的组建要突出专业化。与会人员本身就具有多元化的特点，在组建蓝队时应从中挑选熟练掌握对象国语言，同时

---

[1] 心理学研究发现，人们在日常生活中常常会不自觉地把自己的心理特征（如个性、好恶、欲望、观念、情绪等）归属到别人身上，认为别人也具有同样的特征，心理学家们称这种心理现象为"投射效应"。

[2] David Abshire, *Lessons for the 21st Century: Vulnerability and Surprise, December 7, 1941 and September 11, 2001*, Washington, D. C.: Center for the Study of the Presidency, 2002, p. 23.

还精通对方文化、政情、军情的专家。最好再根据专项任务小组所掌握的情况，将思维灵活度较高、为人不刻板也作为筛选的重要条件。这样的蓝队才更有可能按照"第一人称"进行思考和决策，最大限度地贴近所扮演角色的文化传统和决策风格。[1]

第二层面：蓝队融入角色后的推演路径要能够清晰地展现在红队面前。路径清晰对于红队的推演非常重要，它是红队检验己方假设群是否存在遗漏关键假设或建立的假设是否存在漏洞的有力参照。为了清晰展示自己的推演路径，蓝队可借鉴用于制订发展战略和分析竞争对手情况的高级态势分析法（POWER SWOT 分析法）。[2] 该方法要求在确定外部环境中的机会因素和威胁因素，以及自身内部的优势因素和劣势因素的基础上，对这些因素进行排列组合，构建高级态势分析矩阵（如表2—4所示）。[3]

根据高级态势分析矩阵，蓝队可选择的战略清晰呈现：（1）SO战略（增长型战略）主要考虑在内部优势与外部机会因素相适应、相协调的情况下，将采取何种行动促成自身收益最大化；（2）WO战略（转向型战略）主要考虑当内部劣势阻碍了外部环境提供的机会时，应采取何种行动将内部劣势向优势转化，从而抓住稍纵即逝的机会；（3）ST战略（多元化战略）主要考虑在外部环境已对自身优势构成威胁，优势无法发挥原有效力的情况下，应采取何种行动来化解威胁，使优势得以充分发挥；（4）WT战略（防御性战略）主要考虑当最坏的一种情景发生时，即自身劣势与外部威胁相遇时，

---

[1] Roger Z. George, Fixing the Problem of Analytical Mind-Sets: Alternative Analysis, *International Journal of Intelligence and CounterIntelligence*, Vol. 17, No. 3, 2004, p. 396.

[2] 该方法是由美国旧金山大学的管理学教授韦里克在20世纪80年代初提出来的，多用来通过分析企业的内外部环境，帮助企业抓住优势和机会，制定竞争战略，从而进一步提升企业的战略定位。

[3] 参考司有和编著：《竞争情报理论与方法》，北京·清华大学出版社，2012年版，第212—214页；赵容英主编：《竞争情报学》，北京·科学出版社，2012年版，第88—96页；娄伟：《情景分析理论与方法》，北京·社会科学文献出版社，2012年版，第223—227页；U.S. Government, *A Tradecraft Primer: Structured Analytic Techniques for Improving Intelligence Analysis*, Langley, VA: CIA Center for the Study of Intelligence, 2009, pp. 17–19.

如何在严峻的形势下寻求转机。

表2—4 高级态势分析矩阵

外部环境因素 \ 内部因素	S：优势（Strengths） S_1，S_2……	W：劣势（Weaknesses） W_1，W_2……
O：机会（Opportunities） O_1，O_2……	SO战略：增长型战略 S_1O_1，S_1O_2…… S_2O_1，S_2O_2……	WO战略：转向型战略 W_1O_1，W_1O_2…… W_2O_1，W_2O_2……
T：威胁（Threats） T_1，T_2……	ST战略：多元化战略 S_1T_1，S_1T_2…… S_2T_1，S_2T_2……	WT战略：防御性战略 W_1T_1，W_1T_2…… W_2T_1，W_2T_2……

随后，蓝队可运用系统分析法针对每一战略制订相应的行动方案。在此过程中，还需融入对POWER[①]的考量，以提升态势分析法的适用性与精确性，同时推演路径的细节也会得到进一步强化，从而给红队以更多的启发。具体包括以下内容：（1）个人经验（Personal Experience）：在运用高级态势分析法审视可供选择的战略时，蓝队需要站在所扮演角色的立场上，将文化、信念、态度、经验、技巧、知识等相结合，融入到分析之中；（2）规则（Order）：给出确定外部环境存在的机会与威胁，以及评估自身内部优势与劣势的明确依据；（3）比重（Weighting）：为避免存在认知上理解的偏差，应进一步衡量机会、威胁、优势、劣势下辖各要素的轻重缓急，并以赋值的方式给出明确的比重，如 $S_1 = 10\%$，$S_2 = 25\%$，$S_3 = 30\%$，$S_2 = 45\%$，总机会 $S = 100\%$；（4）重视细节（Emphasize Detail）：要将高级态势分析表中有关各因素的表述由词语变成完整的句子，在扩充信息量的同时，能够展示出推理和判断，有利于对各要素进

---

① POWER是指个人经验（Personal Experience）、规则（Order）、比重（Weighting）、重视细节（Emphasize detail）、权重排列（Rank and Prioritize）。

行比较和评价；（5）权重排列（Rank and Prioritize）：将要素的比重从低到高排列，在战略选择中优先考虑最佳组合，即机会和优势选择比重最高的，威胁和劣势选择比重最低的，然后优化组合，这样可选择战略的排序情况一目了然。

对于红队而言，其推演是在参考蓝队推演的基础上进行的。就好比红蓝对弈，蓝队每走一步都会在棋盘上落子，留下轨迹；不同的是，双向推演违反了"下棋不语"的原则，蓝队每走一步都需要清晰说明这背后的思考与判断，给出相应的依据，帮助红队更加准确地理解战略预测评估客体的思维模式和行为逻辑。然后红队再将自己原先的思考和假设拿出来进行对比分析，重新加以审视，推演出假设群可能存在的漏洞和缺陷，借此不断优化集成假设群。[①]

第三类是以自我反思为特点的回溯模式。回溯模式是指组织与会人采取逆向思维，立足未来，对业已建立的假设进行回溯推理，识别现今的战略预测评估客体在该假设下所应采取的行动，以及确保该假设成为现实的关键性路径，从而由未来回到现在。不难发现，前期建立假设采取的都是正向思维，前推式的方法，即立足现在，设想可能的未来路径，最终沿着路径生成假设。而这一专题讨论却是要反其道而行之，突破常规，通过探究可选择的路径，以期找到更加有价值的新的要素来修正、完善假设。

首先，选取最有可探讨性的假设。可探讨性假设主要包括以下几类：（1）意见离散度最大的假设；（2）成为现实的可能性较大且具有高影响力的假设；（3）现实中发生机率极小，然而一旦发生又会造成灾难性后果的假设。

其次，根据所要探讨假设的数量组建小组。每个假设对应一个小组，分组不再由专项任务小组负责，而是与会人员自由选择，这

---

① 由于推演模式组织起来较为复杂，耗时较长，如果在前期准备阶段有进行该专题讨论的需要，专项任务小组应提前做好部署工作。如果涉及的研判对象不止一方，应将蓝队继续划分，确保每个研判对象都有特定的蓝队进行角色扮演。蓝队组建好后提前通知红队成员，让其在与会前就完成高级态势分析，讨论会上直接展示分析成果。在展示的过程中，红蓝双方进行推演讨论。

构建以假设为核心的战略预测评估方法

样更易于激发研究讨论的热情。如果各小组人数差距过于悬殊，主持人可进行调配，基本保持平衡即可。在分组时还必须明确一条原则，即与会人员不应加入自己建立的那个假设所对应的小组。因为个人很难跳出思维的局限，去发现并构建与先前采取前推式方法完全不同的崭新的路径。

最后，以小组为单位展开回溯式推理讨论。第一步是完成路径想定。为假设成为现实提供一个或多个发展路径，并细化每一路径各个阶段可能发生的情况，路径越清晰、越准确、越合理越好。第二步是进行路径因素分析。有两类因素值得重点关注和评估：一是常规影响力因素。选出对路径发展具有重要影响力的常规因素，然后再对它们进行敏感性分析，以确定它们的发展变化可能会导致怎样的结果出现，并将这些因素作为后续监控的重点目标。二是突发性激变因素。在路径想定中加入对突发性激变因素的考虑，也就是那些难以预测却又合理的突然性变化。这些突发性激变因素作为导火索事件有时会加速事态变化的速度，甚至会改变整个路径发展的轨迹，从而影响到整个假设是否能够继续成立，因此意义重大，必须对其造成的后果进行有效评估，并在后续工作中做好持续监控，在激变前提前做好相应准备。[1] 第三步是检验关键性假定。如果不断往前倒推，就一定能够回到当初建立假设的逻辑起点，而这也是情报分析人员最容易忽略的地方。逻辑起点有可能来源于已经形成的"共识"，也可能是以往战略预测评估的结论，或是成功的先例等。这些逻辑起点大多数情况下都会自觉不自觉地变成无需检验就被自动确认为是正确的假定，而事实上它们却并不一定真的就是无可非议。例如，历史上美国情报界以"苏联和华约间具有稳定的军事同盟关系""共产主义阵营是牢固的整体"等假定为起点建立的假设，最终都被证明是错误的。所以需要借助回溯推理找到建立假设的所有假定，并把它们逐一列出，进行批判性质疑：该假定在多大程度

---

[1] See: U.S. Government, *A Tradecraft Primer: Structured Analytic Techniques for Improving Intelligence Analysis*, Langley, VA: CIA Center for the Study of Intelligence, 2009, p. 22.

上是正确的？支撑判断假定正确的信心来源于哪里？是否在所有情形下该假定都是正确的？若假定是错误的，是否会改变业已建立的假设？又是怎样改变的？[1] 通过小组的群策群力，在质疑与释疑的过程中完成对假定的检验。最后保留那些经受住检验的正确假定，并附上"在什么条件和信息下，这些假定可能就不再正确"的警告。[2] 讨论结束后，每个小组再结合讨论情况反过来修正、完善原有假设，然后由各小组选派代表进行汇报演示。

阶段三：会后论证评审

该阶段是团体创造成果的集中体现，也是团体层面这个宏观职能结构相互促进形成总体效应的关键时期。面对面讨论后形成的观点和认识还需要在此阶段进行论证评审，以便最终建立一个经过优化集成且能够交付检验的假设群。对于讨论结果的论证评审和讨论本身一样重要，因为在很多情况下，与会人员都是即兴发挥，加上表达能力的限制，因而逻辑性不强，意见不全面，其中往往掺杂着想象或推测成分。[3] 即便经过专题讨论后有些观点已经较为成熟，但其间存在的分歧以及开放式的结论也需要做好收集整理和后续的研究论证工作。

首先，完成收集整理工作。专项任务小组根据会议期间的现场记录进行会后整理归纳，涵盖初步整合后的所有假设，然后为每一假设编制评论意见一览表。评论意见需包括：质疑、释疑、常规影响力因素、突发性激变因素、关键假定的检验、修正完善的内容、补充说明等。

其次，选择论证评审的组织方式。可供选择的方式有两种：一是组建专家评审团队，聘请有关专家完成此项工作。该论证评审方式因参与人员少且专业素养高，研究交流更易深入，有利于权威性

---

[1] See: U. S. Government, *A Tradecraft Primer: Structured Analytic Techniques for Improving Intelligence Analysis*, Langley, VA: CIA Center for the Study of Intelligence, 2009, p. 22.
[2] Ibid., p. 9.
[3] 司有和编著：《竞争情报理论与方法》，北京·清华大学出版社，2012年版，第159页。

结论的快速出台。二是进行二次会议评审,即所有与会人员都参与假设群的论证评审工作。该论证评审方式更有利于从不同角度、以不同的方法审视假设。根据这两种方式的特点,专项任务小组可结合现实需要选择最适宜的论证评审方式。

最后,组织论证评审。结合会场秘书和主持人会后整理的假设评论意见一览表,在满足质量目标整体要求的大前提下,重点优化集成悲观子假设群。因为该假设群中蕴涵的假设均属于风险假设,其是由一些最有可能发生的风险事件,或发生可能性极小,而一旦发生又会造成严重损失的风险事件构成的假设。如果悲观子假设群有遗漏或不够完善,那么后续的检验工作就无法"对症下药",这将意味着整个战略预测评估工作有可能面临失败的危险。例如,在"9·11"事件发生前夕,美国中央情报局就曾于2001年8月6日提交给小布什总统一份题为《本·拉登决意在美国发动袭击》的《总统每日简报》。根据该报告的内容,可以确定中央情报局当时建立的假设是:"基地"组织要在美国发动恐怖袭击,可能采取劫机的方式。[①] 尽管现在看来该假设无疑是正确的,但却因为劫机的具体目标不明确,最终导致预测评估的失败,未能及时发挥预警作用。所以,在进行论证评审时,只要其具备一定的合理性,就应尽可能地保存前期发散性假设群中的风险假设,同时还要积极根据评论意见一览表,丰富完善并细化此类假设。因为假设过于宽泛,即便涵盖了危险,在后续的检验过程中也可能被忽视。最终将关键假设控制在3—5个,留待后续检验。至此,完成了假设群的优化集成。

[①] See: Bin Ladin Determined To Strike in US, *President's Daily Brief by the CIA*, 6 Aug., 2001, Declassified and Approved for Release on 10 Apr. 2004, http://nsarchive.gwu.edu/NSAEBB116/pdb8-6-2001.pdf.

第三章 假设检验环节指标体系的构建

胡适在《清代学者的治学方法》中曾写道:"要大胆的提出假设,但这种假设还得想法子证明,所以,小心的求证,要想法子证实假设或者否证假设。"[①] 同样,战略预测评估中假设的建立也只是聚焦于"知识的拱门"之上升阶段,完成了科学发现的工作,对问题做出了尝试性、或然性的解释与预测,此后还需要通过进一步搜集证据在"拱门"的下降阶段完成对假设的检验。然而,现实中的假设大部分都是一个较为复杂的命题,通常无法直接借助证据证明其为真或为假。这时就需要对假设进行推演和分解,构建一套指标体系(indicator lists),为证据检验假设搭建起桥梁,从而提升战略预测评估结论的精确性与准确性。

第一节 指标体系的定义及其重要性

一、指标与指标体系

在不同的学科中,指标具有不同的意义。就本书而言,指标是指情报分析人员预设的、能够表征所建立的假设将成为现实的一个

---

① 葛懋春、李兴芝编:《胡适哲学思想资料选》(上册),上海·华东师范大学出版社,1981年版,第440页。

或一组直观的变量。[1]

  指标的运用古已有之。比如在天气预报方面，当人们听到或看见青蛙鸣叫、燕子低飞、蚂蚁过路、鱼跃水面、蚯蚓出洞等等，就知道将要下雨。其实，这些动物的活动特征就是预测雨水的指标。只不过这种对指标的运用还是比较原始的，是一种无意识的不自觉地运用。直到第二次世界大战前后，人们才开始在军事活动和国际关系预测以及战略预警等领域科学地运用指标。如在第二次世界大战中，日本情报机构曾制定出一个著名的"敌人作战习性图"[2]，以敌人习惯性活动的10个指标判断敌方的下一步行动。第二次世界大战后，美国国防部高级研究计划局（Defense Advanced Research Project Agency）的"早期预警与监视系统"（Early Warning and Monitoring System）通过一组基于事件经验的指标来预测事件的概率。[3] 美国情报界的国家征候中心（National Indications Center）则针对苏联集团发动战争前可能采取的措施构建了一套指标体系，指标数达123个。[4] 由此，指标与指标体系的运用开始上升到科学高度，并呈现体系化的特点。

---

[1] 参考阎学通、孙学峰：《国际关系研究实用方法》，北京·人民出版社，2007年第二版，第86页；[美] 辛西娅·克莱博：《预判突然袭击——战略预警分析》，胡炜等译，北京·军事谊文出版社，2009年版，第3—4页；J. David Singer and Melvin Small, Foreign Policy Indicators: Predictors of War in History and in the State of the World Message, *Policy Sciences*, No. 5, 1974, pp. 273 – 274; *The Monitoring of War Indicators*, CIA Historical Review Program, Release as Sanitized 18 Sep. , 1995, https://www.cia.gov/library/center-for-the-study-of-intelligence/kent-csi/vol3no1/html/v03i1a05p_0001.htm.

[2] 10个指标为：（1）正在行动中的敌军部队的动向；（2）敌军对日军要冲的侦察情况；（3）敌军对日军要冲的攻击情况；（4）盟国首脑会议与敌下一步行动的关系；（5）敌侦察潜艇的部署情况；（6）美本土开往夏威夷和前线的补给船队的动向；（7）美国西海岸飞往夏威夷的飞机的动向；（8）美方指挥官的性格；（9）美日双方重大纪念日与作战的关系；（10）天候与作战的关系。参见 [日] 实松让：《情报战》，王云辅等译，南京·江苏人民出版社，1981年版，第300—302页。

[3] 许蔓舒：《国际危机预警》，北京·时事出版社，2008年版，第101页。

[4] Diane M. Ramsey and Mark S. Boerner, *A Study in Indications Methodology*, Langley, VA: CIA Center for the Study of Intelligence, May 8, 2007, tps://www.cia.gov/library/center-for-the-study-of-intelligence/kent-csi/vol17no3/html/v07i3a08p_0001.htm.

如果说指标是预设的一个或一组变量，那么，指标体系就是这些变量有序化的结果。换言之，并非把一系列指标放在一起就可以称之为指标体系，只有按照一定的顺序对相应的指标进行排列组合，才能称得上是指标体系。[1] 由于战略预测评估客体从事的都是影响预测评估主体国家利益的战略活动，往往涉及军事、政治、外交等多个领域，要想全方位反映其能力和意图，单个指标显然是不行的，必须通过构建指标体系才能完成对它的预测评估。

二、假设检验环节指标体系的重要性

指标体系在假设检验的环节中发挥着承上启下的作用。它不仅是对假设进行进一步推演和分解的结果，奠定检验假设的基础，而且还是假设与证据之间的桥梁，推动着假设的检验向深层次发展。

（一）为假设的检验奠定基础

在战略预测评估中，每一个假设都可被视为是最终待检验命题。通常情况下，为了能够对最终待检验命题进行有效的检验，就需要把它分解为若干层级上的若干个待检验命题——指标。根据所处层级的不同，这些待检验命题又可分为次终待检验命题和中间待检验命题，而所有待检验命题在原则上都是一个可以被证明为正确或错误的主张（如图3—1所示）。[2]

在上图中，通过命题 E^*、M^* 和 G^* 构建的一系列推理链条，连接着证据 E 和次终待检验命题 P_1。这里面的每一个命题可能是正确的，也可能是错误的，它们代表了横亘在证据 E 与次终待检验命题 P_1 之间的可疑源，可被称为中间待检验命题。[3] 整个假设检验过程正是按照中间待检验命题—次终待检验命题—最终待检验命题这样

---

[1] 参考张长军：《战略突袭预警研究》，北京·军事科学出版社，2010年版，第153页。
[2] Terence Anderson, David Schum, William Twining, *Analysis of Evidence*, Second Edition, Cambridge, MA: Cambridge University Press, 2005, pp. 60–61.
[3] Terence Anderson, David Schum, William Twining, *Analysis of Evidence*, Second Edition, Cambridge, MA: Cambridge University Press, 2005, p. 61.

构建以假设为核心的战略预测评估方法

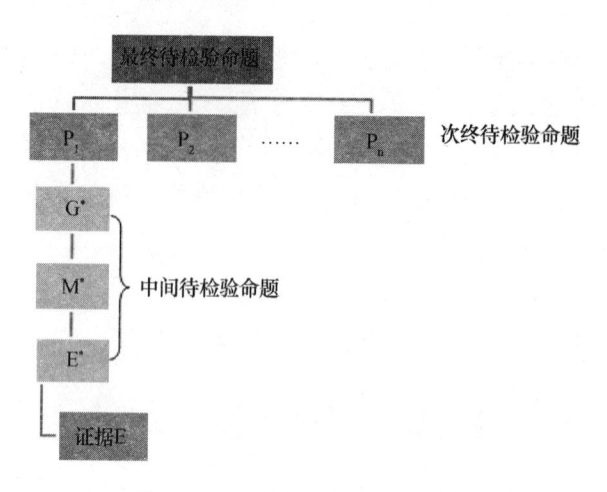

图 3—1 最终待检验命题分解图

的逻辑顺序逐步展开的。

而指标体系的构建则恰恰与假设检验的逻辑顺序相反。它采取了回溯推理的逻辑方法，将假设（最终待检验命题）作为充分条件假言命题的前件，推导或引申出与之有必然联系的后件，即指标（次终待检验命题和中间待检验命题）。该逻辑思维过程可表述为：如果有 H，则必然有 I。通常情况下，由假设推演的必然推断都是多层级的、多项的，是一个关于 I 的集合，即指标体系。其中，次终极待检验命题就是假设的一级指标，中间待检验命题则可根据假设的复杂程度不断向下划分，如二级指标、三级指标等。例如，当情报分析人员被要求确定某国是否正在发展具有某些特征和能力的武器系统 S 时，他首先可以建立一个假设 H：该国正在发展武器系统 S。根据相关的背景性知识了解到，要发展武器系统 S 就需要一种新型的武器子系统 T 和测试设备 U，而要发展其中的子系统 T，则需要材料 M 和制造机器 W。据此，便可围绕 H 推演出一套指标体系（如图 3—2 所示）。

位于图 3—2 最顶端的是假设 H（最终待检验命题），即该国正在发展武器系统 S。由于无法获得能够直接证明 H 成立的证据，就必须由 H 必然推演出推断 T 和 U（次终待检验命题），它们构成了

第三章 假设检验环节指标体系的构建

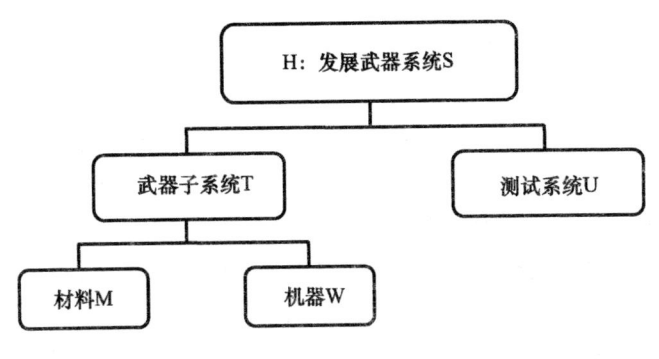

```
         H：发展武器系统S
          /        \
    武器子系统T      测试系统U
    /      \
 材料M    机器W
```

图3—2 指标推演示意图

一级指标。同理，由 T、U 这一级别的指标能够必然推演出推断 M 和 W（中间待检验命题），它们构成了二级指标。于是，T、U、M、W 共同构成了一个关于假设 H 的不同级别的指标体系集合。① 之后对假设 H 的检验工作将按照 M/W→T，T/U→H 的逻辑顺序展开。

（二）弥补"信号与噪音"理论的缺憾

美国著名情报理论家罗伯塔·沃尔斯泰特曾在其名著《珍珠港：预警与决策》中提出了情报研究上具有里程碑意义的"信号与噪音"② 理论。该理论认为，对于情报分析人员来说，一方面，信号总是不清晰和不确定的；另一方面，信号中还夹杂着容易让人误入歧途的大量噪音，因此，要得出正确的结论，就必须剔除噪音，提取信号，并对之进行正确的分析。该理论回答了一个让美国情报界纠结了多年的疑问：为什么在珍珠港事件前，美国情报机构掌握了如此之多的有关日本将发动袭击的情报，却没能做出正确的战略预测评估？除了珍珠港事件，该理论也很好解释了其他诸多重大战略预测评估失误的原因，如苏伊士运河危机、古巴导弹危机、苏联入侵

---

① See: David A. Schum, *Evidence and Inference for the Intelligence Analyst*, Vol. I, Lanham, MD: University Press of America, 1987, pp. 28–30.

② 信号指那些预示某种危险或敌人的某种行动和意图的线索，噪音则指那些指向错误方向并总是影响真实信号的、不相关或相互矛盾的线索或征兆。Roberta Wohlstetter, *Cuba and Pearl Harbor: Hindsight and Foresight*, Santa Monica, CA: the Rand Corporation, 1965, p. 2.

阿富汗、印度核试验以及"9·11"事件等。

"信号与噪音"理论中的"信号",其实就是战略预测评估中所需的证据。从理论上讲,假设建立后,只要能获得一定数量的高质量的证据,就能实现对假设的检验并得出结论。其间必须指出的是,"信号与噪音"理论虽然对于情报失误有着强大的解释功能,但对于如何在事前对证据进行准确的评价以检验假设,却没有开出"处方"。而指标体系的构建则在很大程度上能够弥补"信号与噪音"理论"处方性"较弱的缺憾。

首先,指标体系为证据的遴选设置了参照系。指标是预设的一个或一组变量,而其一旦在现实中发生,被侦察到且经过认证后,就成为了证据。可以说,在假设检验过程中,指标设定在前,证据发生在后;指标是情报分析人员脑海中的蓝图,证据则是现实中混杂于噪音中的信号,而且随着情报搜集工作的深入展开,所获取信号与噪音的数量都会迅速增长。在有了指标体系作为参照系后,情报分析人员可以根据指标体系将信号"对号入座",指引海量信息中信号的遴选工作,极大程度上减少了噪音对假设检验工作的干扰。可以说,指标体系对于情报分析人员来说,"就是他们手中的圣经,或者至少像一位师傅一样,指导他们去关注哪类情报信息"。[①] 例如,1981年苏共政治局命令克格勃与格鲁乌合作,共同建立一个新的能监视西方发动核攻击迹象的全球监视系统。格鲁乌负责监视纯军事指标,克格勃则关注西方要发动核攻击的政治决策。其中克格勃伦敦情报站负责监视的指标包括:

(1) 唐宁街10号首相官邸、国防部、外交部、美国大使馆、英国情报与安全机关总部的工作模式方式,如夜晚这些地方亮灯吗?

(2) 通信人员在这些地点之间来往的频率;

[①] [美]辛西娅·克莱博:《预判突然袭击——战略预警分析》,胡炜等译,北京·军事谊文出版社,2009年版,第31页。

(3) 首相和其他重要部长之间的来往，如首相拜访白金汉宫的次数是否与平时不同？

(4) 伦敦是否采取了异常的民防措施，如储存食物或准备应急血库等。①

常规情况每两周报告一次，特别异常的事件则必须立即报告。② 有了这一指标体系，克格勃就可以从容地在海量信息中去遴选与英国核攻击迹象相关的信号，而无需将大量时间浪费在处理和分析作为障碍存在的噪音之上。

其次，指标体系提升了情报分析人员对证据的敏感性。正如在前文"征兆的可获取性"中所指出的，情报分析人员在进行战略预测评估时，是在头脑中首先形成一幅"参考图"（假设），然后将假设分解出无数个"拼图碎片"（指标体系），再通过证据评价"组拼图案"（证据、指标与假设的对接），最终呈现出一幅关于战略预测评估客体能力与意图的"完整图像"（战略预测评估结果）。如果没有指标体系作参考和指引，海量信息有时会让情报分析人员无从下手，不知从何处展开对假设的检验，最后的结果可能是花费了大量宝贵的时间和精力，却未能生产出高质量的战略预测评估产品。其同样也能较好地解释战略预测评估中所存在的这样一种现实情况：有的情报分析人员，即使拥有了大量准确、完整的证据，也得不出正确的结论，而优秀的情报分析人员，根据残缺不全的证据，却能做出准确的战略预测评估。两者间的差距就在于能否围绕待检验假设构建一套科学完整的指标体系为证据提供指引。根据该指标体系，情报分析人员可以通过对比知晓现有证据的完整度，判定要形成一

---

① See: Gordon Brook-Shepherd, *Storm Birds: Soviet Postwar Defectors*, New York: Weidenfeld and Nicolson, 1989, pp. 330-331; Christopher Andrew and Oleg Gordievsky, eds., *Instructions from the Centre: Top Secret Files on KGB Foreign Operations*, 1975-1985, London: Hodder and Stoughton, 1991, pp. 67-90.

② Abram Shulsky, Gary J. Schmitt, *Silent Warfare: Understanding the World of Intelligence*, New York: Brassey's, Inc., 1991, p. 56.

幅完整的情报画面还需要哪些证据,即存在何种程度的"信息差距"(information gap),从而为有的放矢地展开搜集工作指明方向。另外,事物的变化是一个渐进的过程,尤其是一些微弱的变化很难被觉察到。而借助指标体系,则可以把证据依次放入正在形成的情报画面中,并为它找到最为合适的位置。这样一个过程能够有效提升情报分析人员对证据的敏感度,帮助其快速、清晰地认识到证据不断变化所蕴含的意义。

第二节 指标体系的构建原则

按照系统论的观点,指标体系是一个由各类、各级指标构成的系统,各个指标之间相互联系、相互作用,且在系统中都处于一定的位置上,起着特定的作用。为了达到"整体大于部分"的效果,指标体系在构建过程中必须遵守以下几项原则。

一、整体性原则

指标体系是一系列指标按照一定顺序进行排列组合的结果,因此构建时必须遵循整体性的原则。

首先,指标体系要能反映战略预测评估客体活动的规律,广泛涵盖其活动的主要方面,并能从各个不同角度反映其总体态势,多层级、全方位地描述战略预测评估客体的变化趋势,不能遗漏重要方面或有失偏颇。曾任职于美国国家征候中心的预警专家查尔斯·艾伦(Charles Allen)就以威胁预测为例,对指标体系的系统性原则进行了说明。他主张,应该聚焦研究各种威胁的基本结构——威胁现象学(the phenomenology of threats),通过取样分析、运筹学和结构分析技巧,得出分析威胁变化所需的全方位的指标体系。[①]

[①] Charles E. Allen, Warning and Iraq's Invasion of Kuwait: A Retrospective Look, *Defense Intelligence Journal*, Vol. 7, No. 2, 1998, pp. 33–44.

其次，指标体系中所有指标的分类标准是一致的，同一层级的指标之间必须是互斥的、不存在因果关系，并要根据层次的高低和权重的大小，按照多要素的递阶结构进行排列组合，从而成为一个有机整体。如瑞典斯德哥尔摩的国际和平研究协会（International Peace Research Institute）的预防性政策早期预警指标（Early Warning Indicators for Preventive Policy）项目就把预警指标全方位地分为9个一级指标，按权重大小，顺序依次排列如下：1. 司法与人权；2. 社会文化；3. 国内安全环境；4. 地缘环境；5. 军事与安全；6. 环境与资源管理；7. 治理和政治稳定性；8. 社会—经济情况；9. 地区和国家的特别变量。[①] 每个一类指标之下又系统性地划分出二级指标。

二、重点性原则

由于战略预测评估客体从事的都是复杂的社会活动，指标体系不可能涵盖所有因素，因此，它可以忽略次要因素，只要抓住了其中的主要因素，即可成为假设得以实现的充分必要条件。

首先，科学选择和设计核心指标。不同的指标反映了战略预测评估客体的不同侧面，其作用是有很大区别的，因此要重点选择和设计能切实反映战略预测评估客体活动特征的核心指标。一般来说，核心指标一定是权重数值较大的指标（详见本章第五节）。对于那些对大局影响甚微且难以在实际中监控到的指标，可予以放弃。如在冷战期间，美国国家征候中心就曾把大规模军事动员作为苏联、中国、朝鲜等国发动战争的最重要的核心指标。因为大规模军事动员的成本非常高，如动员50万预备役军人进行大规模军事调动，又紧急生产新型战斗机或登陆艇，这将占用大量国家资源。在一般情况下，一个国家是不可能轻易采取这些行动的。相对而言，政治宣传、

[①] Gerd Hagmeyer-Gaverus & Mikael Werssmann, *Early Warning Indicators for Preventive Policy*, Stockholm of Sweden: International Peace Research Institute, Mar. 2003, pp. 6 - 7.

军事政治威胁，甚至是小规模部队调动，这些行动的成本较低，[①] 所以不能将它们作为核心指标。之后经过实践的不断检验，国家征候中心的指标体系不断完善，又把全面战争准备和最终战争准备加以区别，前者的核心指标通常为部队和后勤支援单位的集结，后者的核心指标则为部队最终进入作战位置。[②]

其次，要控制指标的层级与数量。指标应有一定的层级和数量，否则就无法利用证据对其进行有效的检验。通常，为了进行合理、科学的检验，需根据假设的复杂程度对指标进行层级和数量上的控制。指标的层级和数量并不是越多越好，其与结论的正确率并不是呈正比关系。指标的层级和数量过多会耗费情报机构过多的资源，而且与战略预测评估的效率原则、时效性要求相冲突。如美国国家征候中心曾把苏联集团将发动战争的指标数量设定为 123 个。后为了节省资源，减少工作量，缩短整个战略预测评估的时间，又从原指标体系中选择了 28 个较为重要的指标，最后又将其中 8 个确定为最具代表性的核心指标。[③] 所以说，在具体实践中，应该根据战略预测评估客体的特征和己方情报机构的能力，合理控制指标的层级和数量。

三、灵活性原则

由于事物的特殊性和易变性，并不存在一成不变的且能通用于各种假设的指标体系，因此必须根据具体的战略预测评估问题灵活构建指标体系。

首先，要根据具体情况的特点构建相应的指标体系。由于国情、

---

① [美] 辛西娅·克莱博：《预判突然袭击——战略预警分析》，胡炜等译，北京·军事谊文出版社，2009 年版，第 56 页。

② Charles E. Allen, Warning and Iraq's Invasion of Kuwait: A Retrospective Look, *Defense Intelligence Journal*, Vol. 7, No. 2, 1998, pp. 33 - 44.

③ Diane M. Ramsey and Mark S. Boerner, *A Study in Indications Methodology*, Langley, VA: CIA Center for the Study of Intelligence, May 8, 2007, https://www.cia.gov/library/center-for-the-study-of-intelligence/kent-csi/vol17no3/html/v07i3a08p_0001.htm.

军情、历史、文化、信仰等因素的差异,不同国家和地区、不同的民族和宗教之间在对待某些问题上,其所考虑的以及所采取的措施是不可能完全一致的,因此绝不能抱着刻舟求剑的态度,试图构建出一套具有"一劳永逸"功效的指标体系。比如,苏联、朝鲜、叙利亚、伊拉克,甚至印度等计划经济国家,在进行战争准备时首先都会将社会、经济、政治领域内的资源从民用生活转向军队①,因此这种资源调配特性可以作为计划经济国家进行战争准备的指标。然而对于自由经济国家,将该特性作为其进行战争准备的指标无疑是不适宜的。又如,美国情报界曾在1948年前后制作敌情指标表,记录敌方,尤其是苏联发动进攻前所采取的或可能采取的行动。早期的这类表将共产主义阵营作为整体对象进行研究,尤其是针对当时"牢不可破"的"中苏同盟"进行研究,而并没有花太多精力去区分行动的发起者是苏联,还是中国、朝鲜,或者是越南。20世纪50年代,美国情报界越来越认识到世界范围内不同地区的冲突及冲突准备过程是不尽相同的,情报分析人员逐渐制作了一些特殊的指标表以应对在东南亚、台湾海峡及柏林等地发生的危机。②

其次,根据形势变化及时修订原有指标体系。形势的结构性变化是不可避免的,所以,指标体系是动态的,并且需要时常进行修订。③ 如1968年苏联入侵捷克斯洛伐克后,美国情报界就曾根据获取有关苏联在这一行动中战争动员和后勤准备方面的情报,及时修订了针对苏联及华约组织的敌情指标表。④ 反之,如果不根据形势变

---

① Charles E. Allen, Warning and Iraq's Invasion of Kuwait: A Retrospective Look, *Defense Intelligence Journal*, Vol. 7, No. 2, 1998, pp. 33–44.

② 《预判突然袭击——战略预警分析》的译者将 indicator 译为"征兆",本书认为译为"指标"更妥。[美]辛西娅·克莱博:《预判突然袭击——战略预警分析》,胡炜等译,北京·军事谊文出版社,2009年版,第26—27页。

③ David Nyheim, Manuela Leonhardt, Cynthia Gaigals, *Development in Conflict: A Seven Step Tool for Planners*, Version 1, Fever & International Alert & Saferworld, 2001, p. 18.

④ [美]辛西娅·克莱博:《预判突然袭击——战略预警分析》,胡炜等译,北京·军事谊文出版社,2009年版,第28页。

化对指标进行修订，则极有可能在战略预测评估中犯下大错。如第一次世界大战爆发时，德军曾按照"施里芬计划""借道"比利时攻入法国，与法军进行了长达4年的堑壕战，给法国本土造成了极大损失。于是第二次世界大战爆发前，法国死抱第一次世界大战的"线式"战术经验不放，认为德军仍将沿着上次战争的老路发起进攻，因此紧盯比、德边境一带德军的动向，并将其作为德军主攻方向的主要指标。然而出乎法军意料的是，坦克和飞机的兴起已经彻底改变了战争的作战模式，机械化部队和空战作战力量联合下的大规模纵深突击已经使堑壕战退出了历史舞台，而德军正是利用这种全新作战模式的先行者。希特勒在著名统帅曼施坦因（Erich von Manstein）的建议下制订了新的"点式"突破作战计划，以强大的装甲部队从具有战略决定性的突破口阿登森林突入，打了法军一个措手不及。最终，过时的指标使法军误判了德军的主攻方向，精心构筑的马奇诺防线也在德军的闪击下瞬间成为摆设。法国在抵抗了42天之后便向德国投降。

四、可操作原则

指标体系是根据假设推演和分解而来的具体、实在的待检验命题，因此它不是抽象的，是能够使用可操作的语言加以描述的；同时，指标所指代的内容在理论上也是可以获取的。

首先，指标本身要使用操作化的语言定义，有实际意义，而不是笼统、主观的描述。指标可以分为可量化的定量指标和不易量化的定性指标。指标是质与量的统一，不进行具体、准确的量的操作，就难以进行质的判断，因此应尽量采用定量指标来衡量所指代事物。对于那些对假设检验十分重要且不可或缺，但却不易量化的事物，则只能用定性指标来衡量。比如，就一国的军事实力来说，其军队人数、装备性能、编制体制等方面可以用定量指标来衡量；而在军事思想、作战理论等方面则只能用尽量精确的定性指标来衡量。

其次，指标所衡量的内容应最大限度保证能够运用现有的侦察手段获得。如敌军的远程投送情况可以使用卫星照相获得；当面敌军的调动情况可以使用短波侦测获得；敌国内部人民对政府的满意度可以使用公开来源情报获得；还有一些敌国的异常活动迹象则通过人力就能直接进行观察。如冷战时期，苏联驻美国华盛顿特区的官员一旦发现深夜有大量比萨饼送货车开往中央情报局、国防部、国务院和白宫的时候，就会相信这是某处正在酝酿危机的迹象。看到这一情况后，这些官员就会匆匆赶回苏联大使馆，提醒莫斯科说世界某个地方肯定出了事。[1] 在此案例中，比萨饼送货车的动向不仅十分重要，而且能够直接为苏联官员所观察，因此也就成为了苏联官员判断危机的一大指标。

第三节　构建指标体系的逻辑推理依据与思路

一、构建指标体系的逻辑推理依据

通过观察而建立的假设，一般被认为是"自下而上"（bottom-up）的逻辑推理；从假设出发构建指标体系，进而发现新的潜在证据，则被认为是"自上而下"（top-down）的逻辑推理。[2] 后者的过程可以被描述为：把一个最高层级的抽象问题分解成较低级的构成功能（constituent function），直到得出必须予以执行的最基础的任务或必须予以解决的最基础的子问题，[3] 即把假设分解至最基础的待检

---

[1] [美] 马克·洛文塔尔：《情报：从秘密到政策》，杜效坤等译，北京：金城出版社，2015年版，第145页。

[2] See: Terence Anderson, David Schum, William Twining, *Analysis of Evidence*, Second Edition, Cambridge, MA: Cambridge University Press, 2005, p.4.

[3] 美国兰德公司的格伦·凯特（Glenn Kent）称之为"从战略到任务"的方法，并对美国国防部提出的问题进行了破解。Glenn Kent and William Simon, *New Challenges for Defense Planning: Rethinking How Much Is Enough*, Santa Monica: Rand Corp., 1994. 转引自 [美] 罗伯特·克拉克：《情报分析：以目标为中心的方法》，马忠元译，北京：金城出版社，2013年版，第40—41页。

验命题。而其中的推理方式，究其实质就是回溯推理。

"凡是异乎寻常的事物，一般都不是什么障碍，反而是一种线索。在解决这类问题时，最主要的事情就是用推理的方法，一层一层回溯推理。……大多数人都是这样的：如果你把一系列的事实对他们说明以后，他们就能把可能的结果告诉你，他们能够把这一系列的事实在他们的脑子里联系起来，通过思考，就能得出个什么结果来。但是，有少数的人，如果你把结果告诉了他们，他们就能通过他们内在的意识，推断出所以产生出这种结果来的各个步骤是什么。这就是在我说到'回溯推理'或者'分析方法'时，我所指的那种能力。"①

这是福尔摩斯在《血字的研究》一章中对医生华生所说的一段话，其生动地揭示了回溯推理的真谛：由结果去推断产生这一结果的原因或条件。这就像智力游戏一样，首先做出一个假设，即在未来确实发生了某些出乎意料之外的事情。然后，将自己置身于未来，回顾过去，以解释为什么会发生此事。② 也就是根据结果，结合因果联系或条件联系的一般性知识，较为灵活地运用充分条件假言推理的"肯定后件式"，推测其形成的原因或条件的一种或然性演绎推理。回溯推理的客观依据是事物、现象间的因果或条件联系。一个现象即结果的出现，必然存在着一定的原因或条件。其可以是"一因（条件）一果"，但大多数情况却是"多因（条件）一果"。

回溯推理可以让人们获得一个全新的视角，使人们的眼光不再囿于现在。③ 美国实用主义哲学先驱人物查尔斯·皮尔斯（Charles

---

① ［英］阿瑟·柯南·道尔：《福尔摩斯探案集萃》，陈羽纶、丁钟华译，北京·群众出版社，2014年版，第46页。

② Richards Heuer, Jr., *Psychology of Intelligence Analysis*, Langley, VA: CIA Center for the Study of Intelligence, 1999, p. 71.

③ Ibid.

Peirce）认为，与演绎和归纳推理比较，回溯推理在"创造新思想"上具有独特的优势：

> 回溯推理就像闪电一样击中我们。这是一种顿悟行为，尽管它是极易出错的顿悟。的确，构成假设的不同元素其实早就存在于我们的脑海中；但回溯推理带给我们的却是之前从未拥过有的组合而成的思想，是当我们渴望整合而在冥思苦想时闪入头脑的新建议。①

在修正性"知识的拱门"中，假设通过回溯推理构建指标体系的过程可以表达为：

如果 H 为真，那么 E_2、E_3 和 E_4 中的一个或多个事实应该存在；

假定 H 为真，那么，有理由相信 E_2、E_3 和 E_4 中的一个或多个事实存在。②

该逻辑推理过程能够以图解方式进一步加以形象化阐明，具体如图 3—3 所示：

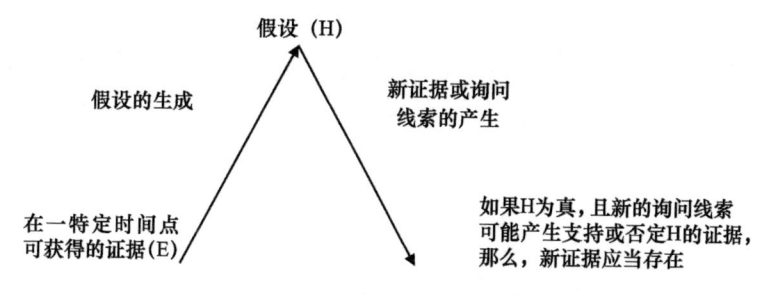

图 3—3 回溯推理过程图解③

---

① Terence Anderson, David Schum, William Twining, *Analysis of Evidence*, Second Edition, Cambridge, MA: Cambridge University Press, 2005, p. 57.

② See: Terence Anderson, David Schum, William Twining, *Analysis of Evidence*, Second Edition, Cambridge, MA: Cambridge University Press, 2005, p. 57.

③ Ibid., p. 57.

构建以假设为核心的战略预测评估方法

在战略预测评估中，构建指标体系正是遵循了这样的逻辑推理依据。以"指标和预警"（indicators and warning，I & W）为例，其目的是告知政府和军方决策者，为应对敌方、潜在敌方或敌对组织造成的威胁或即将到来的威胁提前做好应对。据该"指标和预警"小组收到的最新情报显示："一个或多个恐怖组织正在计划从事大规模恐怖行动，准备投放一种含铯137的放射性炸弹"，且该情报可信度较高。根据其他情报来源显现，X组织的一位领导人曾炫耀说，他的组织将对美国某一座城市发动一次可怕的奇袭。据该小组平时掌握的情况来看，大量铯137滤毒罐及其他放射性废料的储藏装置都处在不太安全或不安全的状态。苏联曾在格鲁吉亚各地遗留了"数量可观"的粉末状铯137储存装置，没人知道其中多少已经被盗取或被贩卖。此时上级给该小组下达的任务是：预测评估一个被称为X的著名恐怖组织的实力和企图。

根据该任务，"指标和预警"小组建立了一系列假设，其中一个重要假设H是：X组织现在拥有装配粉末状铯137放射性炸弹的能力。可以确信的是，要想获得关于假设H的任何直接证据都是不太可能的，因为X组织始终高度重视其活动的安全性，并采取了非常严格的保密措施，而且据说它还用最为野蛮残忍的手段来惩罚任何被怀疑有泄露其活动信息迹象的成员。基于此，对于"指标和预警"小组最现实、也最可行的方法就是围绕H建立指标体系，通过证据证明指标体系，进而完成对假设的检验。

按照回溯推理的逻辑路径，如果假设H为真，可以推出一个一级核心指标I_1：X组织肯定已经获得或将要获得一定数量的粉末状铯137。众所周知，这种材料似乎在全东欧包括格鲁吉亚和波兰都可以找到。但是，该小组却没有关于X组织事实上已获得粉末状铯137的直接证据，所以必须将I_1通过回溯推理继续分解，形成二级指标I_{1-1}：X组织的一些成员已经或将要与拥有粉末状铯137的潜在东欧供货商取得联系。该二级指标还可以进一步回溯推理出三级指标I_{1-1-1}：已经或将要与拥有粉末状铯137的潜在东欧供货商取得联

· 144 ·

系的 X 组织成员，至少拥有了某些关于粉末状铯 137 放射性物质的相关知识（如图 3—4 所示）。[1]

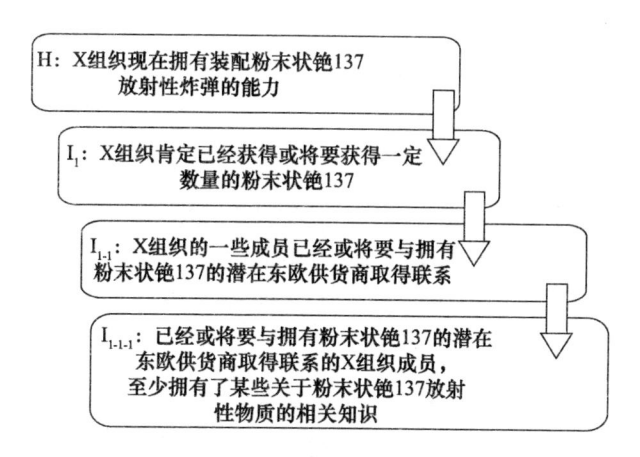

图 3—4　X 组织拥有装配放射性炸弹能力的指标体系构建推理链条[2]

按照此回溯推理的逻辑路径，最终引导"指标和预警"小组构建了一个"自上而下"的指标链条：如果 H 为真，则表明 I_1 是真的，是必须存在的；如果 I_1 是真的，则表明 I_{1-1} 是真的，是必须存在的；如果 I_{1-1} 是真的，则表明 I_{1-1-1} 是真的，是必须存在的。现实中战略预测评估指标体系的构建也正是以这样的逻辑推理过程为依据的。

二、指标体系的构建思路

（一）"冲突之火"模型的启发

对于假设检验环节指标体系的构建思路，加拿大著名国家安全问题学者沃特·多恩（Walter Dorn）的"冲突之火"模型（fire of

---

[1] See: Terence Anderson, David Schum, William Twining, *Analysis of Evidence*, Second Edition, Cambridge, MA: Cambridge University Press, 2005, pp. 5-6.

[2] See: Terence Anderson, David Schum, William Twining, *Analysis of Evidence*, Second Edition, Cambridge, MA: Cambridge University Press, 2005, p. 6.

conflict model）给了本书很大的启发。他认为，很多问题的发生与火灾的发生类似，而要对这些问题进行预测，则可以参照火灾发生的过程进行分析。

首先，发现原木。原木被称作冲突的"背景条件"或"结构性或根本原因"。就国内冲突而言，原木通常是复杂的社会经济背景和不同族群间（尤其是种族和宗教派别）的巨大失衡，这已经取代意识形态成为最主要的冲突原因。就国家间的冲突而言，原木可能是领土、资源、经济上的争端，军备竞赛或少数民族待遇问题等。

其次，引火物是帮助原木燃烧的点火木材。引火物被比作冲突的"升级因素"或"直接原因"，是引发冲突双方仇恨升级的近期行为。在国内冲突中，引火物可能是政府对反对派采取的镇压行动，侵害、威胁人权事件的增加，强制性的种族隔离等；还可能是经济突然下滑，失业、贫困和犯罪的上升。在国际冲突中，引火物可能是军队集结、武力炫耀、边界射击和入侵，或是语言攻击和敌对性经济措施。

最后，点火的火柴是促使一方或多方诉诸武力的意外事件。火柴有时被称作触发事件或导火索。火柴可能是领导人的遇刺或下台；选举舞弊；新的不公法律的实施；针对平民的军事或准军事攻击；甚至是现状被略微打破；等等。有时仅具象征意义的"演员"也能引发冲突。比方说2000年秋天发生的巴以冲突中，以色列前国防部长沙龙突然造访耶路撒冷的伊斯兰教圣地——圆顶清真寺，就被巴勒斯坦人认为是暴力升级的一个触发事件。[①]

其实不止国内和国际冲突，本书的战略预测评估问题也可以按

---

① A. Walter Dorn, Early Warning of Armed Conflict: An Introduction, 2002, http://waiter-dorn.net/pub/25.

照多恩的思路进行过程解剖,将指标体系相应分为结构性指标和升级性指标。需要做出说明的是,诸如暗杀等意外事件被称为"上帝的行动",其往往是在极其秘密的情况下进行的,且经常由单个人执行,故要预测这类事件的发生要比预测龙卷风、雪崩或劫机行动更为困难。[1] 虽然本书没有把意外事件纳入指标体系之中,但却应将其作为突发性激变因素纳入考虑和监控的范畴。

(二) 指标体系分级:结构性指标与升级性指标

1. 结构性指标及实例

作为"原木"的结构性指标是所建立假设得以实现的结构性或根本原因。有很多情报分析人员认为,要准确进行战略预测评估最好的办法就是去看动态报告型情报,但事实上,这是一种误解。因为一方面,过于重视动态报告型情报可能会分散情报分析人员对战略性和长期性行动的关注程度。比如在战争行动中,敌方为发动战争所进行的长期政治、军事等准备活动可能会被战争爆发前短暂的平静所掩盖。这可能会造成一种误导,认为敌方已经改变主意,取消了行动计划,形势缓和了。[2] 另一方面,动态报告型情报一般会省去大量已有或潜在的征兆,因为征兆一般要素不全,有时会与其他情报相矛盾或者时效性不强等。在古巴导弹危机中,从1962年10月15日发现苏联导弹出现在古巴,到10月22日美国总统肯尼迪(John Kennedy)发现此情况的一个星期时间里,整个美国情报界根本没有任何动态报告型情报刊物反映此情况,原因显而易见。[3] 而战略预测评估并非仅仅依靠对当前的动向情况进行细致分析就能生产出高质量的情报产品,它还需要对几周、几个月甚至数年前的根源性信息进行认真研究。这正如美国著名预警专家辛西娅·克莱博所指出的:

---

[1] 参考 [美] 辛西娅·克莱博:《预判突然袭击——战略预警分析》,胡炜等译,北京·军事谊文出版社,2009年版,第97—98页。

[2] 同上,第178—179页。

[3] 同上,第8页。

构建以假设为核心的战略预测评估方法

绝大多数危机的爆发都有很深的根源，直到爆发后我们才发现其根源比我们想象的还要深。很多危机发生的征兆在几个月前就出现了，如果情报分析人员能把这些信息保存下来，并与当前情况进行对比印证，就会发现有些可疑的、不可靠的，甚至荒唐的情报信息竟会与当前情况有很大关联，具有重要价值，这有助于说明冲突发生之前的准备行动比分析人员想象的更为广泛和重要。①

故结构性指标虽然不能帮助情报分析人员直接判定其所关注的事件是否将要发生，但却能反映事件的背景和根源，引导其对当前和随后符合升级性指标的证据进行更合理的解读和分析。

总的来说，结构性指标的内容可以从个人、社会、国家和国际体系4个层面进行划分（如表3—1所示）。

表3—1 结构性指标的层次划分②

指标层次	所含内容
个　人	决策者、外交官、军方将领等在一国内部较有影响力的个人，包括他们的教育背景、政治经历、世界观、身体状况、政治地位、领导能力以及对国际形势的认识等
社　会	国内组织机构、利益集团、政治形势、社会思潮、决策过程等
国　家	国家利益、综合国力、安全战略、战略文化等
国际体系	国际格局、国际制度、体系文化、国际主要矛盾、国际规范、国际思潮等

---

① 参考[美]辛西娅·克莱博：《预判突然袭击——战略预警分析》，胡炜等译，北京·军事谊文出版社，2009年版，第6—7页。

② See: Kenneth Waltz, *Man, The State and War*, New York: Columbia University Press, 1959, chapters 6 & 7; James Rosenau, *The Scientific Study of Foreign Policy*, London: Frances Printer, 1980, pp. 115-169. 参考阎学通、孙学峰：《国际关系实用方法》，北京·人民出版社，2007年第二版，第93页。

当然，面对不同的战略预测评估问题，情报分析人员还需要根据具体情况确定结构性指标的内容。例如，加拿大渥太华的诺曼·帕特森国际事务学院（The Norman Paterson School of International Affairs）在《外交政策国家指标：风险评估模板》这一项目中，就曾利用结构性指标对一国的危机等级进行判断。该项目指出，要对一国进行风险评估，可以将其结构性指标分为9大类若干小项，其中既包括国际上的对外交往，也包括国内的军事、政治、文化、人口、环境等多方面内容（如表3—2所示）。

表3—2 《外交政策国家指标：风险评估模板》项目中的结构性指标[1]

指标领域	涉及到的相关问题	指标名称
武装冲突	● 冲突性的政治文化，各方有使用暴力发泄不满情绪的强烈倾向 ● 政府没有能力通过法律途径解决冲突，有使用武力解决政治争端的倾向 ● 难以为民众提供基本的安全保障，民众普遍对政府机构及其合法性丧失信心 ● 因暴力冲突产生的难民成为国家和地区的不稳定因素，随时可能引发大的问题	● 武装冲突的历史，包括每年因冲突死亡的人数 ● 产生难民的数量 ● 难民聚集的数量
治理与政治非稳定性	● 缺乏有代表性和负责任的政治制度，这原本可以成为疏导怨恨以降低暴力冲突危险系数的渠道 ● 过渡政权发生突发性或暴力性变化的危险系数更高，新的或不稳定的民主政府亦是如此	● 民主的水平 ● 政权的维持时间（自政权更迭以来）

[1] Susan Ampleford etc., *Country Indicators for Foreign Policy: Risk Assessment Template*, Ottawa of Canada: The Norman Paterson School of International Affairs, Aug. 2001. http://www4.carleton.ca/cifp/app/serve.php/1099.pdf.

续表

指标领域	涉及到的相关问题	指标名称
治理与政治非稳定性	• 剥夺诸如表达意愿、游行、集会等公民权利和自由，或者是制定苛刻的媒体审查制度，增加了民众通过暴力表达不同意见的可能性 • 政治精英的局部腐败导致民众普遍对政府制度丧失信心	• 公民权利和政治权利的限制 • 媒体自由的限制 • 腐败的程度
军事化	• 过多的军费开支导致政府机构的军事化程度和军人干政的潜在可能性上升 • 过多的军费开支导致对社会事务投入的减少，意味着政府的优先事项是军事而非寻求解决潜在危机的方法，这反过来又会影响政府的合法性 • 军费开支上的波动会在军队内部制造紧张或怨愤情绪 • 军费开支和武器进出口的变化会破坏地区权力均衡	• 军费开支 • 军费开支占GDP的比率 • 军费开支在地区的排名 • 军队人数 • 每万人中参军人数比率
人口异质性	• 在民族或宗教异质人群中发生紧张和分裂情况的可能性更大 • 多个矛盾尖锐的族群使治理事务更复杂 • 历史上族群自治权的丧失会促发民族—政治性抗议和分离运动 • 不同族群间的政治或经济不平衡会提升爆发冲突的可能性 • 对特殊族群文化习俗的压制限制了其通过非暴力途径表达不满的渠道 • 族群的认同感越强，其反叛的风险越高 • 外部支持可以成为民族—政治性反叛的一个重要的决定性因素	• 民族多样性 • 宗教多样性 • 民族反叛的风险： 1. 失去自治权 2. 经济歧视 3. 政治歧视 4. 文化歧视 5. 民族认同程度 6. 好战组织的动员 7. 来自相同族群的支持

第三章 假设检验环节指标体系的构建

续表

指标领域	涉及到的相关问题	指标名称
人口压力	• 高人口密度和人口增长率增加了因物质和社会资源争夺而引发冲突的可能性 • 经济条件促使民众向城市中心移民，加大了市政服务负担并导致城市生活条件的恶化 • 年轻失业人群成为政治不稳定因素并易引发暴力冲突，从而降低了民众对政治制度和权威模式的信任	• 总人口 • 人口增长率 • 人口密度 • 城市人口（占总人口比率） • 城市人口增长率 • 年轻人比率
经济表现	• 经济下行（包括收入降低、通货膨胀、汇率降低、外国投资减少）导致物质生活水平下降，增加了民众对政府的不满，或倾向于把少数特权阶级当作"替罪羊" • 高债务负担对社会投资产生消极影响，滋生了民众的普遍不安，并酝酿了其他冲突发生的前提条件 • 国际贸易的低参与度往往伴随着政权失败的高风险，其引发的严重腐败反过来又影响了国际贸易和外国投资的力度	• GDP • GDP 增长率 • 通货膨胀率 • 汇率 • 债务负担 • 对外贸易依存度（占 GDP 比率） • 不平衡指数（基尼系数）
人文发展	• 低生活标准通常伴随着暴力冲突和政权倒台的高风险，贫困是内战的基本原因 • 诸如卫生服务、教育、安全用水、卫生设施等公共服务的匮乏或倒退，表明政府分配和指派关键服务资源的能力薄弱，民众对政府信心的下降，导致政治不稳定和社会骚乱 • 有关教育机会或其他社会进步机会方面的预期落空，增加了民众的不满情绪，国内冲突的可能性和严重性上升	• 更优质水源的获取 • 卫生设施的获取 • 预期寿命 • 婴儿死亡率 • 母体死亡率 • 艾滋病比率 • 小学入学率 • 中学入学率 • 童工人数

续表

指标领域	涉及到的相关问题	指标名称
环境压力	• 可再生资源的损耗影响经济总量和增速，产生贫困和人口迁徙，预示着社会或政治不稳定 • 自然资源的匮乏导致资源需求的上升和/或分配的不公，从而增加冲突 • 环境因素与人口增长、密度等人口变化问题紧密相关，匮乏危机使不同族群或地区间的现存差距进一步拉大	• 森林采伐率 • 每平方公里耕地的居民数 • 清洁水的获取
国际交往	• 与地区组织和邻国有较少的外交、政治、商业、贸易或文化联系的国家，将很难从诸如发展援助、调停或和平进程支援等与外界的建设性交往中获利 • 参与国际制度和组织，通过制订和平解决争端的普遍性规则和程序以降低安全风险 • 频繁或严重的国家间政治或领土纠纷会损坏地区安全 • 邻国武装冲突的爆发会对国家安全产生恶劣影响，包括越境难民、叛军活动、地区战争经济（regional war economies） • 地区的非民主或过渡性政权的产生会通过提升地区不稳定性来影响国家安全	• 参与的地区和国家组织，包括： 1. 经济组织 2. 军事/安全组织 3. 联合国组织 4. 多功能组织 5. 综合组织 • 国家间争端，包括： 1. 资源和领土争端 2. 政治和文化争端 • 地区性武装冲突的爆发 • 地区内主要政权的类型

2. 升级性指标及实例

作为"引火物"和"点火的火柴"的升级性指标是近期促发所建立假设成为现实的直接原因和导火索。上面论述的结构性指标虽然可以指出战略预测评估问题发生的根源，但要对战略预测评估客

第三章 假设检验环节指标体系的构建

体的下一步走向或是危机、战争等影响国家利益的重大事件进行更加精准的预测，则需借助于升级性指标。

升级性指标关注的是相关领域持续变化和发展的最新动向，这些动向最大的特点就是时效性强，尤其是危机临近时，会发生许多反常的动向情况。[1] 虽然这些动向情况显得"杂乱无章"，但纵观历史可以得知，任何一项活动都是有规律可寻的。这是因为，人类的活动，特别是由多数人组成的集体活动，都是遵循一定模式的。这种模式一旦形成，就会表现出较强的"惯性"，非经社会组织的变迁，是不会轻易改变的。[2] 例如，尽管军事技术的变革等会引起战略突袭方式的改变，但是无论如何，当军事单位一有行动，就必然遵循一种有系统的模式，这一点是毫无疑问的。简言之，军事活动包括一系列的习惯性或准则性的确定行动，这些行动联合起来，就形成各种活动模式。这种活动模式虽因不同的军队、不同的行为体而不尽相同，但对某一特定的军队、某一特定的行为体而言则相对固定不变。它实际上是某一国家/行为体经过几个世纪或更长时间不断尝试的结果。[3]

一份解密的美国情报界文件《战争指标监视》（The Monitoring of War Indicators）揭示了美国情报界为确定苏联集团的攻击模式进而选取升级性指标的"准则事项"：

可以通过经验创造一套"普遍法则"（common law），用于对预警的相关信息进行选择、评估和分析。

为了选取正确的指标，必须回答以下关键问题：

(1) 苏联及其盟友在早期主要敌对行动的准备活动中，必须采取哪些基本措施？

---

[1] ［美］辛西娅·克莱博：《预判突然袭击——战略预警分析》，胡炜等译，北京·军事谊文出版社，2009年版，第7页。

[2] 张长军：《战略突袭预警研究》，北京·军事科学出版社，2010年版，第169—170页。

[3] 汤炎光：《情报学》，台北·黎明文化出版社，1979年版，第87页。

(2) 在这些措施中，哪些代表苏联及其盟友肯定要开展或将极有可能要开展敌对行动？

(3) 在已搜集到的或将要搜集到的信息中，哪些可以作为其正在准备采取或业已采取措施的证据？

(4) 在危机期间，如何区分防御性措施和蓄意敌对行动的准备措施？

(5) 哪些证据表明苏联可能采取敌对行动的决策制定程序已经启动？[1]

另一份解密的美国情报界文件《征候方法论研究》(A Study in Indications Methodology) 则揭示了美国情报界国家征候中心曾针对苏联集团可能的敌对行动所建立的7个假设，分别是 H_1：有预谋的突然袭击（premeditated surprise attack）；H_2：先发制人的打击（preemptive attack）；H_3：从有限战争升级到全面战争（escalation-limited war to general war）；H_4：有限战争（limited war）；H_5：游击战（guerrilla warfare）；H_6：没有军事意图的军事危机（diplomatic crisis with no military intent）；H_7：对国内冲突进行军事镇压（military suppression of internal conflicts），然后围绕这7个假设确定了国家征候中心的基本分析结构（basic inferential structure），构建了升级性指标体系。该体系涵盖了苏联集团一旦决定发动战争将涉及的123个指标。美国国家征候中心将这123个指标分为三大类，并从中挑选出了28个特别重要的指标，用以判断苏联集团是否要发动进攻，以及计划于何时、如何发动进攻。在28个指标中，6个选自于"有关洲际攻击能力"的28个A类指标，13个选自于"有关总体军事能力"的62个B类指标，9个选自于"有关民事活动"的33个C类指标（其中代号后加*的指标为核心指标），具体如表3—3所示：

---

[1] Thomas J. Patton, *The Monitoring of War Indicators*, Langley, VA: CIA Historical Review Program, Release as Sanitized, 18 Sep., 1995, https://www.cia.gov/library/center-for-the-study-of-intelligence/kent-csi/vol3no1/html/v03i1a05p_0001.html.

第三章 假设检验环节指标体系的构建

表 3—3 美国国家征候中心判断苏联集团发动进攻的升级性指标[①]

指标领域	指标编号	指标名称
洲际攻击能力	A_{1c}	中程弹道导弹、洲际弹道导弹和相关设施在卫星国进行部署
	A_{1i}	地球轨道卫星运载工具数量急剧增加
	A_{2e}	战略空军部队的大规模异常调动
	A_{2i}^{*}	坦克和远程轰炸机向前沿基地大规模部署
	A_{3d}	在潜艇基地进行高强度维修作业
	A_{3g}^{*}	潜艇封锁范围增加
总体军事能力	B_{1f}	禁止或重点限制出境
	B_{2f}	向作战部队发放或交付特别控制的武器和设备
	B_{3c}^{*}	新密码或通讯系统大量出现
	B_{3f}	对关键的西方无线电通讯进行大规模干扰
	B_{4a}	在军级或更高级别部队内部进行大规模异常调动
	B_{4c}^{*}	加强军事安全管理，比如新的出行限制等
	B_{4g}	空降兵出现大规模异常活动
	B_{5d}	海军大型水面作战舰艇从黑海和波罗的海撤回
	B_{5i}	实施大量海军防护措施
	B_{6b}^{*}	战术空军部队大规模解除战备状态并进行维修作业
	B_{6e}	防空部队进入全面警戒
	B_{7b}	对关键目标进行规模更大的情报搜集活动
	B_{7d}	利用飞机、潜艇或水面舰艇进行频繁侦察
民事活动	C_{1a}	驻西方国家代表团的数量急剧减少
	C_{1e}^{*}	地区卫星国的领导人与莫斯科和北京进行磋商
	C_{2a}	官方声明和宣传的战争意味越来越浓

[①] Diane M. Ramsey and Mark S. Boerner, *A Study in Indications Methodology*, Langley, VA: CIA Center for the Study of Intelligence, May 8, 2007, https://www.cia.gov/library/center-for-the-study-of-intelligence/kent-csi/vol17no3/html/v07i3a08p_0001.htm.

续表

指标领域	指标编号	指标名称
民事活动	C_{2f}^{*}	宣传语调突然转向温和，尤其是在危机时期
	C_{3d}	实施异常严格的审查措施
	C_{4b}	大规模建设或增加掩体
	C_{4g}	对政府、军事和技术人员进行疏散
	C_{5b}	工业产品从民用向军用转变
	C_{6c}^{*}	暂停科学家原定计划（中苏集团除外）的访问，或将已经成行者召回

国家征候中心指出，对于上述指标的内容，还应该多提一些疑问，如"出现这一情况有多么罕见？""这一情况在和平时期多久出现一次？在危机情况下，多久出现一次并且没有引发冲突？""除了备战以外，发生这一情况的可能性是多大？"[1] 如果能够回答这些疑问，对于指标的准确选择必然大有裨益。当然，在构建指标体系的过程中，我们不应止步于回答类似国家征候中心提出的疑问，还应通过一系列量化的手段对指标进行测量，对其权重数值进行计算，以最大限度提升假设检验的精确度。

第四节 指标的测量

指标的有效性直接与测量的质量息息相关。就本书而言，测量是指依据一定的规则将数字或符号赋予具体的指标之上，使其特有的属性数量化或类型化。[2]

---

[1] [美]辛西娅·克莱博：《预判突然袭击——战略预警分析》，胡炜等译，北京：军事谊文出版社，2009年版，第101—102页。

[2] 参见仇立平：《社会研究方法》，重庆大学出版社，2008年版，第146页；袁方主编：《社会研究方法教程》，北京：北京大学出版社，2013年版，第124页；风笑天：《社会学研究方法》，北京：中国人民大学出版社，2009年第三版，第88页。

一、测量法则

确定要测量的指标后，就需要制定科学的测量法则。[①] 制定测量法则的难易程度取决于所测量指标的特点。有些指标，如军队规模、军费开支、经济增长等，就比较容易制定测量法则；而有些指标，如军队士气、文化吸引力、军事思想等，则不太容易制定测量法则。但总的来说，无论难易程度如何，有效的测量法则都必须满足三个基本条件：准确性、完备性和互斥性。

（一）准确性

准确性是指所分派的数字或符号能真实、可靠、有效地反映指标在属性和特征上的差异。[②] 例如，"环球军力"（Global Firepower, GFP）的 2015 年世界军事实力前 6 名国家的排名分别为：第一名美国（军力指数为 0.1661）、第二名俄罗斯（军力指数为 0.1865）、第三名中国（军力指数为 0.2315）、第四名印度（军力指数为 0.2695）、第五名英国（军力指数为 0.2743）、第六名法国（军力指数为 0.3065）。[③] 这些指数得分及排行是否能真实反映各国军力的强弱及差异，就取决于军力评分标准的准确程度。用数学的概念表述，如果真实状态与符号系统在结构上具有一致的关系，那么两者就具有同构性。同构性越高，测量的结果就越准确、越有效。

---

① 测量法则是指用数字和符合表达指标各种属性和特征的操作规则，也可以说是某种具体的操作程序和区分不同特征或属性的标准。参见风笑天：《社会学研究方法》，北京·中国人民大学出版社，2009 年第三版，第 89 页。

② 袁方主编：《社会研究方法教程》，北京大学出版社，2013 年版，第 124 页。

③ 军力指数值越接近 0，代表该国的军事实力越趋于强大。军力指数值的计算因素包括人力、陆军实力、空军实力、海军实力、资源、后勤、金融、地缘等。Staff Writer, *Countries Ranked by Military Strength* (2015), Last Updated: 4/1/2015, http://www.globalfirepower.com/countries-listing.asp.

（二）完备性

完备性是指分派规则必须能包括指标的各种状态或差异。[1] 如20世纪50年代，我国曾把世界上的国家分为4类，即社会主义国家、民族主义国家、资本主义国家和帝国主义国家。这种分类方法很难将梵蒂冈这种宗教国家和一些当时处于封建制度的国家列入其中任何一类。由于这样的国家很少，可以分出一个"其他"的类别，这样就可以把世界上所有国家都包括进去了。[2]

（三）互斥性

互斥性是指每一个指标的属性和特征都能以一个而且只能以一个数字或符号表示，也就是说，指标的取值必须是互不相容的。[3] 例如在观测不同的军舰时，如果按照水面舰艇、航空母舰、巡洋舰、驱逐舰、潜艇……的分类标准，给每艘军舰加上一个"标签"，那么这一测量法则就不具备互斥性，因为航空母舰、巡洋舰、驱逐舰均属于水面舰艇，这样的分类无法具体说明一艘军舰的舰种。

二、测量层次

由于战略预测评估中涉及的指标具有不同的性质和特征，因而对它们的测量也就具有不同的层次和标准。美国学者斯蒂文森（S. S. Stevens）于1951年创立了被广泛采用的测量层次分类法，即定类测量（nominal measurement）、定序测量（ordinal measurement）、定距测量（interval measurement）和定比测量（ratio measurement）。对指标的测量也可分为这4个层次。

（一）定类测量

定类测量也称为类别测量或定名测量，是测量层次中最低的一

---

[1] 袁方主编：《社会研究方法教程》，北京大学出版社，2013年版，第124页。
[2] 阎学通、孙学峰：《国际关系实用方法》，北京·人民出版社，2007年第二版，第93页。
[3] 袁方主编：《社会研究方法教程》，北京大学出版社，2013年版，第124页。

种。定类测量在本质上是一种分类体系,即将指标的不同属性或特征加以区分,标以不同的名称或符号,确定其类别。定类测量的数学特征主要是等于与不等于(或者属于与不属于)。[1] 如将航空母舰按不同类型进行测量:按动力可以分为常规动力航空母舰、核动力航空母舰;按用途可以分为攻击航空母舰、反潜航空母舰、护航航空母舰、多用途航空母舰;按吨位可以分为大型航空母舰、中型航空母舰、轻型航空母舰;按舰载机起飞方式可分为滑跃甲板航空母舰、弹射甲板航空母舰。

对于任何一门学科来说,分类都是基础。其他几种层次的测量,也都把分类作为其最低限度的操作。或者说,其他的几种测量层次中,都无一例外地包含着定类测量的分类功能。[2]

(二)定序测量

定序测量也被称为等级测量或顺序测量。定序测量的取值可以按照某种逻辑顺序将指标排列出高低或大小,确定其等级及次序。或者说,定序测量可以按某种特征或标准将指标区分为强度、程度或等级不同的序列。定序测量的数学特征是大于或小于,比定类测量的数学特征高一个层次。[3]

在定序测量中,要注意合理设置标度,即指标程度或强度层次的合理性。最为简单且普遍使用的标度是李克特标度,主要是用顺序量度来测量人们的观察结果或政策立场。例如,各国政府在联合国就某一国际事务提案做的发言,可以用"坚决支持""支持""反对""坚决反对"这样几个顺序标度来测量。依据这个形式,情报分析人员可以根据需要衍生出多种顺序标度来。如国家利益的标度可以定为"极其重要""很重要""重要""次重要";国际环境的标度可以定为"十分有利""有利""不利""十分不利";双边关

---

[1] 风笑天:《社会学研究方法》,北京·中国人民大学出版社,2009年第三版,第90页。
[2] 同上,第91页。
[3] 同上。

系的标度可以定为"对抗""紧张""不合""普通""良好""友好"。① 一般认为，李克特标度的范畴在 2—8 个之间较为合理，达到 7 个时其可靠性就开始下降，达到 11 个时再增加范畴就基本没有作用了，同时一般还认为标度的范畴不应少于 4 个。②

（三）定距测量

定距测量也称为等距测量或区间测量。它不仅能够将指标区分为不同的类别、不同的等级，而且可以确定它们相互之间不同等级的间隔距离和数量差别。③ 对综合国力指数或者"环球军力"指数的测量就属于定距测量。在定距测量中，不仅可以说明哪一类的等级较高，而且还能说明这一等级比另一等级高出多少单位。也就是说，定距测量的结果相互之间可以进行加减运算。

比如诺曼·帕特森国际事务学院的《外交政策国家指标：风险评估模板》项目就是通过一个总体国家威胁指标来评估国家的潜在威胁。④ 不同等级的刻度对应不同的颜色，其中低度关注/危机用绿色表示，中度关注/危机用黄色表示，高（极）度关注/危机用红色表示。威胁指标的刻度越高，国家面临的危险程度就越高。威胁指标的评估由三方面构成：全球层次刻度、趋势刻度和波动刻度（如表 3—4 所示）。

首先，全球层次刻度，即一国与其他国家相关的表现。由于"潜在危机"是一个相对概念，只有把一国的情况和危机与国际系统的其他国家进行比较才有意义。相应的，在与国际体系样本国家进行对照比较的基础上，每个主要指标都可以按照 9 分刻度表进行量

---

① 阎学通、孙学峰：《国际关系实用方法》，北京·人民出版社，2007 年第二版，第 95 页。
② 唐盛明：《实用社会科学研究方法》，上海·立信会计出版社，1998 年版，第 137 页。
③ 风笑天：《社会学研究方法》，北京·中国人民大学出版社，2009 年第三版，第 92 页。
④ Susan Ampleford etc. , *Country Indicators for Foreign Policy*: *Risk Assessment Template*, Ottawa of Canada: The Norman Paterson School of International Affairs, Aug. 2001, http://www4.carleton.ca/cifp/app/serve.php/1099.pdf.

表 3—4　主要指标危机刻度量化①

全球层次刻度 （基础刻度）	趋势刻度 （修正）	波动刻度 （修正）	威胁指标刻度 （总值）
高度关注　9 　　　　　8 　　　　　7	恶化　+1 无变化　0 改进　-1	高度　+2 中度　+1 稳定　0	极度危机　12 　　　　　11 　　　　　10
中度关注　6 　　　　　5 　　　　　4			高度危机　9 　　　　　8 　　　　　7
低度关注　3 　　　　　2 　　　　　1			中度危机　6 　　　　　5 　　　　　4
			低度危机　3 　　　　　2 　　　　　1 　　　　　0

化赋值。国际样本国家的情况划分为9档。高刻度（7—9档）表明一国的情况相对他国来说十分糟糕（比如高烈度的武装冲突、政府独裁、经济疲软、人权发展水平低下）或发生引发关注的事项（比如明显的青年人口膨胀、高程度的种族多样化）。低刻度（1—3档）表明一国的情况相对他国来说比较良好（比如没有或很少有武装冲突、政府民主、经济强劲、人权发展水平较高）或发生的事项较少引发关注（比如青年人口没有膨胀、低程度的种族多样化）。中刻度（4—6档）则表明一国的情况相对他国来说不相上下。

---

① Susan Ampleford etc., *Country Indicators for Foreign Policy: Risk Assessment Template*, Ottawa of Canada: The Norman Paterson School of International Affairs, Aug. 2001, http://www4.carleton.ca/cifp/app/serve.php/1099.pdf.

其次，趋势刻度，即变化的方向是改进、恶化还是不变。一国情况的变化方向，表明其将促发潜在冲突（比如出现限制公民权利和政治权利、经济形势恶化、人口或环境压力增大）或阻止潜在冲突（比如更加尊重公民权利和政治权利、经济形势向好、人口或环境压力下降）。根据理想线性最小平方回归线（ideal liner "least-squares" regression line）计算刻度趋势，其中趋势线的角度（积极、消极或无）代表了变化的方向。如果变化是消极的，就在基础刻度上加 1 分；如果变化是积极的，就在基础刻度上减 1 分；如果没有变化，则基础刻度不变。

最后，波动刻度，即一国表现的波动程度。波动的幅度是危机评估计算的一个关键组成部分，因为在某些特定指标上表现不稳定（诸如政权过渡、难民大规模流动、军费开支或外国投资波动）会具有深远的破坏性影响并会急剧增加潜在冲突的可能性。如果波动幅度高，就在基础刻度上加 2 分；如果波动幅度中等，就在基础刻度上加 1 分；如果波动幅度很低或没有波动，则基础刻度不变。

其间必须指出的是，定距测量的值虽然可以为 0，但这个 0 却不具备数学中我们所熟悉的"0"的含义。[①] 就表3—4来说，不能认为极度危机最高值"12"是中度危机最高值"6"的 2 倍，因为在定距标度上没有绝对的零点，所以定距标度中的数字可以相加或相减，但相乘或相除却没有任何意义。

（四）定比测量

定比测量也被称为等比测量或比例测量。定比测量除了具有上述三种测量的全部性质之外，还具有一个绝对的零点（有实际意义的零点）。所以，它测量得到的数据既能进行加减运算，又能进行乘除运算。[②] 比如对各国军费开支的测量就是定比测量。据"环球军力"统计，2015 年世界军费开支前 6 名的国家分别是第一名美国

[①] 袁方主编：《社会研究方法教程》，北京大学出版社，2013 年版，第 127 页。
[②] 风笑天：《社会学研究方法》，北京·中国人民大学出版社，2009 年第三版，第 92 页。

(5771亿美元)、第二名中国(1450亿美元)、第三名俄罗斯(604亿美元)、第四名沙特(567.25亿美元)、第五名英国(515亿美元)、第六名日本(416亿美元)。[1] 上述的测量结果都能进行加减乘除运算,因此可以说美国军费开支是中国军费开支的3.98倍。

总的来说,上述4种测量的层次由低到高,定类测量处于最低层,定比测量处于最高层。从数学性质上看,高层次测量具有低层次测量的一切特征,反之则不然。4种测量层次的比较具体如表3—5所示。

表3—5 测量层次的比较[2]

测量层次	特 征	数字性质	平均量度值
定类测量	相互排斥且可辨别的类别	$=$, $\neq$	众数
定序测量	等级顺序大于或小于	$>$, $<$	中位数
定距测量	标度上的单位具有相等意义	$+$, $-$	算术平均数
定比测量	有一个真正意义的零点	$+$, $-$, $\times$, $\div$	几何平均值

辨明不同测量层次的不同特点,具有十分重要的意义。在对指标进行测量时,应尽可能对其进行高层次测量。因为一方面,高层次测量结果很容易转化为低层次测量结果,反之则不可;另一方面,高层次测量包含的信息更多,可以更好地展现战略预测评估客体的活动态势,更容易展开对假设的有效检验,检验结果也更为准确、客观,且易于比较。

---

[1] Staff Writer, *Defense Budget by Country*, Last Updated: 2/17/2015, http://www.globalfirepower.com/defense-spending-budget.asp.

[2] 袁方主编:《社会研究方法教程》,北京大学出版社,2013年版,第127—128页。

第五节　指标权重的量化

在检验假设的指标体系中，各项指标的重要程度是不可能完全一致的，这就需要量化计算各项指标的权重。某一指标的权重数值越大，其地位、作用和重要性也就越高。权重数值与客观情况的相符程度，将会直接反映在假设检验的精确度上，最终影响到战略预测评估结果的准确性。因此，选择科学、合理、有效的指标权重量化方法，就有着非常重要的意义。

一、指标权重量化的传统方法

各国情报界曾试图用过多种方法对指标的权重进行量化计算。如美国情报界就在"首次对指标进行量化的尝试"中使用了专家打分法，即邀请5位熟悉某领域问题的专家，独立对每个指标的权重进行打分。指标的权重数值依照对假设的支持程度分为5个等级（如表3—6所示）。

表3—6　美国情报界"首次对指标进行量化的尝试"

权重等级	指标权重分值	指标对假设的支持度
1	+2	强烈支持假设的信度
2	+1	一般支持假设的信度
3	0	假设的信度没有关系
4	−1	一般减弱假设的信度
5	−2	强烈减弱假设的信度

需要说明的是，如果专家们的意见一致，固然很好。如果不一

致，专家们就需要逐一对各自的理由进行说明，以求最终达成一致。①

诺曼·帕特森国际事务学院的《外交政策国家指标：风险评估模板》项目则对每个指标进行两两配对组合，并基于每个指标建立的直接联系（不包括间接联系）的数量量化其权重，以反映每个领域对危机的影响份量（如图3—5所示）。

图中每个箭头代表一个"直接联系"，获得1个分值，由此可得出的指标权重数值如下：

武装冲突：8；治理与政治非稳定性：5；军事化：5；人口异质性：4；人口压力：5；经济表现：8；人文发展：3；环境压力：5；国际交往：5。②

可以说，上述两种权重数值量化的经典方法对战略预测评估朝着精确化、科学化方向发展具有重要作用，也是一种重要尝试。但不得不承认的是，这两种方法也有着不容忽视的固有缺点。专家打分法由少数几位专家凭借着主观经验进行打分，最终化解分歧达成一致的途径较为原始，严谨程度明显不足。两两配对组合法单纯依靠指标间直接联系的数量，刻意忽略联系的程度以及间接联系的影响，这成为了其一大硬伤。基于此，就需要使用一种更为科学的方法去计算指标的权重。

二、基于运筹学层次分析法的指标权重量化

本书采用的是运筹学中的层次分析法（Analytic Hierarchy Process，

---

① Diane M. Ramsey and Mark S. Boerner, *A Study in Indications Methodology*, Langley, VA：CIA Center for the Study of Intelligence, May 8, 2007, https：//www.cia.gov/library/center-for-the-study-of-intelligence/kent-csi/vol17no3/html/v07i3a08p_0001.htm.

② Susan Ampleford etc., *Country Indicators for Foreign Policy：Risk Assessment Template*, Ottawa of Canada：The Norman Paterson School of International Affairs, Aug. 2001, http：//www4.carleton.ca/cifp/app/serve.php/1099.pdf.

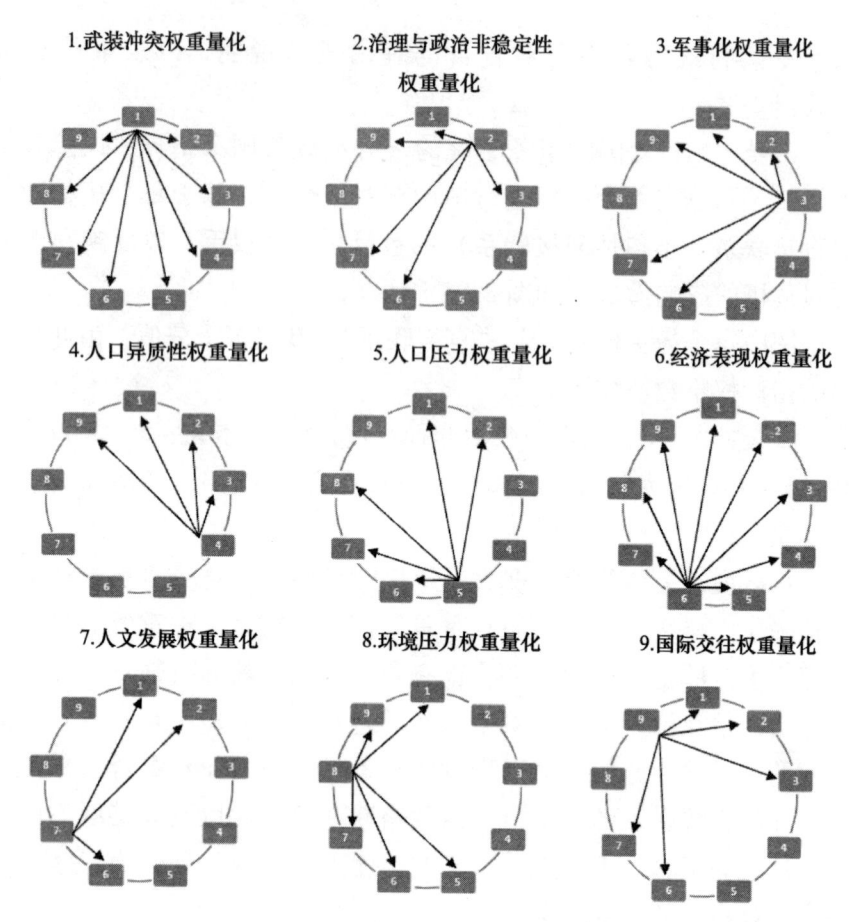

图3—5 两两配对组合量化指标权重①

AHP)② 进行指标权重的量化。层次分析法是美国著名运筹学家托马

---

① 图中方格1—9分别代表：1. 武装冲突；2. 治理与政治非稳定性；3. 军事化；4. 人口异质性；5. 人口压力；6. 经济表现；7. 人文发展；8. 环境压力；9. 国际交往。

② 运筹学中的层次分析法与国际关系理论中的层次分析法（Levels of Analysis）不同。国际关系理论中的层次分析法最早由美国学者肯尼斯·华尔兹（Kenneth Waltz）提出，他在其1959年出版的《人、国家与战争：一种理论分析》一书中，从人性、国家、国际体系三个"意向"对战争根源进行了综合分析。后来学者们不断对该方法进行完善和细化，分析层次越系统，层次间隔越来越小，目的就是为了更好地辨别和区分国际关系研究中的各种变量，从而使研究者能够在不同的变量间建立可供验证的关系假设。具体参见：秦亚青：《层次分析法与国际关系研究》，《欧洲》1998年第3期。

斯·萨蒂（Thomas L. Saaty）于20世纪70年代提出的一种定性问题定量化的有效分析方法。其要义在于将复杂的系统分解为有序的阶梯层次结构，对同层次结构诸因素采用两两比较的方法确定出相对于上一层次结构因素的权重。这样层层分析直到最后一层，计算出所有因素的权重数值。最后根据特定的选优条件组，从方案里挑选出最优者。层次分析法的应用十分广泛，涉及运筹学方法评价、经济分析和计划、政治决策、信息管理等。鉴于层次分析法在分析复杂问题多因素权重上的独特优势，可以选用它来量化本书指标体系中各项指标的权重，从而能够较好地实现两个目标：一是定性、定量方法相结合，发挥各自优势，达到1+1>2的效果；二是最大限度克服主观随意性，增强假设检验结果的科学性和客观性。

就本书而言，使用层次分析法量化指标权重的步骤如下：[①]

第一步：对假设进行回溯推理（具体原则与方法见前文），建立有序的、呈阶梯层次结构的指标体系（如图3—6所示）。

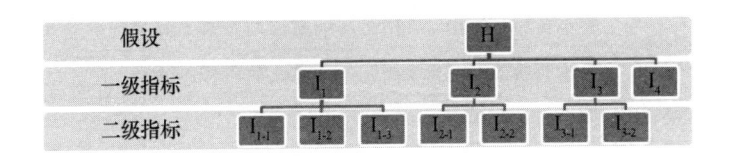

图3—6　阶梯层次结构的指标体系

第二步：构造两两比较判断矩阵。建立层次结构指标体系之后，对每一层次中各指标相对于上一层的重要性进行两两比较，构造出判断矩阵。判断矩阵中的指标数值可以通过调查访问法、专家咨询法、德尔菲法等确定。设某层有n个指标，X = {X_1，X_2，X_3……

[①] 本书层次分析法的内容和使用该方法量化指标权重的步骤参考了以下文献：Thomas L. Saaty, *The Analytic Hierarchy Process*: *Planning*, *Priority Setting*, *Resource Allocation*, Dallas, TX: Mcgraw-Hill, 1980; Thomas L. Saaty, *Decision Making for Leaders*: *The Analytic Hierarchy Process For Decisions in a Complex World*, Pittsburgh, PA: RWS Publications, 2008; Navneet Bhushan and Kanwal Rai, *Strategic Decision Making*: *Applying the Analytic Hierarchy Process*, London: Springer-Verlag, 2004.

X_n} 按照对上层某一指标（一级指标对应的为假设）的影响程度排序。

用 X_{ij} 表示指标 i 相对于指标 j 的比较结果，则有成对判断矩阵：

$$P = (X_{ij})_{n \times n} = \begin{bmatrix} X_{11} & X_{12} & \cdots & X_{1n} \\ X_{21} & X_{22} & \cdots & X_{2n} \\ \cdots & \cdots & \cdots & \cdots \\ X_{n1} & X_{n2} & \cdots & X_{nn} \end{bmatrix}$$

n 个指标两两比较，比较时取 1－9 标度（如表 3—7 所示）：

表 3—7　层次分析法中 1—9 标度含义

重要性标度	含义
$X_{ij} = 1$	表示指标 i 与指标 j 相比，具有同等重要性
$X_{ij} = 3$	表示指标 i 与指标 j 相比，前者比后者稍重要
$X_{ij} = 5$	表示指标 i 与指标 j 相比，前者比后者明显重要
$X_{ij} = 7$	表示指标 i 与指标 j 相比，前者比后者强烈重要
$X_{ij} = 9$	表示指标 i 与指标 j 相比，前者比后者极端重要
$X_{ij} = 2, 4, 6, 8$	表示上述判断的中间值
倒数	若指标 i 与指标 j 的重要性之比为 X_{ij}，则指标 j 与指标 i 的重要性之比为 $X_{ji} = \dfrac{1}{X_{ij}}$

第三步：计算层次单排序。层次单排序是根据判断矩阵计算对于上一层某指标（一级指标对应的为假设）而言，本层次与之有联系的指标的权重数值。它可以归结为计算判断矩阵的特征根和特征向量问题，并将特征向量归一化。

特征向量的算法如下：

（1）计算判断矩阵每一行元素的乘积 M_i。

$$M_i = \prod_{j=1}^{n} X_{ij}, i = 1, 2, \cdots, n$$

(2) 计算M_i的n次方根$\overline{W}_i$。
$$\overline{W}_i = \sqrt[n]{M_i}$$

(3) 对向量$[\overline{W}_1, \overline{W}_2, \cdots, \overline{W}_n]^T$进行归一化处理：
$$W_i = \frac{\overline{W}_i}{\sum_{j=1}^{n} \overline{W}_j}$$

则$W = (W_1, W_2, \cdots, W_n)^T$即为所求特征向量。

(4) 计算判断矩阵的最大特征根λ_{max}：
$$\lambda_{max} = \frac{1}{n} \sum_{i=1}^{n} \frac{(PW)_i}{W_i}$$

式中$(PW)_i$表示向量PW的第i个元素。

$$PW = \begin{bmatrix} (PW)_1 \\ (PW)_2 \\ \vdots \\ (PW)_3 \end{bmatrix} = \begin{bmatrix} X_{11} & X_{11} & \cdots & X_{1n} \\ X_{21} & X_{22} & \cdots & X_{2n} \\ \vdots & \vdots & \cdots & \vdots \\ X_{n1} & X_{n2} & \cdots & X_{nn} \end{bmatrix} \cdot \begin{bmatrix} W_1 \\ W_2 \\ \vdots \\ W_n \end{bmatrix}$$

第四步：一致性检验。层次分析法致力于将人们的主观判断加以形式化地表达，尽量转化成客观描述。其科学与否，取决于客观成分能否达到足够合理的限度。由于客观事物的复杂性，加之人们认识力的局限性，实际的成对比较矩阵不可能做到完全严格的一致性，因此必须接受检验。一致性检验按照以下三个步骤进行：

(1) 计算一致性指标$CI = \frac{\lambda_{max} - n}{n - 1}$。

(2) 找出相应的平均随机一致性指标RI。

(3) 计算一致性比率$CR = \frac{CI}{RI}$。

CI值越大，表明判断矩阵的不一致程度越严重，CI值越小，表明判断矩阵的一致性程度越好。当CI = 0时，判断矩阵为一致阵。虽然CI能反映出判断矩阵非一致性的严重程度，但未能指明该非一致性是否可以被接受，因而还需要引入一个度量的标准，即所谓的平均随机一致性指标 RI，其算法如下：

随机构造 500 个成对比较矩阵 P_1, P_2, ⋯, P_{500}，可得一致性指标 CI_1, CI_2, ⋯, CI_{500}，RI 计算如下：

$$RI = \frac{CI_1 + CI_2 + \cdots CI_{500}}{500} = \frac{\frac{\lambda_1 + \lambda_2 + \cdots + \lambda_{500}}{500} - n}{n-1}$$

RI 的数值如下表所示：

n	1	2	3	4	5	6	7	8	9	⋯
RI	0	0	0.58	0.90	1.12	1.24	1.32	1.41	1.45	⋯

根据平均随机一致性指标 RI 来计算随机一致性比率：$CR = \frac{CI}{RI}$。当 CR < 0.1 时，认为判断矩阵基本符合随机一致性指标；当 CR ⩾ 0.1 时，认为判断矩阵不符合随机一致性指标，需要进行调整和校正直至满足 CR < 0.1。

三、指标权重量化实例

针对最高决策者的需求，某国情报机构于近期建立了"X 国将进行核试验"的假设，并构建了一套相应的指标体系，包括结构性指标和升级性指标。其中结构性指标包含建立地区霸权、增加民族自信、缓解国内矛盾、应对邻国军事威胁 4 个一级指标，每个一级指标之下还各包含了若干二级指标。下面以结构性指标为例，利用层次分析法计算所包含的一级指标权重数值。因升级性指标中各级指标和结构性指标中各级指标的权重数值计算方法同理[①]，故不再赘述。

首先要对这 4 个指标进行两两比较，构造出判断矩阵。这一过

[①] 结构化的专家预测模型其具体团队组建、组织过程等可参考本书第二章第三节"团体层面集成优化假设的路径"。

程应采用结构化的专家预测模型进行。可共选择 15 位专家组成团队，其中 5 位是 X 国方向的情报专家；5 位是核武方向的情报专家；其余 5 位是情报界之外对此问题颇有研究的知名学者，由他们对指标之间的比较结果进行打分。对比较结果的数值取平均数（如表 3—8 所示）：

表 3—8　一级指标的判断矩阵

	建立地区霸权	增加民族自信	缓解国内矛盾	应对邻国军事威胁
建立地区霸权	1	2	3	4
增加民族自信	$\frac{1}{2}$	1	2	3
缓解国内矛盾	$\frac{1}{3}$	$\frac{1}{2}$	1	2
应对邻国军事威胁	$\frac{1}{4}$	$\frac{1}{3}$	$\frac{1}{2}$	1

（1）计算判断矩阵每一行元素的乘积 M_i。

$M_1 = 1 \times 2 \times 3 \times 4 = 24$

$M_2 = \frac{1}{2} \times 1 \times 2 \times 3 = 3$

$M_3 = \frac{1}{3} \times \frac{1}{2} \times 1 \times 2 = \frac{1}{3}$

$M_4 = \frac{1}{4} \times \frac{1}{3} \times \frac{1}{2} \times 1 = \frac{1}{24}$

（2）计算 M_i 的 n 次方根 $\overline{W}_i$。

$\overline{W}_1 = \sqrt[4]{24} = 2.213$

$\overline{W}_2 = \sqrt[4]{3} = 1.316$

$\overline{W}_3 = \sqrt[4]{\frac{1}{3}} = 0.760$

$$\overline{W}_4 = \sqrt[4]{\frac{1}{24}} = 0.452$$

(3) 对向量 $[\overline{W}_1, \overline{W}_2, \cdots, \overline{W}_n]^T$ 进行归一化处理得：

$$W_i = \frac{\overline{W}_i}{\sum_{j=1}^{n} \overline{W}_j}$$

$$W_1 = \frac{2.213}{2.213 + 1.316 + 0.760 + 0.452} = 0.467$$

$$W_2 = \frac{1.316}{2.213 + 1.316 + 0.760 + 0.452} = 0.278$$

$$W_3 = \frac{0.760}{2.213 + 1.316 + 0.760 + 0.452} = 0.160$$

$$W_4 = \frac{0.452}{2.213 + 1.316 + 0.760 + 0.452} = 0.095$$

则 $W = (0.467, 0.278, 0.160, 0.095)^T$ 即为所求特征向量。

(4) 计算判断矩阵的最大特征根 λ_{max}

$$PW = \begin{bmatrix} 1 & 2 & 3 & 4 \\ \frac{1}{2} & 1 & 2 & 3 \\ \frac{1}{3} & \frac{1}{2} & 1 & 2 \\ \frac{1}{4} & \frac{1}{3} & \frac{1}{2} & 1 \end{bmatrix} \cdot \begin{bmatrix} 0.467 \\ 0.278 \\ 0.160 \\ 0.095 \end{bmatrix} = \begin{bmatrix} 1.883 \\ 1.117 \\ 0.645 \\ 0.385 \end{bmatrix}$$

$$\lambda_{max} = \frac{1}{4}\left(\frac{1.883}{0.467} + \frac{1.117}{0.278} + \frac{0.645}{0.160} + \frac{0.385}{0.095}\right) = 4.033$$

(5) 一致性检验。

计算一致性指标 $CI = \frac{4.033 - 4}{4 - 1} = 0.011$

计算一致性比率 $CR = \frac{0.011}{0.90} = 0.013 < 0.1$，这表明该判断矩阵具有满意一致性，可以将 $W = (0.467, 0.278, 0.160, 0.095)^T$ 作为权重向量，并判定建立地区霸权、增加民族自信、缓解国内矛盾、

应对邻国军事威胁 4 个指标的权重数值分别为 0.467，0.278，0.160，0.095。

另外，权重数值的计算还可以对之前核心指标的确定进行验证。一般来说，核心指标的权重要大于一般指标的权重。如果已经确立的核心指标的权重数值经过层次分析法的计算要小于一般指标的权重数值，那么就有必要对核心指标的选取进行重新判断。

第四章 证据评价推动下的假设检验

为了使战略预测评估的结论能最大限度接近未来可能发生的客观事实,将不确定性降至最低,还必须通过假设的检验环节加以实现。前期指标体系的构建为证据检验假设搭建了"桥梁",本章将在整合性证据科学(Integrated Science of Evidence)[①] 的指引下,重点借鉴证据法学领域的成熟经验与方法,为证据检验假设提供方法论和认识论上的指导。通过创建一套证据评价的科学方法,指引证据顺利通过"桥梁",实现证据、指标与假设三者间的紧密对接,从而完成假设检验工作,并最终生成阶段性的战略预测评估结论。

第一节 战略预测评估中的证据

虽然在整个战略预测评估过程中都离不开对情报素材的使用,但是它们在每个阶段中的具体含义却是不同的。如果将在假设建立

[①] 20世纪80年代,美国"现代证据学的代表人物"戴维·舒姆在"证据学的第三次浪潮"(the third wave of evidence scholarship)的冲击与带动下,将"证据"与"科学"相联系,创建出了包括法律、逻辑、哲学、符号学、历史学、心理学和人工智能在内的真正意义上的"整合性证据科学",并将"新证据学"(New Evidence Scholarship)成功引入到情报分析领域,以其1987年出版的两卷本专著《情报分析人员证据与推理指南》(*Evidence and Inference for the Intelligence Analyst*)为标志。这一创新性研究取得了良好的效果,也为战略预测评估中假设的检验开辟了一条运用证据的科学之路。See: Christopher Anzalone, *Schum Receives 2006 Volgenau Outstanding Faculty Research Award*, http://gazette.gmu.edu/articles/8106/, 2008/08/29; Richard Lempert, The New Evidence Scholarship: Analyzing the Process of Proof, *Boston University Law Review*, Vol. 66, No. 4, 1986, p. 477.

阶段使用的情报素材称之为"依据",那么在假设检验阶段所使用的情报素材则应称之为"证据",两者在时间上以假设的建立作为分界点。也就是说,最初用于假设建立的情报素材不应再用于假设检验,否则将导致循环论证的发生。① 由于依据和证据在具体的服务对象、任务分工等方面各有侧重,所以对它们数量和质量上的要求也有所不同。假设的建立更多是需要借助情报素材的启发功能,促使情报分析人员发现疑点,发散思维,有时候甚至借助一两条情报素材就能完成假设的建立工作;而假设的检验则是一个"小心求证"的过程,因此情报素材必须经过一整套严格的筛选才能具有证据资格,然后还必须借助指标体系和证据体系,通过严格的证据评价方能实现对假设有效的检验。

一、有关证据的基本问题

(一)证据的概念及实质性内涵

对于"证据"这一概念,可以从广义和狭义两个角度进行解读。狭义的"证据"是指人们从未知到达已知的认识过程中用来推认未知事项的既有材料。② 广义的"证据"则还包括那些可被证明或已被证明的事实③,以及证明过程中所采用的方法。根据研究目的,本书取证据的狭义解释。通过该定义不难发现,并非所有的情报素材都能够成为证据,并堪当证明假设的重任。在战略预测评估中,只有能够直接或者间接证实或证伪假设的情报素材才具有成为证据的

---

① Jerome Clauser, *An Introduction to Intelligence Research and Analysis*, Lanham, MD: Scarecrow Press Inc., 2008, p.46.
② 王亚新:《对抗与判定——日本民事诉讼的基本结构》,北京·清华大学出版社,2002年版,第21页。
③ 美国证据法学家威格莫尔认为"证据是任何一件或一组可知的事实"。参见王以真主编:《外国刑事诉讼法学》,北京大学出版社,1994年版,第215页。

潜在能力①，而其核心动力就是推理。② 为了更好地把握证据的实质性内涵，需要从以下三个方面进行解读。

从证据的本源来看，它是"造物主"留下的痕迹，并且"造物主"还会以神秘莫测的虚假线索来遮蔽这些痕迹。③ 但是只要事实已经发生，就必然会留下其存在或发生过的信息。无论事实制造者如何掩盖，这些信息都是客观自在存在的，不以人的主观意志为转移。情报分析人员要想有效检验业已建立的假设是否成立，就需要尽一切可能去追寻表象背后的本真，解读已经发生或者存在过的事实，而不被虚假的表面现象所蒙蔽。因此，也只有那些能够最真实、最客观地再现事实原貌的情报素材才有资格成为检验假设的基石——证据。

从证据的内容来看，它是事实经过的一个片段或者全部。证据作为存储业已发生事实的载体，客观记录了事实的本来面貌。也许某一高质量的证据能够客观反映事实的全貌，但大部分情况下，证据只是发生于特定时空下的事实的某个片段。情报分析人员若要借助证据实现对业已发生的事实的重构，就必须依靠推理的力量，将搜集到的证据碎片加以"粘合"，形成证据体系。而且在更多情况下，情报分析人员可以依赖的证据是有限的，但又不得不借助这些残缺不全的证据去重构事实并做出预测。比如，要试图预测未来某个时候可能发生的恐怖袭击，情报分析人员在当下是观察不到恐怖袭击活动的，因为它们尚未发生。证据只能从那些可能参与该活动的群体或个人身上获取，包括先前掌握的有关他们的能力，现在所

---

① See: David Schum, *Evidence and Inference for the Intelligence Analyst*, Vol. 1, Lanham, MD: University Press of America, 1987, pp. 16–17.

② See: William Twining, Evidence as a Multi-Disciplinary Subject, *Law, Probability and Risk*, Vol. 2, No. 2, Jun., 2003, p. 97.

③ David Schum, *Thoughts about a Science of Evidence*, London: University College London, 2005, p. 7.

观察到的行为,以及通过分析所展现出的意图等信息。[①] 然后再通过证据证明的力量由已知迈向未知,做出相应的战略预测评估,这也是证据检验假设的必经之路。

从证据的应用来看,它需要经历一个举证、质证和认证的过程。正如前文所述,情报素材和证据之间并不能完全画上等号,这也就意味着未转化为证据的情报素材是无法直接进入假设检验环节的。而要实现由情报素材向潜在证据的转化,首先就必须经过举证环节。举证一方面是要围绕假设寻找与其具有相关性的情报素材,一旦被选中,其便具有了潜在的证据价值;另一方面,还需要对潜在的证据进行分析解读,否则作为自在之物的证据就很难进入认识领域成为检验假设的基石。其次,需要针对所举的证据进行质疑,即质证。主要包括:该证据和所要证明的假设确实相关吗?该证据是否可信?该证据是否具有证明力?它是用来证实或证伪什么问题的?等等。借助对这些问题的思考,可以进一步将虚假、无用的证据排除在外,从而实现由潜在证据向真正证据的转化。最后就是认证,即确认证据资格和证明力大小,并在此基础上借助推理的力量检验假设以最终生成结论的证明行为。

(二) 证据检验假设的原则

如果将战略预测评估领域中的证据置于整合性证据科学的大背景下,并通过实体无涉的研究方法[②]对其进行考察,就不难发现证据

---

① David Schum, *Thoughts about a Science of Evidence*, London: University College London, 2005, p. 10.

② 因为证据科学的核心超越了不同学科的文化、探寻的目标,以及特殊的方法和传统,所以尽管实体证据的来源不同、种类无限且经常发生着实质性的变化,但只要聚焦于证据的特性和原则,就可以忽视其实体,摆脱证据资料(如痕迹、笔迹和证人证言)在不同学科中的差异。戴维·舒姆为"新证据学"做出的杰出贡献之一就是采用实体无涉方法来研究证据。See: David Schum, *The Evidential Foundations of Probabilistic Reasoning*, Evanston, IL: Northwestern University Press, 2014; Terence Anderson, David Schum, William Twining, *Analysis of Evidence*, Second Edition, Cambridge, MA: Cambridge University Press, 2005, p. 55; William Twining, Evidence as a Multi-Disciplinary Subject, in William Twining, *Rethinking Evidence: Exploratory Essays*, Second Edition, Cambridge, MA: Cambridge University Press, 2006.

能以理性方式影响最终结论的生成,这也是证据检验假设的核心所在。[1] 这一点也恰恰暗合了现代证据制度的精神内核——证据裁判原则。该原则是划分理性检验假设与非理性检验假设的分水岭。如果要对假设检验过程中的证据裁判原则有更为深入的理解与认识,则需要借助实体本位[2]的研究方法,从三个方面加以分析:

第一,检验假设必须依靠证据,没有证据不能生成结论。这是证据检验假设的一条硬性规定。情报分析人员在进行战略预测评估时,必须首先掌握证据,然后再通过经验方法和逻辑方法,运用证据证实或证伪假设。所以,没有证据,检验假设就无从谈起,战略预测评估也就无法完成。

第二,检验假设所依靠的证据必须具有证据资格。凡是进入检验假设环节的证据都必须经过质证,接受严格的证据审查,以确保其拥有证据资格,能够有效发挥证明作用。正如前文所述,情报素材与证据并不对等,其间还存在一个情报分析人员分析判断以认定其为证据的过程。通过对情报素材的过滤,挑选出那些能同时满足相关性、可信性和证明力三个标准的。这样的情报素材才具备证据资格,可以作为认定构成严格证明对象的事实的资料而使用。[3]

第三,"以证据能够证明"为标准,理性做出判断。较之"证

---

[1] 美国著名的证据法学专家罗纳德·艾伦(Ronald Allen)对"证据"的定义是一般指在裁决过程中能以理性方式影响最终判决结果的那些"输入"信息。[美]罗纳德·J. 艾伦:《证据法的基础和意义》,《证据科学》2010年第4期。

[2] 虽然各个学科领域中的证据学具有共性,即共同承担事实证明与判定的任务,同样采用基本的证明方法,而且共同遵循基本的证明规律等,但不同学科的证据学也具有自身的特点,从而形成各种个性化的证据学。舒姆曾用了生动形象的比喻展现了证据研究最终的落脚点仍需回归各个学科。在他看来,"证据之官有很多房间,每个房间都代表着一个学科,情报学自不必说。虽然没有一个人可以住进所有的房间,但是我们却可以造访不同的房间,并与不同房间中对证据问题有独到见解的人进行交流。"这意味着一旦回到更为深入的证据研究层面,就必须结合各学科中的证据实体及其各自特点展开研究,战略预测评估中的证据研究也不例外。参见龙宗智:《"大证据学"的建构及其学理》,《法学研究》2006年第5期;David Schum, *The Evidential Foundations of Probabilistic Reasoning*, Evanston, IL: Northwestern University Press, 2014, p. xiv.

[3] [日]土本武司:《日本刑事诉讼法要义》,董璠舆、宋英辉译,台北·五南图书出版公司,1997年版,第307页。

据确实充分"这一标准而言,"以证据能够证明"虽具有盖然性,但却更符合现实情况,也更具可操作性。因为"证据确实充分"过于理想化和客观化,不仅要拥有完美的证据体系,还要排除一切怀疑。在对抗性极强的情报工作中,获取证据本来就是极为困难的事情,更不用说还要在质量上达到"确实充分"这样高的程度了;而要"排除一切怀疑"则会在无形中增加分析成本、降低分析效率,很难具备可行性。所以在证据检验假设的过程中,只有把握好可操作标准,并采取理性的分析判断方法,才能最大限度确保战略预测评估的准确性。具体来说包括以下几点:一是证据证明力要能达到检验假设所规定的"分量",证据不足或证明力太弱都不足以用来检验假设,需要进一步寻找新证据;二是如果证据缺失严重,或出现新的重大证据,且该证据足以颠覆原先认识,则有必要重新考虑业已建立的假设,在可能的情况下甚至要建立新的假设;三是要确定做出预测评估并最终生成结论所需要的证明力程度,即对假设的检验要达到多大的确信度才能做出判断,并保证该判断能兼顾准确与效率共赢的情报分析价值理念,从而达到假设检验的优势证明或高度盖然性的最低要求。

二、证据资格

什么样的情报素材才有资格作为证据进入检验假设的环节?在分析证据与假设的关系时,有什么是必须首先要得到确定的?隐藏在推理活动之下的有关证据的奥妙之处又必然会涉及哪些内容?借助实体无涉的研究方法,所有这些值得深入思考和研究的问题都将聚焦于证据资格,即证据的相关性(relevance)、可信性(credibility)与证明力(probative force)。它们分别对应三个不同的问题,相关性需要回答的是:某个信息与我们所要证实或者证伪的假设有直接或者间接关系吗?可信性需要回答的是:我们能相信所获得的信息吗?证明力需要回答的是:相关证据支持或否定正在考虑的假设的力度有多大?[1] 通过对这三个核心的问题的解答,证据资格得以确定。

(一) 证据的相关性

查尔斯·达尔文(Charles Darwin)曾经说过:"任何评论如果要有效的话,其必须支持或者反对某个观点。"[2] 同理,如果一条信息或者数据要能够成为证据的话,则必须与某个需通过论证来加以证明的争议事项有关才行。[3] 其中的"有关"究其本质就是指证据的"相关性",是证据资格认证的一个重要因素。证据的相关性是指证据具有这样一种能力,即与没有该证据相比,该证据能够使某个待证事实(假设)更有可能成立或者更有可能不成立。[4] 证据存在的意义首先就是与待检验命题,即所要检验的假设相关。诚如美国著名法学家詹姆斯·塞耶(James Thayer)所言,"一切非关联的证据不可采纳,是一个理性的证据法体系的大前提。"[5]

相关性是证据的一种客观属性,是反映证据与假设两者关系的一个重要的关系变量,其根源于证据与假设两者之间客观存在的实质性联系,而不是情报分析人员的主观想象或强加的联系。不仅同一个证据对于不同的假设其相关性不尽相同,而且即便是针对同一个假设,随着情报分析人员对问题认识的不断深入,以及其他证据的不断获取,该证据的相关性也会发生微妙的变化。但另一方面,证据的客观属性离不开情报分析人员的主观判断,证据相关性的确立还需要建立

---

[1] David Schum, *Thoughts about a Science of Evidence*, London: University College London, 2005, p. 4.

[2] As quoted in: Irving M. Copi, *Introduction to Logic*, Sixth Edition, Macmillan, Boston, MA: Pearson Custom Publishing, 1982, p. 47.

[3] David Schum, *Thoughts about a Science of Evidence*, London: University College London, 2005, p. 39.

[4] 本定义参考了美国《联邦证据规则》通过规则 401 关于证据相关性的界定。See: Federal Rules of Evidence: 2005 – 2006 Edition, Thompson-West, 2005, pp. 28 – 30.

[5] 转引自沈达明:《英美证据法》,北京·中信出版社,1996 年版,第 130 页。

第四章 证据评价推动下的假设检验

在情报分析人员的经验、专业知识、想象力和推理能力的基础之上。[①] 任何对相关性理解和判断的偏差都有可能导致证据检验假设的结果不尽相同。为了最大限度规避主观认识上的偏差，可以从相关性的具体含义以及逻辑推理对它的要求入手，进行证据相关性的确认。

从证据相关性含义来看，其包括实质性（materiality）与证明性（probativeness）两个内容。这里需要强调的是，证据与假设间的相关性并不是普通哲学意义上的联系。因为"世界是普遍联系的"这一哲学原理，可以说"时时有联系，事事有联系"，那所有的证据都会和所要检验的假设发生某种关系，产生某种联系，但至于这样的联系能不能体现相关性证据与所要检验假设之间的特殊关系，能不能反映出它们真正的关联所在，就另当别论了。所以为使证据能够在假设检验中发挥积极的作用，就必须对这种联系加以限制，即相关性必须是针对假设中某个实质性争议问题产生的联系，且借助证据能够改变情报分析人员对现存假设可能性的看法，有助于认定该假设成立与否，从而排除无关联或关联性极其微弱的证据。这其实又已涉及到相关性的另一层含义——证明性。相关性本身就是实质性与证明性的结合[②]，两者密不可分。具体到战略预测评估中，情报分析人员要围绕实质性与证明性来判断某一证据是否具有相关性时，可以借鉴美国著名证据法学家华尔兹（Jon Waltz）的观点，对以下三个问题依次进行考察：（1）所提出的证据是用来证明什么的？（问题是什么？）（2）这是本假设中的实质性问题吗？（3）所提出的证据对该问题有证明性吗？（它能帮助确认该实质性问题吗？）[③] 如果这三个问题均能得到肯定的答案，那么该证据就具有相关性。

从推理论证的角度来看，虽然证据的相关性是一个相对概念，

[①] David Schum, *Evidence and Inference for the Intelligence Analyst*, Vol. 1, Lanham, MD: University Press of America, 1987, p. 64.

[②] 何家弘主编：《外国证据法》，北京·法律出版社，2003年版，第49页。

[③] ［美］乔恩·R. 华尔兹：《刑事证据大全》，何家弘译，北京·中国人民公安大学出版社，1993年版，第14页。

需要结合具体的假设以及假设中的实质性争议问题进行分析判断，但它同时也是一个逻辑和经验的问题，因此在具体确认证据相关性的时候，还必须满足逻辑和经验法则中关于推理过程的相关要求。整个逻辑推理过程如下：情报分析人员针对假设 H 提出了证据 E；并且情报分析人员还可以考虑与 H 有关的其他证据 O。如果知道在 E 和 O 的前提下 H 发生的可能性与在仅仅知道 O 的前提下 H 发生的可能性会有所不同，即在 PH（E，O）≠PH（O）的情况下，无论这种可能性是更高还是更低，那么 E 都是与 H 相关的。如果知道 E 是虚假的，同时也知道在 O 的前提下 H 发生的可能性与在仅仅知道 O 的前提下 H 发生的可能性会有所不同，那么 E 同样与 H 具有相关性。[1] 通过该推理不难发现，证据的真实性并不能决定其与所要检验的假设是否相关。有时候虚假的证据一经证实，也会从反面产生对假设的检验效力，只要存在它与假设具有相关性这一大的前提条件。

（二）证据的可信性

可信性是情报素材获得证据资格所必须要考虑的第二个问题。证据的可信性是指具有相关性的证据是否如实地反映了客观事实，这将决定情报分析人员是否会将该证据作为进行逻辑推理、检验假设的重要依据。可信性的存在，使拥有关于某客观事实的证据与客观事实本身并不能随时划上等号。当情报分析人员获得某事件 F 业已发生的相关证据 E 时，需要进一步分析证据 E 在多大程度上如实反映了 F。除非是完全可信的，否则，将 E 与 F 完全等同就是一个错误。因为拥有关于 F 的证据 E，并不必然表明 F 已实际发生。[2] 通过对可信性的基本论述不难发现，一旦证据获得相关性的资格后，可信性问题就会随之浮出水面，展现在情报分析人员的面前。而较之相关性，证据在可信性方面的确认将更为复杂。

对于证据可信性资格的确认主要围绕两个方面展开：一是将可

---

[1] Richard D. Friedman, Commentary: Irrelevance, Minimal Relevance, and Meta-relevance, *Houston Law Review*, Vol. 55, No. 1, Spring 1997, p. 55.

[2] See: Terence Anderson, David Schum, William Twining, *Analysis of Evidence*, Second Edition, Cambridge, MA: Cambridge University Press, 2005, pp. 63 - 64.

第四章 证据评价推动下的假设检验

信性置于整个检验假设的逻辑推理过程之中进行考察；二是围绕证据本身可信性的相关属性进行考察。当情报分析人员围绕假设 H 进行检验时，一旦拥有了关于 F 的相关性证据 E，就会以 E 为基础，展开一系列以 H 为终点的推理论证。为了便于解释说明，本书选取了最简单的一种直线推理模式（如图 4—1 所示）。

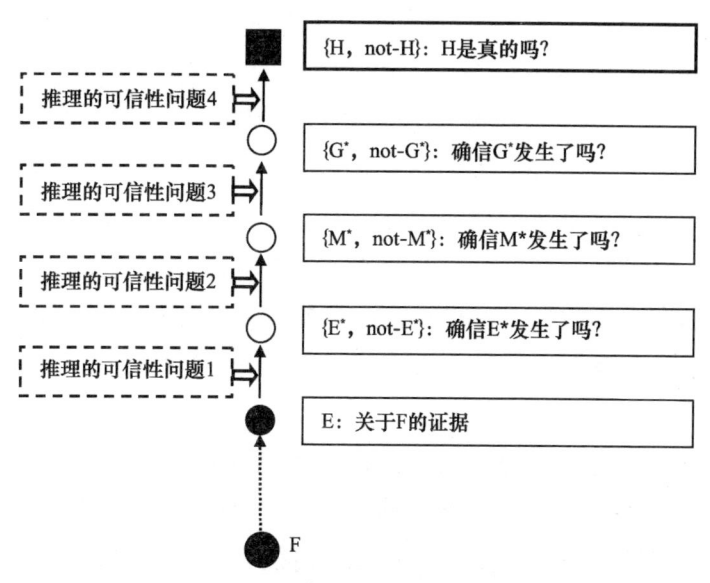

```
推理的可信性问题4  →  ■   {H, not-H}: H是真的吗?
                      ↑
推理的可信性问题3  →  ○   {G*, not-G*}: 确信G*发生了吗?
                      ↑
推理的可信性问题2  →  ○   {M*, not-M*}: 确信M*发生了吗?
                      ↑
推理的可信性问题1  →  ○   {E*, not-E*}: 确信E*发生了吗?
                      ↑
                      ●   E: 关于F的证据
                      ⋮
                      ● F
```

图 4—1 逻辑推理下的证据可信性资格认定

在此推理链条中，即便情报分析人员拥有了证据 E，也不能就此确信 F 已经发生，还需要经过一个质证环节，即对 E 的可信性做出评判。该环节是整个推理过程与可信性产生联系的铺垫阶段。与 F 和 E 之间的关系同理，虽然 E 的获取促成了关于 E* 的推理的生成；E* 又促成了关于 M* 的推理的生成；M* 又促成了关于 G* 的推理的生成；G* 最终又使对 H 的检验成为可能，但这并不意味着每一个推理步骤都是必然的，其间还有 4 个可信性问题需要接受考察与认证。它们横亘于证据 E 与情报分析人员据此试图检验的假设 H 之间。[①] 此外，

---

① See: David Schum, *Thoughts about a Science of Evidence*, London: University College London, 2005, pp. 46–47.

由 E 到 H 推理过程中的每一个环节也需要接受可信性的考察，以确保每一步都符合逻辑推理规则，没有遗漏的环节。

关于确信 E^*、M^*、G^* 是否发生，这又需要从逻辑推理上的可信性确认回归到对证据可信性的相关属性进行具体考察。在做出可信性判断之前，首先要明确一个大前提，即能力与可信性并不等同，它们有各自的特征，一旦混淆将导致证据资格的认证错误，最终影响到假设的检验。仍以对证据 E 的可信性判断为例。情报分析人员需要首先从来源入手，考察提供证据 E 的组织或个人是否具备获取和分析它的能力。如果 E 是一份图像情报，那么就需要核实该证据来源是否具备搜集图像情报的手段，对图像的分析是否来自于专业部门，这是可信性得以成立的基本保障。但即便经确认具有这样的能力，也只能说它具有的是提供相关证据的能力，至于可信性还需要对其三个相关属性进行识别：真实性、客观性与准确性。

就真实性而言，需要确定证据是否是伪造的，是否来自于战略预测评估客体的欺骗；证据在传递和处理过程中是否会出现偏差和错误；提供证据者，主要是针对人力情报尤其是被策反的敌方人员，他们是否如实地提供了证据，没有因利益、受胁迫或其他各种原因而有所隐瞒或篡改证据；等等。就客观性而言，由于整个战略预测评估都是一种主观见之于客观的活动，有时候主观判断会不自觉地受到情报分析人员心理因素的影响，在此基础上提供的证据很难保证是现实存在的客观反映，因此需要对证据生成依据进行考量。比如，在很多战略预测评估报告中都会出现诸如此类的陈述："我们能够相信 X 所说的，因为他对 Y 的情况有确切的了解。"这样一条意见证据是建立在感性认识基础上的，意见的生成是在缺乏有关情报素材以及逻辑推理的情况下产生的，因此其并不具备良好的可信性。如果对这样的证据不加考察就直接使用，显然是不符合可信性要求的。就准确性而言，主要聚焦于所提供的证据质量如何，是否存在错漏。证据提供者的感知、认知、记忆、分析和表达等诸多能力都

第四章　证据评价推动下的假设检验

会影响到证据的准确性；同样，情报搜集设备的性能、搜集时的环境条件等因素也会在证据的准确性上有所反映。例如，对于提供图像情报的情报搜集设备而言，它提供证据的准确性主要体现在灵敏度和分辨力上，这些决定了其是否能为情报分析人员提供有助于解决问题的清晰图像。

结合证据可信性资格认定的推理链条，可以将对可信性的相关属性考察融入其中。以情报分析人员建立在证据 E 上的推理为例（关于 M^*、G^* 的相关推理同理，不再赘述），具体如图 4—2 所示：

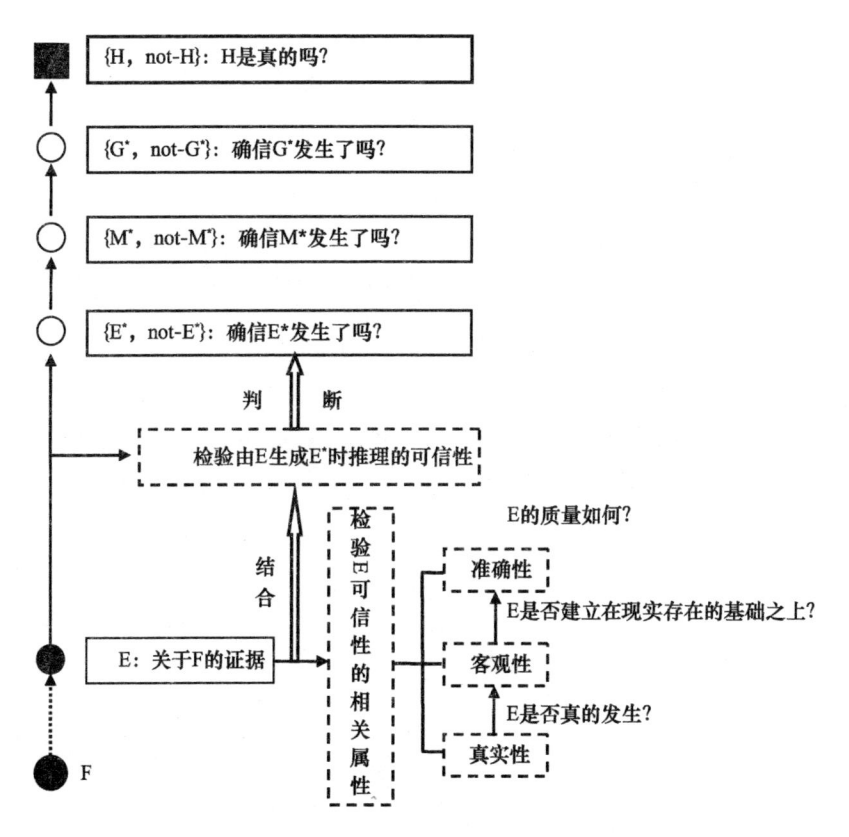

图 4—2　证据可信性资格认定示意图

（三）证据的证明力

证明力就是证据活的灵魂①，是证据资格的核心问题。对证明力的评价直接决定了假设检验的结果以及战略预测评估结论的走向。证明力从字面上理解，可以认为是"证明"与"力"的合成。所谓"证明"是指一切导致内心确认或者否定某种状态的事实或者情况。② 而"力"作为一个物理概念，反映到证据对假设的检验，则意味着整个证明过程与证据、假设之间的相互作用。综上所述，战略预测评估中证据的证明力是指证据对假设是否有证明作用以及证明作用的程度，即证据对证实或证伪假设有没有作用，如果有的话，作用有多大。③ 它类似于物理学中的矢量，有方向性和大小之分。在假设检验过程中，由于时效性要求、分析资源有限等诸多因素的限制，证明力极其微弱的证据往往不会被采纳，这也是证明力作为证据资格的一种实际表现。

证据证明力是证据本身所具有的自然效力和内在属性，是证据对待检验假设的证明价值。它与证据的相关性与可信性密不可分。正如前文所述，证据的相关性中本来就包括了证明性。证据与假设是否相关及其相关程度如何直接决定了证明力的有无与大小。美国证据理论大师威格莫尔（John Wigmore）也是从证明力角度来界定证据相关性的：如果一项证据事实具有一定的证明力，也就是它能够用来证实或证伪案件中某个处于争议的待证事实的话，那么该证

---

① 钱卫清：《法官决策论——影响司法过程的力量》，北京大学出版社，2008年版，第111页。

② 《牛津法律大辞典》，北京·光明日报出版社，1988年版，第67页。

③ 该定义参考了证据法学中关于证明力的相关定义。详见：中国社会科学院法学研究所法律辞典编委会：《法律辞典》，北京·法律出版社，2003年版，第1860页；江平主编：《中国司法大辞典》，长春·吉林人民出版社，1991年版，第248页；李学灯：《证据法比较研究》，台北·五南图书出版公司，1998年版，第464页；樊崇义主编：《证据法学》，北京·法律出版社，2003年版，第3页；张丽卿：《刑事诉讼法——理论与运用》，台北·五南图书出版公司，1995年版，第232页；陈瑞华：《形式证据法学》，北京大学出版社，2014年第二版，第97页。

据就是相关的。① 如果说某个证据因为不够相关而不能被采纳的话，那么其中也必然会涉及到对其证明力的判断。② 因此，证明力源于相关性，相关性是证明力的前提条件，只有具备相关性才能进一步考虑证明力的有无和大小问题，两者间存在正相关关系。如果从可信性角度考察证据的证明力，就是先暂时去除对相关性的考虑，单纯衡量该证据本身是否具有让人足以相信的力量。

虽然证据的证明力源于事实的客观存在，但对其评价过程却是主观见之于客观的过程，是情报分析人员判断证据对待检验假设证明作用强弱的主观认识活动。该活动是整个证据检验假设过程中最复杂、最困难且最具争议性的。任何一个证据都需要通过推理链条与待检验假设相连接。每一个链条又都包括若干相关性环节与可信性环节。一个证据的证明力取决于该链条中每一个环节的强度。然而现实情况是，检验假设需要面对数量庞大的证据群与随之产生的推理链条网。这时证据证明力的大小不仅取决于每一个链条中证明力的大小，还取决于对所有证据之净证明力（net probative value）的有效整合。③ 所以，证明力评价涉及的不仅是对单一证据证明力的评估，还包含证据组合后的证明力评估；不仅包括对线性证据推理链条的证明力评估，还包括对拓扑状证据—推理链条网的证明力评估（具体论述详见本章第三节）。

三、证据与假设的关系

要借助证据进行科学的推理论证，就必须厘清证据与假设之间的关系，掌握不同关系各自的性质与特点，这也当属证据检验假设的应有之意。根据证据对假设的证明过程是否需要推理论证为依据，

---

① 俞亮：《证据相关性研究》，中国政法大学博士学位论文，2005年，第22页。

② Peter Murphy, *Murphy on Evidence*, Seventh Edition, London: London Blackstone Press Limited, 2000, p. 25.

③ Terence Anderson, David Schum, William Twining, *Analysis of Evidence*, Second Edition, Cambridge, MA: Cambridge University Press, 2005, p. 71.

可将证据与假设的关系划分为两大类：一是证据与假设直接相关；二是证据与假设间接相关。

（一）证据与假设直接相关

证据与假设直接相关是指证据能够单独地直接证明假设成立或不成立的这样一种证明关系。① 这种直接相关的关系需要满足三个条件：第一，必须是单独一个证据；第二，能够证明待检验假设；第三，证明方式是直接的，没有中间环节，即无需经过推理过程。② 正如英国著名法学家杰里米·边沁（Jeremy Bentham）所说："当证据是直接的，我们并不能找到进行特别推理的余地，因为只要该证据的存在为真，那么待证的事实就是确定的。"③ 一旦证据与假设具有这样的关系，那么只要证据被采信进入假设检验环节，就能够直接解决争议，确定假设是否成立，从而快速生成战略预测评估结论。该关系下的证据具有极强的"一站式证明"特点。例如，现有待检验假设 H：X 国正在制造大规模杀伤性武器，如果获得证据 E（且该证据具备证据资格）：一份 X 国军队呈送给其国家领导人的核武器制造进度表，那么 E 就能够直接证明 H 为真，E 与 H 两者间的关系就属于直接相关，且可以说 E 是 H 的直接证据。

通过以上论述不难发现，证据若与假设存在直接相关的关系，那么它就拥有了超强的证明力，且证明过程简单易行，在检验假设中会发挥决定性的作用。然而在现实的战略预测评估中，借助这种直接相关的关系对假设进行检验却很难实现。首先，此类证据不易获得。因为其涉及的是最为敏感的核心问题，不仅数量少，而且战略预测评估客体还会采取严格的保密措施防止泄露，所以此类含金量极高的直接证据大都难以搜集。其次，即便获得了此类证据，其可信性也会成为制约假设检验的短板。不易获取且只反映了一个方

---

① 参见徐静村：《刑事诉讼法学》（下），北京·法律出版社，2004 年版，第 232 页。
② 参见樊崇义：《刑事诉讼法学》，北京·法律出版社，2004 年版，第 245 页。
③ William Twining, William Twining, *Theories of Evidence: Bentham and Wigmore*, Stanford, CA: Stanford University Press, 1985, p. 63.

第四章 证据评价推动下的假设检验

面,还存在另一种情况,就是战略预测评估客体会采取欺骗的模式,提供诱导性证据,让战略预测评估主体误以为该证据具有可信性,可以直接用于假设的检验。由于这种直接相关关系的存在,单一证据就能决定假设检验的结果,是一种"一对一"的孤证模式,所以证据本身的可信性就成为了检验假设成败的关键。如果对该证据的可信性评价存在失误,那将注定整个战略预测评估都会面临着失败的风险。

上述缺陷的存在,导致在假设检验的实践中仅仅依靠单一证据直接证明变得极不现实。基于此,在现实的情报分析工作中,尤其在应对战略预测评估此类复杂的分析问题时,证据与假设这种直接相关的关系将不作为本书研究的重点。而第二类关系,证据与假设间接相关则属于证据检验假设中的一种常态化关系,同时也最为复杂,是证据检验假设这一理论研究与实践应用中最值得关注的难题之一。

(二) 证据与假设间接相关

证据与假设间接相关是指证据不能单独地直接证明假设成立或不成立,需要与其他证据相结合,通过推理才能证明的这样一种关系。[①] 它与直接相关是一组相对的概念。较之直接相关,证据与假设的这种间接相关关系同样需要满足三个条件:第一,必须是一组证据;第二,证据组合后能够证明待检验假设;第三,证明方式是间接的,需要经过推理过程。例如,现有待检验假设 H:X 国正在制造大规模杀伤性武器,如果获得一组证据,分别是 E_1:X 国秘密派出人员赴苏联加盟共和国引进核原料;E_2:X 国国防部长公开声称一国如果没有核武器,就无法跻身于一流国家;E_3:X 国集中了 1300 名工程师和 500 名科学家,包括化学家、物理学家、电气和电子工程师、放射专家、冶金专家以及土木建筑工程师,此外,还有相当数量的数学家、采矿专家和地质学家;……E_n:侦察卫星图像

[①] 参见徐静村:《刑事诉讼法学》(下),北京·法律出版社,2004 年版,第 232 页。

构建以假设为核心的战略预测评估方法

显示 X 国已经建造了一个小型的气冷反应堆，大约有 30 兆瓦的容量。即便上述证据均具备证据资格，但其中任何一个单独的证据都无法完成对 H 的检验，它们只能证明 H 所包含的某一内容，必须组成证据体系 $\{E_1, E_2, E_3 \cdots\cdots E_n\}$ 后才能使 H 在很大程度上得到了确证，而这中间还必须借助推理的力量。在该证据体系中，任何一个证据 E_x 与 H 的关系都属于间接相关，且可以说 E_x 是 H 的间接证据。正如美国著名证据法学者麦考密克（Charles T. McCormick）所说："一块砖并不是一面墙。"① 处于间接相关关系中某一具体证据，它本身并不能完全证明待检验假设，它存在的价值就是使对假设的检验推进一步，并和其他证据一起共筑"证据之墙"。

其实在理想状态下，最有利于假设检验的应该是同时拥有直接相关与间接相关两类关系，这样就可以用间接证据组成的证据体系对直接证据进行印证或补证。一方面可以检验直接证据的可信性，从而增强直接相关关系的稳定性与牢固性，提升直接证据的证明力；另一方面，又能对直接证据未能证明的部分事实（非假设的核心内容）进行补充证明，对直接相关关系具有积极的补证作用，从而完善和丰富假设检验的各个细节。这两类关系相互交织，构成了充分确实的证据体系，能有效提升假设检验的准确性和可靠度。然而，在现实的战略预测评估中，这种完美的证据体系和理想的证明过程却很难实现。更多情况下遇到的是证据与假设间接相关，且间接证据群也并不完善，只能依靠存在缺口的间接证据体系检验假设以得出战略预测评估结论。这时，对证据与假设间接相关关系的准确认识与判定将发挥至关重要的作用。

那么，在整个假设检验过程中，证据与假设这种间接相关的关系具体作何表现？待检验假设是需要证据去终极证明的问题，只存在于推理链条的最顶端，而间接证据又不具备强大的直接证明力，所以只能借助中间力量来完成对假设的检验。这一中间力量就是

---

① Charles T. McCormick, *Handbook of the Law of Evidence*, St. Paul, MN: West Publication, 1954, p. 137.

第四章　证据评价推动下的假设检验

"指标"和"推理"。在战略预测评估中，并非所有与假设有关的事实都需要逐一加以检验，也不可能搜集到所有想要的证据，加之分析资源与时效性的限制，因此现实中很难出现那种完美检验。情报分析人员只能针对假设中涉及的主要事实加以选择性的检验，而这些主要事实就是从假设分解出的一个个子命题。从另一个角度来看，战略预测评估问题的复杂性也使待检验假设很少会以一个简单的单一性命题形式出现，它通常都是一个复合性命题。为了检验的需要，也应把假设分解为若干子命题。这些子命题常常还需要再次分解，最终变成一个个简单的单一性命题，然后再应用间接证据围绕这些不同层级的简单命题进行证明，而这些简单命题就是我们所说的"指标"。它作为"有形"的桥梁连接着证据与假设。

与"有形"的桥梁相对应，假设检验过程中还存在着"无形"的桥梁，这便是"推理"。假设、指标与证据的联系离不开推理链条的环环相扣：将待检验假设分解成若干指标，需要借助回溯推理，这是一个"自上而下"的推理过程（详见本书第三章第三节）；而用间接证据对指标进行证明，则是一个"自下而上"的推理过程。在证据评价的基础上，需要通过归纳推理、类比推理、演绎推理等多种形式，将证据和指标相"黏合"，得出暂时性的推论事实，留待进一步检验。所以从间接证据到指标再到假设的过程是基于证据进行推理的过程，推理是必不可少的重要一环。虽然推理的次数不受限定，要根据假设的复杂程度具体分析，但这种间接相关的关系使证明过程至少要经过一次以上的推理方能完成。

在"指标"和"推理"的共同作用下，会形成纵横交错的证据链、指标链与推理链，从而使整个证据与假设间接相关的关系呈现出网状结构，即证据—推理链条网。为了便于从学理上进行解释说明，本书以最简单的证据—推理链条网为例（如图4—3所示）：

在图4—3中，围绕假设H，通过"自上而下"的推理建立了两个层级的指标I_x、I_{x-n}，后续所有的证明过程都将围绕对指标体系的证明而展开，以达到间接证明H的目的。证据E与H是间接相关的

构建以假设为核心的战略预测评估方法

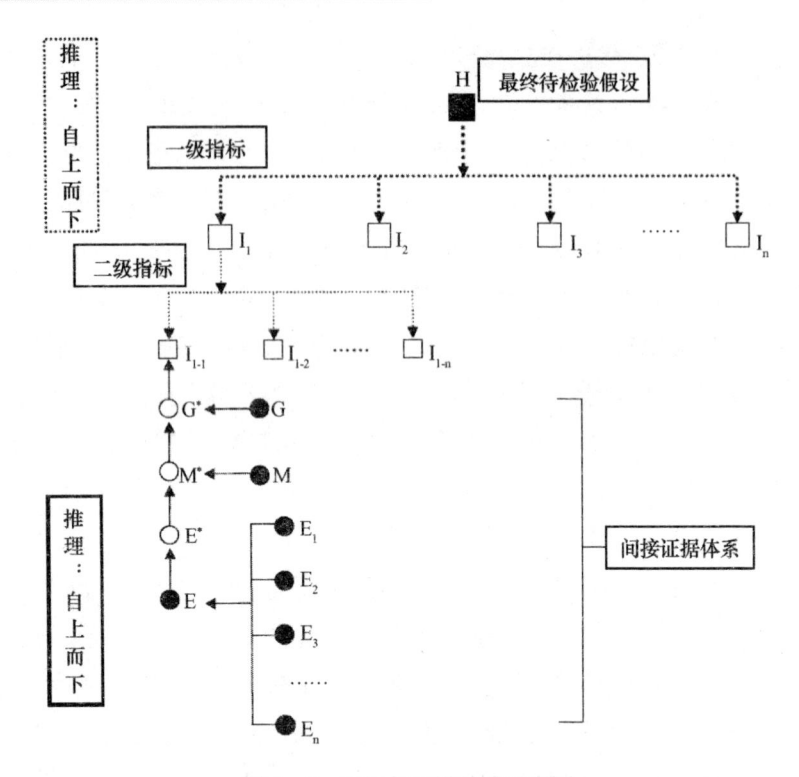

图4—3 证据与假设关系示意图

关系，必须通过和其他证据 M、G 组成间接证据体系才能形成对 I_{1-1} 的证明力，并且 E、M、G 本身也代表一个证据群，是由次一级证据构成的证据体系，如 E = {E_1, E_2, E_3……E_n}。这意味着其实间接证据体系也是有层级之分的。

由证据 E 通过"自上而下"的推理，可不断形成暂时性的推论事实 E^*、M^*、G^*，这些推论还需要借助各自的证据群 E、M、G 加以检验。不难发现，整个证据—推理链条网是由无数条证据链、指标链和推理链组合而成的，如类似由 E_1 到 E_n、由 E 到 G 这样的证据链；由 I_1 到 I_n、由 I_{1-1} 到 I_{1-n} 或由 I_{1-x} 到 I_1 这样的指标链；以及由 E 到 I_{1-1} 这样的推理链。这些链条属性各异、长短不一，它们纵横交织，最终共同指向待检验假设 H。

其间需要特别指出的是，证据 E、M、G 与假设 H 具有间接相关的关系，这个毋庸置疑。但也正如前文所论述的那样，间接相关与直接相关本身就是一对相对概念，所以 E 对应于 E^*；M 对应于 M^*；G 对应于 G^*；G^* 对应于 I_{1-1} 又是直接相关的。在这些证据链中，E、M、G 均作为直接证据加以使用。同样，在某一推理链中，同一个推论事实既可以充当暂时性的结论，也可以在另一推理中充当前提，如 E^* 既是由证据 E 推理证明得出的暂时性结论，又是 M^* 的推理前提。在整个证明过程中恒定不变的，只有待检验假设 H 始终处于证据—推理链条网的最顶端。

通过分析证据—推理链条网不难发现，当证据与假设是间接相关的关系时，要借助间接证据独立检验假设是一件极为复杂的工作，但其间还是有规律可循的。首先，间接证据要在质和量上有保证。凡纳入假设检验环节的证据都需要具备证据资格，保证具备相关性、可信性并拥有一定的证明力；同时，还要在数量上形成一定的规模，能够组成证据体系，形成若干证据链，使证明力强度不断提升。其次，不允许间接证据间存在矛盾，若存在矛盾或不一致的情况必须加以合理解决，否则难以得出正确结论。最后，要借助推理最大限度弥补证据链可能存在的"缺口"。现实中，间接证据体系构建的证据链很难做到环环相扣，存在缺口是一种常态。因此必须以证据为基础，借助推理的力量形成初步的推论事实，不断弥合证据链上的缺口，使整个证明过程趋于完备。

第二节 证据检验假设的证明机理

证据检验假设的过程究其本质就是证据"自下而上"不断证明各级指标的过程。证明需要借助一系列推理来完成，每一个推理在逻辑上都有自身的路径，并且基本都是以大前提、小前提和结论这样的三段论形式出现的，经验法则在逻辑推理过程中一般充当着大前提的角色。基于此，确保经验法则的高度可信以及整个证明过程的逻辑路径正确严密，就成为了证据检验假设所必须要遵循的证明机理。[1]

一、经验法则

虽然在战略预测评估中面对不同的证据和推理会应用到不同的经验法则，其在数量上和种类上都是无限的，且涉及范围又极其广泛，但作为抽象出来的知识和常识，经验法则又是在相当范围内达成共识的命题，因而具有一般性。只要抓住其本质，认识到经验法则的重要性和潜在的脆弱性，并对其进行科学的分类与应用，就能最大限度保证证据在检验假设过程中证明效力的发挥。

（一）重要性

经验法则系指人类以经验归纳所获得有关事物因果关系或性质状态之法则或知识，其范围既包括属于日常生活中一般人之常识，也包括属于科学、技术、艺术等专门学问方面之知识。或者，经验法则是从经验中归纳出来的有关事物的知识或法则，包括从一般的生活常识到关于一定职业技术或科学专业上的法则。[2] 具体到战略预测评估领域，经验法则可以定义为情报分析人员依照情报工作中所形成的反映事物之间内在必然联系或者是或然常态联系的事理，作为认定待检验命题的有关法则[3]，同时亦指据以认定待检验命题的实际经验内容。

经验法则在观念上属于不证自明的公认范畴。它对于证据检验假设意义重大，主要集中体现在两个方面：一是在证据运用中，证据检验假设过程中的每一个推理都依赖经验法则为其提供一个值得信赖的大前提，经验法则可被视为构建逻辑推理的基础。例如，在苏联，某党和国家领导人在国家级媒体上出现的频率很高（间接证

---

[1] 机理指为实现某一特定功能，一定的系统结构中各要素的内在工作方式以及诸要素在一定环境下相互联系、相互作用的运行规则和原理。
[2] 陈荣宗、林庆苗：《民事诉讼法》，台北·台湾三民书局，1996年版，第487页。
[3] 毕玉谦：《试论民事诉讼中的经验法则》，《中国法学》2000年第6期。

据），与该领导人的地位十分稳定（暂时性的推论事实）之间的联系是由经验法则搭建起来的。这条经验法则可以被简单表述为：在国家级媒体上出现频率很高的苏联党和国家领导人的地位一定十分稳定。只有将此经验法则作为大前提，才能推出上面暂时性的推论事实。二是在证据评价中，必须利用经验法则来衡量已知事实、确定未知事实，经验法则被视为是证据评价的根据。例如，现有待检验指标 I_1：A 国推行进攻型军事战略，证据 E_1：A 国增加军费开支；证据 E_2：A 国建造了大型航空母舰。这两个证据对指标的证明力 PF 大小是不同的，必然是 $PF_{E_2} > PF_{E_1}$。之所以如此，是因为证据评价所依托的经验法则其或然性高低存在差异。E_1 检验 I_1 依据的经验法则 R_1 是：增加军事开支可能代表推行进攻型军事战略；E_2 检验 I_1 依据的经验法则 R_2 是：建造大型航空母舰可能代表推行进攻型军事战略。稍有军事常识的人都知道增加军费开支也可能是用于防御目的，而大型航空母舰则明显属于进攻型战略武器，所以经判断，R_2 的或然性程度要高于 R_1，而这又直接影响到了证据证明力的大小。

由于经验法则是从情报分析实践中归纳抽象出来的，归纳就意味着很难做到完全性，所以一般经验法则是以事实的盖然性作为其内容，由此而形成的规则。[①] 同样，在战略预测评估中，经验法则很少能够提供一个必然为真的大前提，更多的是以或然性大前提的形式出现。例如，R_1：具有军国主义倾向的国家必然会发动战争；R_2：具有军国主义倾向的国家通常会发动战争。与 R_2 相比，R_1 属于必然性经验法则，过于武断，明显不符合实际情况。反倒是用了"通常"、"易于"这样加以限定的或然性经验法则更具可信性，也更适合作为推理的基础。在战略预测评估中，辨别每一个推理所依赖的经验法则是否真实可信至关重要，因为它直接影响着证据证明力的强弱，关系着推论事实的强度和似真性。

---

① 参见刘善春、毕玉谦、郑旭：《诉讼证据规则研究》，北京·中国法制出版社，2000 年版，第 613 页；毕玉谦：《〈最高人民法院关于民事诉讼证据的若干规定〉释解与适用》，北京·中国民主法制出版社，2002 年版，第 94 页。

（二）基本类型

要在战略预测评估中实现对经验法则的自觉应用，首先应该掌握其基本类别。现代证据学对经验法则的划分为本书提供了科学的参考依据。根据实体无涉的研究方法，以可靠性作为分类标准，可将经验法则划分为5种类型。

第一类，科学知识。人们认识事物，总是由不知到知、由知之甚少到知之较多。科学研究的过程，可以说就是从已知出发探索未知的过程。[①] 一旦经过长期、反复的科学研究与验证后，就有可能掌握未知与已知间内在的、必然的、本质的联系，从而将未知变成不需要再加以证明的已知——科学定律或科学原理。例如，有关美国"民兵－III"型洲际弹道导弹的性能一经掌握，那么它就属于不需要再进行检验和证明的经验法则了。这一经验法则具有科学知识的性质，比如根据它能准确测算出该导弹从美国怀俄明州沃伦空军基地发射至莫斯科所需要的时间。如果以此类经验法则作为推理的大前提，其可靠性是最高的，推导出的推论事实的确定性也是最大的。

第二类，专家意见。此类经验法则具有较强的专业特色，普通人因不具备该领域的专业知识故很难理解其中的含义，需要由相关领域的专家或专业机构提供并做出解释。例如，侦察卫星拍摄的舰船、车辆等武器平台的轨迹图像，需要由专业人士进行识别和判读。未来，随着情报搜集技术水平的不断提升，涉及领域的不断拓展，越来越多的经验法则都将会涉及到专家意见，而此类经验法则的可靠性也将直接与专家或专业机构的资格、水平息息相关。

第三类，一般知识。此类经验法则是指在一定共同体内确立的并被普遍接受的知识。[②] 例如，当前只有美国拥有核动力大型航空母舰；俄罗斯的冬季经常出现大风、暴雪等天气；美日两国存在情报

[①] 孙小礼主编：《科学方法中的十大关系》，上海·学林出版社，2004年版，第44页。

[②] Terence Anderson, David Schum, William Twining, *Analysis of Evidence*, Second Edition, Cambridge, MA: Cambridge University Press, 2005, p. 270.

合作；等等。作为一般知识的经验法则虽然不是科学知识，但它却属于情报分析的认知范畴，是在情报分析领域被广泛知晓的，情报分析人员也对其持相信的态度。在大多数情况下，此类经验法则都将直接出现在推理的大前提中，而无需再加以证明或说明。

第四类，经验概括。此类经验法则主要包括间接经验概括和直接经验概括两大类。间接经验概括是他人通过总结实践经验而得出的经验法则。比如，先前的战略预测评估结论就属于间接经验概括，但如果上一次战略预测评估的结论就是有误的，那么依靠它进行推理，就很难得出正确的结论。直接经验概括则来自于个人亲身经历，比如一次重大历史事件带来的影响、参与某次重大活动留下的深刻印象等都有可能生成经验法则。虽然很多时候这种从具体事实中提取的经验并未获得普遍验证，但它却往往具有极强的影响力，最容易首先浮现于情报分析人员的头脑中。而且由于个体的差异性，通常这类经验法则个性大于共性，特殊性大于普遍性，甚至有时候其生成时的主观感受会起决定性的作用，从而替代了科学根据。例如，某情报分析人员曾被一间谍提供的假情报欺骗过，并造成了极其严重的损失。这一特殊经历对他产生了巨大的影响，很容易使他产生"所有谍报都是不可信的"这样的经验法则。而该经验法则明显具有极强的个人主观色彩，并不符合客观实际规律，有时候高质量的谍报是其他类型情报产品所无法替代的。

第五类，直觉概括。此类经验法则是指个人或某一群体通过直觉将自己的知识库与信念库混合在了一起并加以概括综合的产物。因为直觉占据了主导地位，所以常常无法辨别该经验法则的来源，也很难解释相信它之所以成立的原因。个人知识库蕴涵的知识虽然很大程度上还能归为比较确定的常识，但在应用过程中却极易受到信念库的影响。无论是个人还是群体，都很难清楚界定信念这一凝聚体，它很像一锅由各类信息混合而成的浓稠的汤羹。这里面有高级模型、零星记忆、印象、故事、神话、谚语、希望、刻板印象、推测或偏见等。① 一旦知识库与信念库在直觉的牵引下相结合，价值判断就很有可能伪装成经验命题，那么事实和价值、实然与应然则难以清晰区分，由此生成的经验法则将会受到价值判断的影响而朝着心理预期的方向发展，其可靠性也随之大打折扣。

（三）实际应用

经验法则在实际应用过程中应分为两种情况加以考虑：一类是单个经验法则可靠性极高，主要是针对科学知识类的经验法则而言；另一类是单个经验法则虽达不到可靠性极高的程度，但组合形成体系后却具有较高的可靠性。

根据经验法则的可靠性来看，科学知识具备充分有效的特性，由它作为大前提推理出的事实推论无疑确定性程度最高，因此科学知识也是最为理想的推理前提，是情报分析人员的首选。在原则上，此类经验法则对情报分析人员进行逻辑推理和证据评价具有相当的约束力。当证据是建立在经过科学证实的知识的基础上时，情报分析人员不得再对经验法则进行自由选取，也不得再对证据进行自由评价。但同时，在应用此类经验法则时还必须明确两点：一是科学知识并不是静止的、固定不变的，高可靠性并非是绝对必然性，只是具有极高的或然性概率。随着人们认识水平的提升，有些确定无疑的科学知识也会被修改完善，甚至被推翻都是有可能的。二是科学知识作为经验法则其作用范围是有限的。越是具有普遍性的经验法则在现实战略预测评估中的作用越容易受到限制。虽然其可靠性高，但却多是作为背景知识出现的，而那些针对具体问题形成的经验法则会更具说服力。

正如与战略预测评估中直接证据不易获取一样，要想借助科学知识这类经验法则一次实现对假设的检验也基本不具可能性。大多数情况下，推理的大前提都是或然性程度不等的经验法则，所以得出结论的或然性程度亦有差异。只有通过与其他经验法则有机结合，

---

① William Twining, *The Great Juristic Bazaar*, Aldershot: Ashgate/Darmouth, 2002, p. 456.

才能提升结论的确定性。例如，有待检验假设 H：A 国将进攻 B 国；证据 E_1：A 国和 B 国断绝外交关系；证据 E_2：A 国向 A、B 两国边界部署了大量军队。E_1 与 E_2 的组合提高了 H 成立的可能性，因为经验告诉我们，"既断绝外交关系又在两国边界部署大量军队的举动预示爆发战争的可能性更大"——其为或然性程度较高的经验法则。随后，又有证据 E_3：A 国加速在其军队中大量配备进攻型武器；证据 E_4：A 国和 B 国关于某处领土主权的争端迅速升温。将这些间接证据有机结合起来，组成证据体系，随之它的经验法则也会以组合的形式出现，通过体系化加强了或然性的程度。该经验法则将演变为"一国与邻国领土争端升温、加速在军队中大量配备进攻型武器、与邻国断绝外交关系、在与邻国边界部署大量军队，表明该国将对邻国发动战争"。这一经验法则的或然性就被提升到了相当高的程度，情报分析人员据此就可以做出假设在很大程度上成立的判定。

从客观存在的角度看，经验法则是离开具体事实而存在的知识，是不成文的法则，但若涉及到具体应用，其又是有条件限制的。因为从经验法则的特性来讲，它并不是抽象定型的一个法则，其由具体生活经验所得，是以流动性、具体性为内容的法则。所以使用的时候，就应该注意该法则所生的具体基础以及它的背景，配合全体善加运用，不能用片面或固定之形式予以适用。[①] 情报分析人员在应用过程中必须认真考虑经验法则反映的这种事物之间内在必然联系或者是或然常态联系，经验法则与待检验指标、假设之间的关系，以及所用证据是否存在特殊情况，以确保该经验法则对具体问题具有适用性，最大限度避免不当应用的发生。这就好比是对症下药，虽然在一般情况下治疗某种疾病的药是相对固定的，然而一旦具体到每位病人的具体情况，则需要考虑更多的因素，比如是否对该药过敏，是否具有抗药性等。那么针对每位病人开出的药就相当于具体的经验法则，其更具针对性与适用性。

---

① 曹鸿兰等：《违背经验法则之研究——以事实认定为中心》，民事诉讼法研究基金会编：《民事诉讼法之研讨》（四），台北·台湾三民书局，1995 年版，第 129 页。

（四）提升经验法则科学性的有效途径

在绝大多数情况下，经验法则的运用是情报分析人员一种不自觉的行为。他们借助证据进行逻辑推理时，所依赖的大前提早已在不知不觉中浮现于脑海里，然后就很有可能不假思索地对其直接加以利用。这种不自觉性本身就蕴藏着潜在的危险，除非要求情报分析人员证明自己的推理过程是科学的，否则他们很难意识到自己对经验法则的运用是否正确。例如，苏德战争前，斯大林在多次讲话中不止一次地重复同一个思想：德国人应该从第一次世界大战所遭到的失败中吸取教训。[①] 这一思想其实就是斯大林建立起来的有关"德国不会主动进行两线作战"的经验法则。然而，对于希特勒来说，为了完成对欧洲的征服，他认为与苏联的战争是不可避免的。所以他说，"最好在我们还对自己的实力有信心的时候解决掉这个威胁。"[②] 另外，在希特勒看来，英国将希望寄于苏联和美国，如果苏联被毁灭，英国也将失去美国的支援，因为苏联的毁灭将使日本在远东的力量大大增强。所以说，斯大林建立的经验法则其实是与现实不符的，并且也没有对它加以考量就直接使用了，从而导致在战前忽略了大量有关德国将要进攻苏联的情报。

若要在应用过程中提升经验法则的科学性，规避潜在的危险，就必须将经验法则由不自觉的应用发展为自觉的、有意识的应用，即将默示的经验法则明示化。它主要包括了两方面的内容：一是对应用经验法则进行逻辑推理的过程明示化；二是对经验法则评价的明示化。借助该方法，情报分析人员常常能够发现平时不易觉察的错误，同时也会认识到很多不合逻辑的推理往往源于一个错误的经验法则。例如，以"增加军费通常/常常/时常是为了发动战争"这个错误的经验法则为大前提，结合证据"X国增加了军费"进行推

---

① [俄] 德·安·沃尔科若夫：《斯大林》（中册），张慕良等译，北京：世界知识出版社，2001年版，第855页。

② Walter Schellenberg, *The Schellenberg Memoirs*, London: Andre Deutsch, 1956, p. 209.

理，就会得出错误的结论（如图4—4所示）。

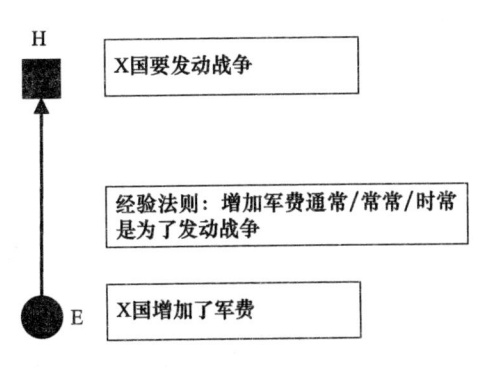

图4—4 应用经验法则进行逻辑推理的明示化

该经验法则一经明示化，就充分暴露了它的谬误，发现它是整个证明过程中极为脆弱的一环，经不起仔细推敲和检验。以此经验法则作为推理大前提得出的推论事实，其可靠性自然是极低的。

要提升经验法则应用的科学性，除了对逻辑推理进行明示化外，还需要对经验法则的评价进行明示化。评价的明示化主要还是按照经验法则的五种类型展开，可靠性呈递减趋势。最可靠的经验法则是科学知识，它以最抽象的形式对某一客观规律加以概括，并通过不断重复的经验和试验证明其真实性，因此可靠性最高。其次是专家意见，有资质的专家或专业机构给出的意见虽然在广泛性上可能会超出普通人的理解范畴，但可靠性却较高，仅次于科学知识，而且在战略预测评估中涉及到技术分析层面的都将越来越依靠此经验法则。可靠性居中的是一般知识，它要么在内容上基本无争议，要么在来源上毋庸置疑，情报分析人员不会再对其进行无意义且浪费资源的证明。但由于此类经验法则针对性不强，所以对逻辑推理提供的支持力度也就不高。经验概括的可靠性处于一个临界的位置，可能会具有一定的可靠性，但也可能会因不具备可靠性而出现误导的情况。这主要取决于其抽象程度以及普遍性高低等因素，还有就是对例外情况的考察。最不可靠的当属直觉概括，虽然有时候它能在某一团体中达成高度共识，但由于其间可能掺杂了价值判断，所以必须加以辨别，不能直接作为逻辑推理的大前提。

具体的经验法则评价过程可具体转化为以下一系列问题：（1）该经验法则是明确表述的，还是仅仅是暗示性的？（2）如果是明确表述的，它是否准确，而不是含糊不清？（3）它是以中性化词语进行表述的，还是使用了带有明显感情倾向或价值判断的词语？（4）它是被表述为一个普遍现象，还是用"通常/常常/有时"这些频率副词对它进行了限定？（5）它属于哪一类型的经验法则：科学知识/专家意见/一般知识/经验概括/直觉概括？（6）它是一个能证明真伪的命题，还是一个价值判断的命题？（7）它的真理性能否被合理质疑？（8）能否提出一个指向相反方向或支持不同结论的竞争性经验法则？（9）该经验法则对逻辑推理提供了何种程度（强有力/中度/较弱/微不足道）的支持？[1] 通过环环扣问，更有利于客观评价所使用的经验法则，也更易于发现逻辑推理的起点是否存在错误。

二、逻辑路径

证据检验假设必须经历一个由已知推导未知的过程，这是一个借助逻辑推理不断消除不确定性的证明过程。在此过程中，虽然有多种逻辑方法可供选择，但就证明机理而言，逻辑路径却是相对固定的。其主要有三：一是正向证明，即采用证实的方法，用所获证据证明待检验指标在现实中已经发生，从而增加假设的确定性程度，即通过证实指标进而证实假设；二是逆向证伪，即采用证伪的方法，用所获证据证明待检验指标与发生的事实相矛盾或在现实中不存在，从而排除假设，即通过证伪指标进而证伪假设；三是正向证明与逆向证伪相结合，即交叉使用证实与证伪的方法，在排除合理怀疑的同时增加确定性程度，最终能够检验出假设群中最有可能成为现实的那个假设。

---

[1] See: Terence Anderson, David Schum, William Twining, *Analysis of Evidence*, Second Edition, Cambridge, MA: Cambridge University Press, 2005, pp. 279–280.

（一）正向证明

正向证明的逻辑路径是通过证实法，运用证据推导出关于待检验指标的肯定性结论，从而使该指标获得确认，实现积极的指标构建意义，最终完成对假设的间接证明。在战略预测评估中，正向证明的逻辑路径可简单表述为：以建立的假设 H 为出发点，推演出必然性指标体系 $\{I_1, I_2, \cdots\cdots I_n\}$。如果证据体系 $\{E_1, E_2, \cdots\cdots E_n\}$ 证实了指标体系中的 I_1 与现实相符，那么，该假设 H 就得到了一定程度的支持和确证。通过正向证明的逻辑路径对假设进行检验的过程如图4—5所示：

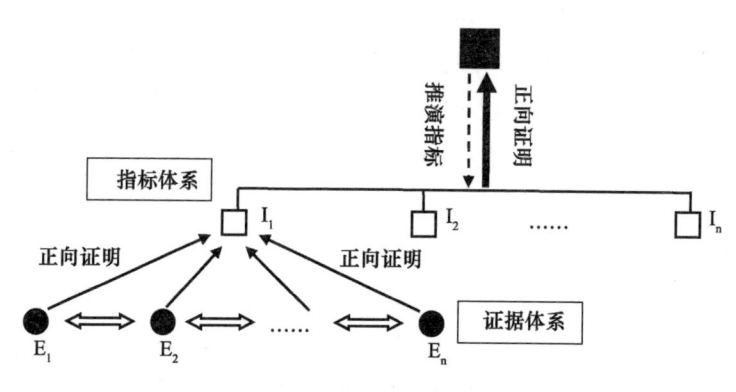

图4—5 正向证明假设逻辑路径图

例如，现有待检验假设 H_1：A 国将要对邻国 B 发动战争；H_2：A 国对邻国 B 进行武力威慑。根据 H_1 可以建立相关的指标体系，其中会包括一个重要的指标 I_1：A 国必然会沿着与 B 国的边境部署兵力。如果通过情报搜集，发现多方证据都显示 A 国在边境集结了大规模的兵力，那么，指标 I_1 就得到了逻辑上的正向证明，假设 H_1 随之得到了一定程度的支持和确证。然而，还必须清楚地意识到，被证实的指标 I_1 也能使 H_2 得到一定程度的支持和确证。所以，在实际检验工作中，需要对假设推演出的由多个必然性指标组成的指标体系进行证实，以提升假设的确证程度。其具体做法是：首先，以战略预测评估中建立的假设作为充分假言命题的前件，然后将推演出的指标体系作为后件以备检验；其次，再通过进一步的情报搜集工作构建证据体系，借助不同的证据—推理链条网正向证明各级指标；最后，按照充分条件假言推理的肯定后件式来证明假设。其间，指标体系越完备，假设的外延被缩小的程度就会越高，使得同时满足这些指标条件的假设确证程度就越高。通过正向证明指标体系进而检验假设的逻辑形式是：

如果 H，则 I_1 并且 I_2……并且 I_n

I_1 并且 I_2……并且 I_n

所以，H

例如在第二次世界大战中，日军曾利用统计资料，通过研究美军的外在表现与其作战动向之间的规律，制作了"敌人作战习性图"。[①] 根据它可以由业已建立的假设 H："美国将要进攻塞班岛"推演出一套指标体系，即待检验命题。I_1：美军已开始集结并部署兵力；I_2：美军对日军的要冲进行侦察，并进行旨在削弱日军守备兵力的攻击（主要利用飞机）；I_3：美国的军政头目坚决主战；I_4：美军召开军事首脑会议；I_5：最近恰逢美国或日本的纪念日；I_6：天气状况适合作战。上述指标围绕假设 H 构成了一个较为充分的指标体系。随后，日军根据所获情报素材认证筛选出了以下证据：E_1：1944 年 2 月 17 日和 18 日，美国海军袭击了太平洋中部的要塞特鲁克岛；E_2：23 日，又对塞班岛进行大规模空袭，这一天正是美国开国元勋华盛顿的生日，25 日又将是美国舰队司令尼米兹的生日；E_3：美军已开始装备 B-29 型远程轰炸机；E_4：塞班岛是太平洋的战略要冲，建有机场，如果失陷，日本就刚好处在美机轰炸范围之内；E_5：美侦察机在塞班岛上的高空活动；E_6：塞班岛 5 月份来遭受的空袭次数越来越多；E_7：美大批潜艇出没于塞班岛附近海面；E_8：5 月 7 日美国海军首脑在旧金山召开会议……综上所述，除了 I_6 这一关于天气的指标还有待于证据的证实外，其余指标 I_1、I_2、I_3、

[①] 具体可参见本书第三章第一节"指标体系的定义及其重要性"。

I_4、I_5 均得到了证据的正向证明。那么假设 H："美国将要进攻塞班岛"便得到了很大程度上的支持和确证。

通过上例不难发现，就正向证明的逻辑路径来说，一方面，除非指标体系中的所有指标都得到证据的证实，否则假设无法必然为真；另一方面，在现实中由于受到实际条件的诸多限制，很难完全证实由假设推演出的所有指标，能证实的指标只是指标体系中的一部分。因此在大多数情况下，通过正向证明的逻辑路径检验假设，只能达到"一定程度的可确认性"，而不能做到"完全可证实性"。但也正是这种"一定程度的可确认性"使搜集方向更加明确，分析重点更加突出，战略预测评估的进程向更深层推进。所以，采用正向证明的逻辑路径是证据检验假设的必经之路。

（二）逆向证伪

在证据检验假设中，虽然可以利用证据证实某一个或多个指标，但它们只能提高该假设成立的可能性，而永远无法实现假设必然为真的完全确定性；如果假设不能做到"完全可证实性"，只要发现某一指标与事实不相符或存在矛盾，那么，该指标所指向的假设就可以被证伪。这正如西方批判理性主义的创始人波普尔所认为的，"科学理论不可能完全得到证实或证明，但它们是可检验的"。[①] 而这种检验就在于努力对这个假设进行证伪（也就是反驳它）。[②]

证伪采取的是逆向证明的逻辑路径，其与正向证明恰好相反，它不是去试图证明假设成立，而是去批判业已建立的假设。整个证伪的过程更像胡适所说的"魔的辩护士"。[③] 在战略预测评估中，逆向证伪的逻辑路径可简单表述为：以建立的假设 H 为出发点，推演

[①] ［英］卡尔·波普尔：《科学发现的逻辑》，查汝强、邱仁宗译，沈阳出版社，1999 年版，第 24 页。

[②] ［德］施太格缪勒：《当代哲学主流》（上卷），王炳文等译，北京·商务印书馆，1986 年版，第 412 页。

[③] "中古基督教会的神学者，每立一论，必须另请一人提出驳论，要使所立之论因反驳而更完备。这个反驳的人叫做'魔的辩护士'……我攻击他们的方法，是希望他们的方法更精密；我批评他们的证据，是希望他们提出更有力的证据来。"

出必然性指标体系 $\{I_1, I_2, \cdots\cdots I_n\}$。如果有任何一条证据 E_x 能够证明指标体系中任何一个指标 I_x 与事实不符或存在矛盾，那么，该假设 H 则被证伪。通过逆向证伪的逻辑路径对假设进行检验的过程如图 4—6 所示：

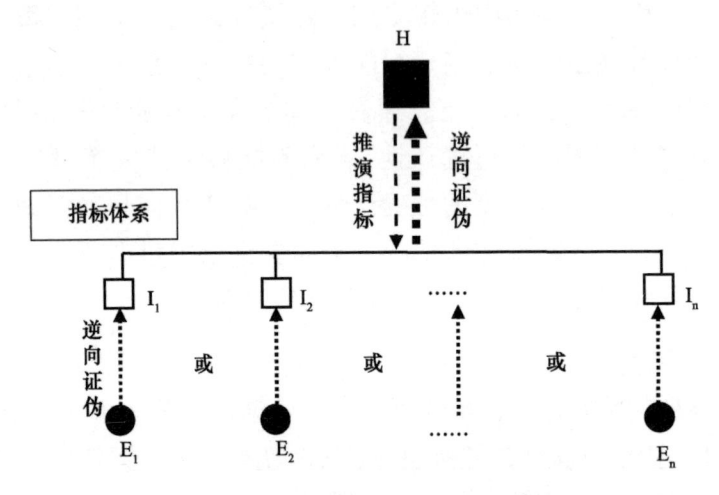

图 4—6　逆向证伪假设逻辑路径图

在具体的证据检验假设中，要逆向证伪一个假设，最常用、也最基本的逻辑方法就是运用充分条件假言推理的否定后件式，即以假设为充分条件假言命题的前件，由指标体系作为待检验的后件，通过证据证明某一指标与事实不相符或存在矛盾，然后根据充分条件假言推理的否定式，否定后件就必然否定前件，从而推翻该假设。理想状态下，通过逆向证伪指标进而检验假设的逻辑形式是：

如果 H，则 I_1 并且 I_2……并且 I_n

非 I_1 或非 I_2……或非 I_n

所以，非 H

针对指标体系中的某一具体指标 I_x，"非 I_x"存在两种情况，故间接证伪假设的基本方法也相应有两种。

方法一：用与指标相矛盾的肯定事实来证伪假设

如果 H，则 I_x

第四章 证据评价推动下的假设检验

今 F，并且 F 与 I_x 相矛盾（非 I_x）

所以，非 H

此推理形式具有两个显著特点：一是小前提用的是肯定的事实 F；二是这个肯定的事实 F 与指标 I_x 相矛盾。由于小前提在对自身的肯定中能起到否定指标的作用，这就意味着假设自身与某些现实相矛盾。故用此方法否定假设具有很强的效力，它能够在假设的检验过程中满足某方面否定的要求。

例如，2001 年 12 月 13 日，印度议会大楼遭到了武装分子的袭击。12 月 18 日，印度内政部长阿德瓦尼（Lal Krishinchangd Advani）公开强烈指责这次袭击是巴基斯坦资助的旨在消灭印度政治领导层的恐怖行动，并誓言要铲除恐怖主义。当时有权威专家和媒体预测，印度将对巴基斯坦发动战争。其依据是在此前的几十年间，印度曾有三次抓住借口对巴基斯坦发动战争，从而达到削弱巴基斯坦实力的目的，这次也必然不会例外。在此例中，建立的假设 H"印度将对巴基斯坦发动战争"并没有通过证据进行检验，就直接认为其成立，这违背了证据裁判原则的精神实质，不利于生成准确的战略预测评估结论。正确的做法是根据 H 推演出待检验指标 I_1：印度和巴基斯坦至少一方是非核国家。推演依据的经验法则是两个拥核国家之间从来没有爆发过战争，因为一旦使用核武器，战争的代价会变得过大。而印度和巴基斯坦都于 1998 年进行了核试验，成为了拥核国家。这一事实与 I_1 相矛盾，所以 I_1 被证伪，那么，"印度将对巴基斯坦发动战争"这一假设也随之被证伪。

方法二：用指标在现实中不存在的事实来证伪假设

如果 H，则 I_x

今没有 I_x

所以，非 H

在这种推理模式中，情报分析人员不仅要关注已获取的证据，更要关注不存在的证据，有时候它比存在的证据对检验假设更具意义。我们必须有意识地去思考，如果某个假设是正确的，哪些证据应该出现却仍未出现。① 也就是说，如果没有证据表明指标 I_x 的出现，则假设 H 不成立。在这里，必须严格区分"没有证据"和"没有发现证据"两个概念。前者意味着确证，后者意味着存疑。在许多情况下，找不到期望出现的证据，或者找不到证据提供者，这本身可以被看做一种证据形式。注意到一个事件没有证据，不同于拥有这个事件未发生的证据。这正如一句古语所言："缺乏证据不等于没有证据"（Evidence of absence is not the same as absence of evidence）。② 如1998年在面对印度是否会进行核试验这个问题时，美国情报机构的报告认为"没有迹象表明印度会于近期进行核试验"。③ 这一论断就是没有弄清"没有证据"和"没有发现证据"这两者之间的区别。印度在准备核试验的同时，也会采取一系列措施来隐蔽其真正的意图，所以，分析人员很难看到期望中的证据，但这并不代表证据不存在，只不过是尚未发现而已。然而，如果以"没有发现证据"为由就否定了"印度会于近期进行核试验"的假设，那么证伪就会丧失其应有的效力。基于以上的要求，采用逆向证伪逻辑路径排除假设时必须谨慎，只有当确证"没有证据"时，才能对假设证伪。

正所谓科学方法的基本原则就是不断排除假设，同时仅仅暂时接受那些目前无法证伪的假设。④ 可以认为逆向证伪是检验假设的基本逻辑路径。在战略预测评估中，建立的往往是由多个假设组成的假设群，其中有些假设必然是与未来情况不相符的，逆向证伪的逻辑路径恰恰可以对指标及假设进行证伪检验，不断排除假设，缩小分析的范围，逐步接近最终正确的结论。

---

① Richards Heuer, Jr., *Psychology of Intelligence Analysis*, Langley, VA: CIA Center for the Study of Intelligence, 1999, p. 99.

② Terence Anderson, David Schum, William Twining, *Analysis of Evidence*, Second Edition, Cambridge, MA: Cambridge University Press, 2005, p. 98.

③ See: Richards Heuer, Jr., *Psychology of Intelligence Analysis*, Langley, VA: CIA Center for the Study of Intelligence, 1999, p. 108.

④ Ibid., p. 46.

（三）正向证明与逆向证伪相结合

在战略预测评估中，每个假设成立的概率各不相同，有的要相对高一些，有的则要低一些。正向证明的逻辑路径可以增加某些假设的确定性程度，而逆向证伪的逻辑路径则可以对某些假设进行"一票否决"。两种不同方向的证明力交织在一起，最大限度地发挥各自的优势，最后形成的合力便促成了假设检验结果的生成。

以越南战争中1968年北越发动的"春季攻势"为例。[①] 1968年1月31日，在春节放假期间，北越的共产党军队对整个南越的城市、军事基地和政府设施同时发动了进攻。回顾历史会发现，在"春季攻势"临近的时候，美国情报分析人员和决策者针对北越未来可能采取的行动进行战略预测评估时，曾至少建立了3个假设。H_1：北越将竭力维持现状，并利用春节这段期间像往年一样加紧进行物资和人员的渗透；H_2：北越为了摆脱困境将采取一些规模不大的新行动，且这些行动多集中在双方经常作战的边界地区；H_3：北越将发动一场在范围、事件、方式、时间和地点与以往不同的规模浩大的全面行动。

根据当时所获情报素材，对其进行资格认证后可得到以下几条重要的证据。E_1：武元甲撰写了《伟大的胜利，伟大的事业》这一文章；E_2：北越与苏联、中国签署了新的援助协议；E_3：北越于1967年10月发表声明，从1968年1月31日（越南春节）起，将遵守为期一周的停火协议；E_4：越共的正规部队大大加强了工兵作战和城市作战方面的训练；E_5：加紧重组西贡等大城市附近的军事指挥机构；E_6：通过"胡志明小道"老挝—柬埔寨段的卡车数量骤增；E_7：北越大批正规部队在向克山附近集结；E_8：缴获的文件多处谈及"重新发动一场大规模攻势以赢得战争"；E_9：大量"志愿者"

[①] See: Wirtz J. James, *The Tet Offensive: Intelligence Failure in War*, New York: Cornell University Press, 1991; Colonel John Hughes-Wilson, *Military Intelligence Blunders*, New York: Carroll & Craf Publishers, Inc., 1999, p.178; [美] 亨利·基辛格《大外交》，顾淑馨、林添贵译，海口：海南出版社，2001年版，第647—648页。

构建以假设为核心的战略预测评估方法

被编入了此前已快消耗殆尽的队伍。

当时的美国情报分析人员和决策者更倾向于认为美国的战略正在取得成功。在他们看来,"盾牌"行动及绥靖政策的实施已使北越丧失了进攻能力,并且按照以往的经验,在过去几年的越南传统春节期间,北越都没有采取过重大的行动。期望、不全面的认识以及片面的历史经验概括等因素与证据交织在了一起,形成了直觉概括类的经验法则。以它作为检验假设逻辑推理的大前提,显然不能使美国情报分析人员与决策者客观、平等地看待以上三种假设,从而严重影响了对"春季攻势"可能性的判断。

正确的做法应该是坚持"证据裁判原则",采取正向证明与逆向证伪相结合的逻辑路径,借助证据对假设进行检验,而不是以预期、经验等非理性的方法得出所谓的"战略预测评估结论"。根据本书指标推演的思路与方法,可构建出 H_1、H_2、H_3 的指标体系(如表4—1所示)。然后使用上述9项重要证据,其中 E_3 和 E_8 为直接证据,其余的均为间接证据,分别对3个假设及其指标体系进行检验(如表4—2、4—3、4—4所示)。

表4—1 H_1、H_2、H_3 的指标体系

假设群 指标划分	H_1	H_2	H_3
越共高层动向	I_{1-1}:越共高层动向正常	I_{2-1}:越共高层动向正常	I_{3-1}:越共高层动向异常
与社会主义大国关系动向	I_{1-2}:与社会主义大国关系正常	I_{2-2}:与社会主义大国关系正常	I_{3-2}:与社会主义大国频繁接触磋商
军队演习训练情况	I_{1-3}:军队进行正常的演习训练	I_{2-3}:军队进行一定强度的演习训练	I_{3-3}:军队进行高强度的演习训练

续表

假设群 / 指标划分	H_1	H_2	H_3
兵员征召情况	I_{1-4}：无兵员征召	I_{2-4}：无兵员征召或小规模兵员征召	I_{3-4}：大规模兵员征召
军队调动部署情况	I_{1-5}：军队调动部署不变	I_{2-5}：军队进行小规模调动部署	I_{3-5}：军队进行大规模调动部署

表4—2　H_1 及其指标体系检验结果

待检验 H_1：北越将竭力维持现状，并利用春节这段期间像往年一样加紧进行物资和人员的渗透

逻辑路径 / 待检验指标	证实	证伪	备注
I_{1-1}：越共高层动向正常	无	E_1	E_3 直接证实 H_1 E_8 直接证伪 H_1
I_{1-2}：与社会主义大国关系正常	无	E_2	
I_{1-3}：军队进行正常的演习训练	无	E_4	
I_{1-4}：无兵员征召	无	E_9	
I_{1-5}：军队调动部署不变	无	E_5　E_6　E_7	

构建以假设为核心的战略预测评估方法

表4—3 H$_2$及其指标体系检验结果

待检验 H$_2$：北越为了摆脱困境将采取一些规模不大的新行动，且这些行动多集中在双方经常作战的边界地区			
逻辑路径 \ 待检验指标	证实	证伪	备注
I$_{2-1}$：越共高层动向正常	无	E$_1$	E$_3$直接证伪 H$_2$ E$_8$直接证伪 H$_2$
I$_{2-2}$：与社会主义大国关系正常	无	E$_2$	
I$_{2-3}$：军队进行一定强度的演习训练	无	E$_4$	
I$_{2-4}$：无兵员征召或小规模兵员征召	无	E$_9$	
I$_{2-5}$：军队进行小规模调动部署	无	E$_5$ E$_6$ E$_7$	

表4—4 H$_3$及其指标体系检验结果

待检验 H$_3$：北越将发动一场在范围、事件、方式、时间和地点与以往不同的规模浩大的全面行动			
逻辑路径 \ 待检验指标	证实	证伪	备注
I$_{3-1}$：越共高层动向异常	E$_1$	无	E$_3$直接证伪 H$_3$ E$_8$直接证实 H$_3$
I$_{3-2}$：与社会主义大国频繁接触磋商	E$_2$	无	
I$_{3-3}$：军队进行高强度的演习训练	E$_4$	无	
I$_{3-4}$：大规模兵员征召	E$_9$	无	
I$_{3-5}$：军队进行大规模调动部署	E$_5$ E$_6$ E$_7$	无	

检验结果为：H_1 被 E_3 直接证实，被 E_8 直接证伪，其 5 个指标均被证伪；H_2 被 E_3、E_8 直接证伪，其 5 个指标均被证伪；H_3 被 E_3 直接证伪，被 E_8 直接证实，其 5 个指标均被证实且均未被证伪。其中在 H_1 和 H_3 中，E_3 与其他证据均矛盾。考虑到 E_3 为越共发出的声明，其极有可能是越共为掩护某些行动而进行的欺骗行动，故其可信性较弱。非常明显，H_1 和 H_2 应该被排除，而 H_3 成为现实的可能性最大。后来的事实证明也确是如此。

第三节　证据评价与结论的生成

证据评价是情报分析人员作为主体对证据的一种特殊认识活动。它需要围绕证据的资格、证明力的大小，以及是否能够达到证明待检验命题的程度做出评价。整个评价过程可被视为是主观见之于客观的过程。通过改进原有的证据评价模式，设定科学的评价标准、评价规则等，以规范情报分析人员的评价行为，从而有利于生成高质量的战略预测评估结论。

一、证据评价模式

证据评价模式是指情报分析人员的证据评价理念以及在此理念之下形成的评价方式与方法，它对证据评价实践起着积极的指导作用。因此在顶层设计上，极有必要查找传统证据评价模式的优势与缺失，对其进行新的修订，从而确保新的评价模式能充分调动情报分析人员的主观能动性，又能通过合理化的限制使评价方式与方法更加科学、规范。

（一）传统证据评价模式

在传统的战略预测评估工作中，证据评价更多是基于一种约定俗成的模式，即对证据是否具有证明力以及证明力的大小不预先做出规定，对证据相关性、可信性以及证明力的判断等均由情报分析人员自由裁量做出。该模式认为，证据评价是情报分析人员智慧的集中体现，应最大限度地发挥分析人员的主观能动性。因此它没有对证据检验假设给予过多的限制，是一种较为自由的证据评价模式。具体来看，它主要包括三方面的内容：一是以证据为评价对象，并将证据作为检验假设的根据。评价工作紧紧围绕证据展开，通过对证据的评价来检验假设是否能够成立，这也恰恰暗合了证据裁判原则的基本要求。二是以情报分析人员为评价主体，并对其主观能动性在证据评价中的作用给予了高度肯定。该模式赋予了情报分析人员评价证据不可替代的权力。在战略预测评估中，面对数量众多，种类各异的证据，情报分析人员以自己的知识储备和经验积累为基础，通过思维判断和逻辑推理等就能够完成证据评价，判断它们是否能够检验假设以及检验的力度如何。三是以自由裁量权为特点，不对证据评价预先设立相应的制度规则。情报分析人员只需在理性指引下达到内心的确信即可完成证据评价以及证据对假设的检验工作。内心的自由裁判在此过程中发挥着至关重要的作用。

纵观该证据评价模式，情报分析人员的决定性作用显而易见。现实中不会存在一套万能的公式用来评价每一条证据，也不会为每一条证据预先设定证明力标准。情报分析人员不可能像证据的"自动售货机"一样，这边将证据"硬币"投入，那边就能套用计算公式确立证据与假设间的联系，换算出假设成立的概率，从而生成战略预测评估结论。战略预测评估客体的活动虽有规律可循，但每一次战略预测评估却是唯一的、不确定的，它所涉及的具体问题有着自身的特殊性，它所涉及的每一条证据也都是独一无二的，且证据与证据之间、证据与假设之间的关系错综复杂。此外，客观事实一经发生，就永远无法恢复原貌，再加上时间等客观因素的限制，战略预测评估客体欺骗、拒止等活动的影响，使证据即便经过资格认证，也永远无法达到完美的境界，不充分、不完整、真假混杂始终充斥其中。根据这样的"已知"证据去检验假设、预测未来，其难度可想而知。因此，作为战略预测评估主体的情报分析人员只有充分发挥主观能动性，行使自由裁量权，具体问题具体分析，才有可能对证据做出正确的评价。在此过程中，任何外在力量都代替不了情报分析人员的内在思维。

那么，这样一套自由的证据评价模式是否就堪称完美呢？答案是否定的。虽然情报分析人员的自由裁量在证据评价过程中具有不可替代的优越性，但仍存在一定的缺陷。首先，情报分析人员的个人局限性会妨碍对证据的客观评价。情报分析人员的知识储备、经验积累、思维模式、分析判断能力等诸多因素都会影响到证据评价，而且其性格、态度、信念等也会在证据评价过程中发挥潜移默化的作用。一旦这些影响因素存在短板和偏差，就会导致证据评价的失败。其次，影响每一位分析人员进行证据评价的因素各不相同，这些影响因素的独特性容易造成评价标准的混乱，使主观色彩过于浓厚。最后，自由裁量权若不加以限制就存在被滥用的危险。基于社会规律，任何没有约束的权力都容易导致权力滥用，证据评价中的自由裁量权也不例外。战略预测评估中的各种不确定因素一旦被盲目放大，并任由情报分析人员的主观能动性随意发挥而不加以限制，那么在证据评价时就毫无标准可言，极有可能滋生自由裁量权的"无度"与"滥用"。这显然也不符合证据评价的精神内核。

基于此，如何才能趋利避害，使证据评价在不失针对性、灵活性的同时又能有所规范，这就需要对传统的证据评价模式加以科学修订。

（二）对传统证据评价模式的修订

在所有的人类社会中，规则与裁量都是并存的[①]，证据评价也不例外。如果说检验假设的硬件是证据，那么软件就是证据评价规则。证据评价规则是情报分析人员对与假设相关的证据加以分析判断的原则与规范，是确保整个证据评价活动良性运转的关键所在。它一

---

① 周长军：《刑事裁量权论——在划一性与个别化之间》，北京·中国人民公安大学出版社，2006年版，第120页。

方面是情报分析人员评价证据的参照标准，有利于其在分析判断过程中有章可循，有据可依；另一方面又是情报分析人员行使自由裁判权的一个制约装置，防止权力的无度与滥用。因此，证据评价最理想的模式就是通过评价规则对情报分析人员的自由裁量权加以合理化的限制，从而使证据评价不断规范化、客观化。这也是对传统证据评价模式的一种科学修订。新的评价模式需要满足以下四个条件才能正常运行：

一是承认多样化的证据有共性且有规律可循。通过对证据的研究，以理性思维为牵引，从特殊性中抽象出共性，就会发现对证据评价是有一定规则可依的。任何具体的证据评价究其本质都是把一条抽象的评价规则应用到一个具体证据上的过程。确立可操作的、符合评价规律的规则以规范整个评价活动是证据评价的必然要求。

二是承认理性设计和现实存在之间永远不可能做到无缝链接。证据评价的理性设计源于对一般性规律的总结，起着标尺的作用。而在战略预测评估中，证据评价既是一个经验问题，也是一个逻辑问题，具有不确定性和无限可能性。借助抽象力生成的证据评价规则不可能预先对各种证据的证明力和评断标准都做好设定，因此，情报分析人员也不可能仅通过简单的规则对照就能像做选择题一样轻而易举地勾选出对应的评价。证据评价规则的宏观指导与具体应用间永远无法画上完美的等号。

三是承认情报分析人员主观能动性在证据评价中的不可替代性。既然关于证据评价的理性设计与现实存在之间具有"缝隙"，没有一套证据评价规则能将现实中证据的各种情况一网打尽，那么就必须充分发挥情报分析人员的主观能动性，通过自由裁量对其进行填补和完善。证据评价规则只是对证据证明力有无或大小给予原则上的指导，对作为评价主体的情报分析人员的自由裁量权加以合理化的限制，使其由绝对走向相对。现实中那种可以完全摒弃个人主观色彩的证据评价是不存在的，除非情报分析人员是一台台预先设定好程序的机器，而机器又无法代替人类的大脑，所以永远不能将情报分析人员变成机械化的证据评价机器。

四是承认证据评价规则永远无法消除情报分析人员的局限性与差异性。情报分析人员作为证据评价的个体，并不是抽象的"理性人"，而证据评价规则的出台只是为其进行证据评价提供一个科学的参考标准，使原本主观性较强的评价活动在规则的指导和限制中变得更加客观。同时，也必须清醒地意识到，证据评价规则仅仅只能将主观偏差、情感、价值判断等非理性因素控制在一个合理的范围内，以最大限度地消除情报分析人员的局限性与差异性，但只要情报分析人员的主观能动性发挥作用，就永远无法达到完全消除的理想境界。

二、证据评价的三个维度

正如前文所述，证据资格包含三方面的内容，即相关性、可信性与证明力。对证据的评价虽然最后聚焦于证明力的有无和大小，但其必须以对相关性与可信性的评价为基础。这也就意味着证据评价可以划分为两个层次：一是证据的自向证明，即证明证据本身的相关性与可信性，防止无证明力或证明力较弱的证据进入证据评价环节，从而提高检验假设的质量与效率；二是证据的他向证明，即通过自向证明后的证据来证明指标，进而检验假设。第一个层次主要聚焦于证据本身，涵盖单一证据和组合证据两种形式；第二个层次主要聚焦于证据与指标、假设的对接，其会以证据—推理链条网的形式出现。基于此，证据评价将围绕单一证据、组合证据以及证据—推理链条网三个维度进行，呈阶梯状推进。

（一）单一证据

证明力取决于单个证据以及与其相关的离散的系统推论，而最终对假设的检验则由这些彼此分离的证明力以某种叠加方式聚合而成。[1] 因此，如果将假设的检验过程拆分到最小的单位，那么就是对单一证据的逐条评价。拆分后的各个证据处于分离状态，证据的证明力不会因为与其他证据、信息的相互作用而发生变化。[2] 这就使情报分析人员能够最大限度不受干扰地对每一条证据进行客观评价，属于人为控制下的"证据净评价"。作为证据评价的基础维度，后续的任何证据评价都需要在单一证据评价的基础上展开。为了更好地理解和评价此类证据，需要对它进行科学的分类，从而有利于把握不同类型单一证据的突出特点。

按照相关性，单一证据可分为直接证据和间接证据两大类，这主要取决于证据与待检验命题间的关系。待检验命题既可以是假设，也可以是指标。视角不同，直接证据与间接证据的划分也就各不相同（详见本章第一节中"证据与假设的关系"）。如果待检验命题是假设，那么一般情况下，依靠直接证据独立检验假设的情况微乎其微，因为针对假设的直接证据可谓是凤毛麟角。况且战略预测评估客体还会采取一系列的欺骗手段和保密措施，所以很难获取具有超强证明力的可信的直接证据，反而依靠间接证据检验假设才是战略预测评估的一种常态。如果待检验命题是指标，那么直接证据出现的机率会大一些，尤其是指标所处的层级越低，就越容易获得直接证据。只不过对假设而言，那些针对指标的直接证据只能算是间接证据。

按照可信性，可对单一证据进行层层划分。首先，根据证据的物理特征、内在属性以及生成与存在的方式，单一证据可分为有形证据和无形证据两大类。有形证据即实物证据，多指以具体物体或物质痕迹等实在物为其存在状态和表现形式的证据，情报分析人员

---

[1] William Twining, *Theories of Evidence: Bentham and Wigmore*, Stanford, CA: Stanford University Press, 1985, p. 3.
[2] ［美］米尔吉安·R. 达马斯卡：《比较法视野中的证据制度》，吴宏耀、魏晓娜译，北京：中国人民公安大学出版社，2006年版，第71页。

通过感官就能直接感知到其存在。① 有形证据种类繁多，如航拍照片、莫尔斯电报、文件、电子邮件、电话录音等。一般情况下，有形证据反映的情况都是显而易见的，但有时候还是需要借助专家对其进行解读，帮助情报分析人员准确理解该证据的实际含义，否则其无法进入证据评价环节。按照有形证据是否具有原始性，其可进一步划分为原始证据和复制品证据。原始证据是保留证据原始面貌的"原生态"证据，属于第一手证据；而复制品证据则是指通过相应手段对原始证据进行准确复制的副本证据，属于第二手证据②，如翻拍的照片、文件的副本、影音资料的复制品等。

相对于以物为依托的有形证据，无形证据则以人为依托，多以言词为其存在和表现形式。它来自于某一个人的主张，就他关注的某个事实是否发生以及是否真实做出陈述。③ 根据无形证据获取的渠道以及处理方式，其又可分为三类：感知证据、意见证据和传闻证据。感知证据是指证据提供者亲身经历或感知到的事实，属于第一手证据。如某谍报人员报告称："我亲眼看到美国太平洋舰队主力停泊在珍珠港内。"意见证据是指证据提供者对源于自己的经历或感知而做出的猜测、评论或推断的内容，属于第二手证据。如某谍报人员报告称："我虽然没有亲眼看到美国太平洋舰队主力停泊在珍珠港内，但我却注意到了其他两个情况，一个是珍珠港酒吧内出现了很多美国海军官兵；另一个是珍珠港的警戒措施明显加强。我从这两个情况推断出美国太平洋舰队主力停泊在珍珠港内。"通过此例不难发现，意见证据多了一道对证据处理加工的程序，这也造成了它与感知证据最大的区别，即存在理性推断的过程。关于意见证据，需要特别强调的是专家意见证据，它是专家基于专门的学识或经验所

---

① 参见龙宗智：《证据法的理念、制度与方法》，北京·法律出版社，2008年版，第190页。
② 参见［美］《美国联邦民事诉讼规则、证据规则》，白绿铉、卞建林译，北京·中国法制出版社，2005年版，第240页。
③ Terence Anderson, David Schum, William Twining, *Analysis of Evidence*, Second Edition, Cambridge, MA: Cambridge University Press, 2005, p. 97.

提供的证据。① 其专业程度和可靠程度都要高于一般证据提供者给出的普通意见证据。无形证据的第三类是传闻证据，它是指以亲身经历或直接感知事实的人的陈述为基本内容，再由其他人（证据提供者）采取非直接表达方式加以叙述的证据，属于第二手证据。如某谍报人员报告称："我虽然没有亲眼看到美国太平洋舰队主力停泊在珍珠港内，但是我却从珍珠港基地某美海军军官那里得知了这一情况。"由于中间存在传递和转述的过程，所以评价传闻证据会较之评价前两种无形证据更为困难。

经过分类后的单一证据看似简单、清晰，但在现实的战略预测评估中，情报分析人员所要面对的单一证据却往往是以混合形式出现的。例如，所获的一份原始文件，从形式上看其无疑是隶属于有形证据中的原始证据。该文件记录的是某谍报人员的报告，说他亲眼看到美国太平洋舰队主力停泊在珍珠港内。从内容上看，该文件则又属于无形证据中的感知证据。

（二）组合证据

在检验假设的过程中，除了直接证据外，所有单一证据都需要与其他相关证据组合后才能完成对某一待检验命题的证明。组合意味着至少要保证拥有两条或两条以上的证据，能够形成一个小的证据网络，证据间通过相互作用形成新的证明力。因此，对组合证据的评价是在单一证据的基础上又向前迈进了一步。若以证明力为划分标准，组合证据可分为三种模式：和谐模式、不和谐模式、冗余模式。②

第一类和谐模式是指两个或两个以上证据的证明力最终指向是同向的，能够形成合力共同证明同一个待检验命题的证据组合模式。根据合力形成方式的不同，和谐模式又可以进一步分为补强模式与

---

① 高家伟、邵明、王万华：《证据法原理》，北京·中国人民大学出版社，2004年版，第285页。

② 组合证据的划分模式参考了戴维·舒姆的分类标准。See: David Schum, *The Evidential Foundations of Probabilistic Reasoning*, Evanston, IL: Northwestern University Press, 2001, pp. 120 – 130.

聚合模式。来源不同的两个或两个以上的单一证据，其所含内容或信息具有共同性，当它们以相互印证的模式完成对某一待检验命题的证明时，其组合就是补强模式。例如，待检验指标 I_1：伊拉克军队在科伊边界进行大规模集结。先搜集到证据 E_1：无线电信号反映科伊边界新增了 3 个伊拉克装甲师；后又搜集到证据 E_2：侦察卫星图片显示科伊边界新增了 3 个伊拉克装甲师。此时，E_2 对 E_1 起到了补强作用，增加了 E_1 的可信性。E_1、E_2 相互印证，从而共同加强了证明 I_1 为真的证明力。具体的补强模式如图 4—7 所示。

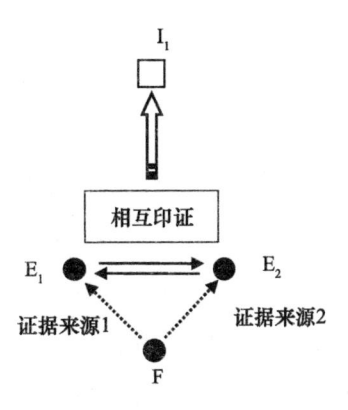

图 4—7　组合证据的补强模式

相对于补强模式而言，聚合模式则要复杂一些。当分别反映不同事实的两个或两个以上的单一证据，组合后能够协同作用，共同证明同一个待检验命题时，那么这种组合就是聚合模式。例如，待检验指标 I_1：伊拉克军队在科伊边界进行大规模集结。证据 E_1 显示：3 个伊拉克装甲师离开原驻地；证据 E_2 显示：伊军为作战部队配发大量科威特地图。E_1 和 E_2 分别从不同路径对 I_1 进行证明，但由于各自的证明力不够，所以无法单独完成对 I_1 的证明。然而当 E_1 和 E_2 组合后，就会产生协同证明力，实现各自原先无法完成的证明任务。E_1 和 E_2 的这种组合就属于聚合模式，具体如图 4—8 所示。

第二类不和谐模式是指两个或两个以上证据的证明力最终指向是不同的，从而相互削弱了对某一待检验命题证明力度的一种证据

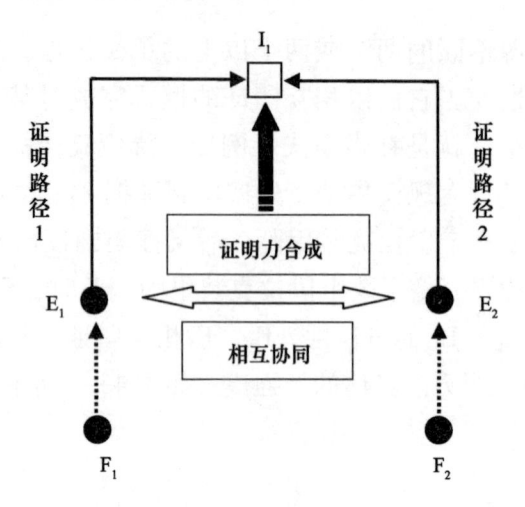

构建以假设为核心的战略预测评估方法

图4—8　组合证据的聚合模式

组合模式。根据证据间证明力的不和谐程度，其又可进一步分为矛盾模式与发散模式。在矛盾模式下，一种情况是二元矛盾组合证据，即证据的证明力方向是完全相反的，证据所反映的情况是相互对立排斥的，不可能同时为真。例如，待检验指标 I_1：伊拉克军队在科伊边界进行大规模集结。证据 E_1 显示：无线电信号反映科伊边界新增了 3 个伊拉克装甲师；然而随后又搜集到证据 E_2：侦察卫星发现在科伊边界没有新增伊拉克装甲师。E_1 对 I_1 有证实的作用，而 E_2 则对 I_1 有证伪的作用。根据矛盾率，E_1、E_2 不可能同时存在，其中必有一真，另一个则必然为假。此时，E_1 与 E_2 的组合就是矛盾模式，具体如图 4—9 所示。

矛盾模式的另一种情况是多元矛盾组合证据，证据间的矛盾是由多个方面构成的，反映的不是非此即彼的二元问题。该情况的产生主要是因为待检验命题的答案选项是多元的，所以即便证据间存在着矛盾关系，但也并不意味着其中一个证据必然为真。例如，现有待检验指标 I_1：本·拉登的藏身地。不难发现，此处 I_1 和前面例子中的指标性质不同，对它的检验不是一个证明其成立与否的问题，而是一个需要做出具体解答的问题。围绕 I_1 有证据 E_1 显示：2003

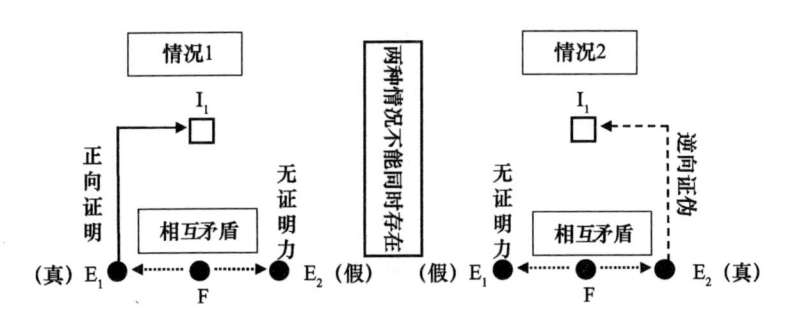

第四章 证据评价推动下的假设检验

图 4—9 组合证据的二元矛盾模式

年 3 月 4 日上午 9 时，本·拉登出现在阿富汗的喀布尔；而证据 E_2 则显示：本·拉登当时出现在巴基斯坦的卡拉奇。本·拉登不可能同时出现在这两个地方，所以 E_1 与 E_2 是相互矛盾的，但是喀布尔和卡拉奇显然也没有穷尽本·拉登当时可能藏身的所有地方。这意味着 E_1、E_2 其中之一并不必然为真，还可能存在同为假的情况。也许随着后续情报搜集活动的推进，到时获取的证据 E_n 才真正反映了本·拉登的藏身之地。[①] 组合证据的多元矛盾模式具体如图 4—10 所示。

除了矛盾模式外，不和谐模式中的另一种组合就是发散模式。当两个或两个以上的证据所反映的情况能够同时发生和存在，但它们的证明力却指向不同的方向，那么这样的证据组合就是发散模式。其与矛盾模式最根本的区别在于看证据所反映的情况能否同时发生和存在。例如，在两国关于某岛屿的争端持续升级的大背景下，Y 国建立假设 H：X 国将会出兵占领该岛屿，并根据该假设推演出两个核心指标。待检验指标 I_1：X 国军方坚决支持出兵行动；待检验指标 I_2：X 国的盟友 Z 国坚决支持出兵行动。根据信号情报得到的证据 E_1 显示：X 国主要将领在一次军方秘密会议上坚决主张通过武力行动一举解决岛屿争端问题；后又通过谍报获取证据 E_2：Z 国总

[①] David Schum, *Thoughts about a Science of Evidence*, London: University College London, 2005, p. 26.

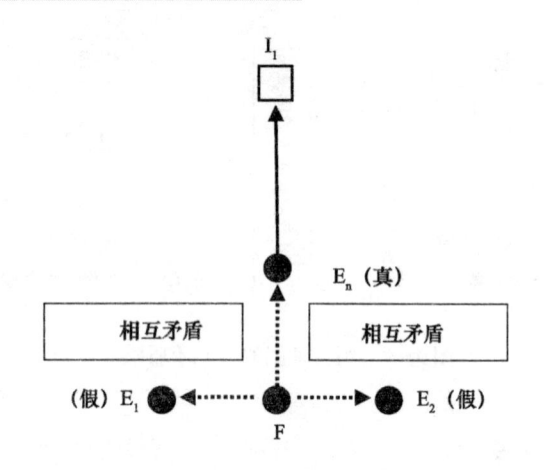

构建以假设为核心的战略预测评估方法

图4—10 组合证据的多元矛盾模式

统对 X 国大使透露，希望 X 国以和平途径解决岛屿争端问题。在此例中，影响 X 国是否会出兵的两个事件是完全可以同时发生和存在的，所以 E_1 和 E_2 不存在矛盾。其不和谐主要表现为 E_1 对 I_1 具有正向证明力，有利于证明 H 为真；而 E_2 对 I_2 具有反向证明力，有利于证明 H 为假。E_1 与 E_2 的组合削弱了各自原本对 H 的证明力，使证明力呈现出发散模式。具体如图4—11 所示。

第三类冗余模式是指两个或两个以上证据组合后会对某一待检验命题产生重复性的证明力。该模式根据重复性证明力的不同性质可分为两种情况：一是佐证性冗余模式；二是累积性冗余模式。当某一证据的可信性得到确定后，如果再有其他证据反映的情况与其反映的相同，那么它们之间的组合就属于佐证性冗余模式。例如：待检验指标 I_1：美军航空母舰驶向中途岛。证据 E_1：日本海军联合舰队一艘电子侦察船发现美海军"约克城"号航空母舰正在驶向中途岛；证据 E_2：日本海军联合舰队一架水上侦察飞机发现美军"约克城"号航空母舰正在驶向中途岛。

如果 E_1 的可信性得到了确定，那么 E_2 以及后续所有反映相同情况的证据 E_n 都是多余的，不会增加证明 I_1 为真的证明力。其间需要进一步说明的是，该模式与上文所讨论的和谐性补强模式虽然都是

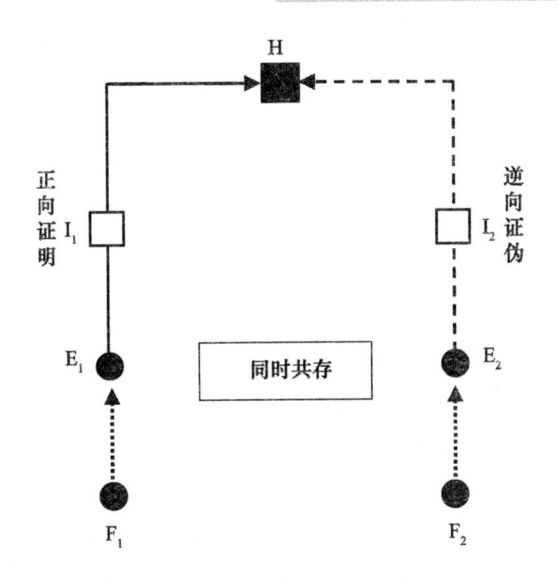

第四章 证据评价推动下的假设检验

图4—11 组合证据的发散模式

不同证据对同一情况的重复反映，但却有着本质区别。这种区别集中于对第一个证据的可信性的判断。如果该证据可信性不能确定，证明力较弱，还需要借助其他证据加以佐证才能增加可信性程度，那么这种证据组合模式就是有意义的，因为组合后提升了对待检验命题的整体证明力，属于和谐性补强模式。如果该证据的可信性已经毋庸置疑，再有其他来源的证据反映同一情况，对于证明力而言就无任何实际意义了。这样的证据组合就是佐证性冗余模式。具体如图4—12所示。

当两个或两个以上的证据针对同一个目标，其可信性相同，但证明力不同时，它们之间的组合就属于累积性冗余模式。还以上文中日军发现美海军"约克城"号航空母舰驶向中途岛为例。如果证据E_2变为：日本海军联合舰队一架水上侦察飞机发现一艘貌似为美军"约克城"号航空母舰正在驶向中途岛，那么将会出现与佐证性冗余模式不同的另一种冗余模式。虽然这两条证据针对的都是同一目标，且都可信，E_1能确定该目标是"约克城"号航空母舰，但E_2只能确定这个目标"貌似""约克城"号航空母舰，所以E_1的证明

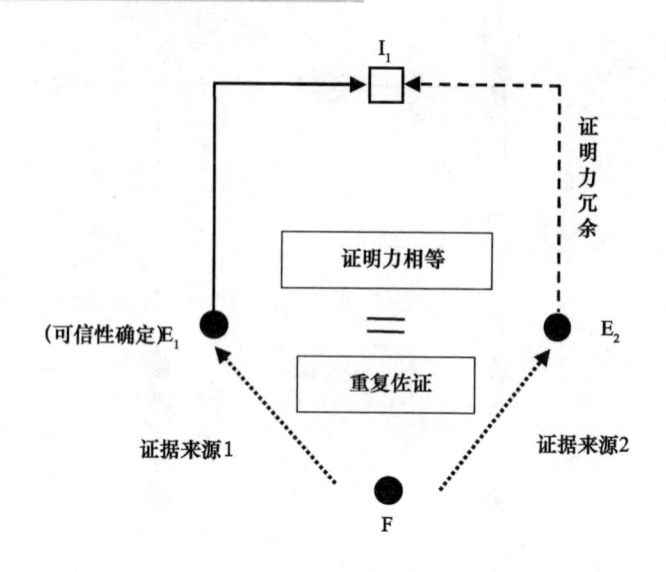

图 4—12 组合证据的佐证性冗余模式

力要大于 E_2。这样两条证据组合后，E_2 不会给 I_1 带来任何证明力的增加，反而有可能导致证明力的累积计算，因此这样的组合就是累积性冗余模式。具体如图 4—13 所示。

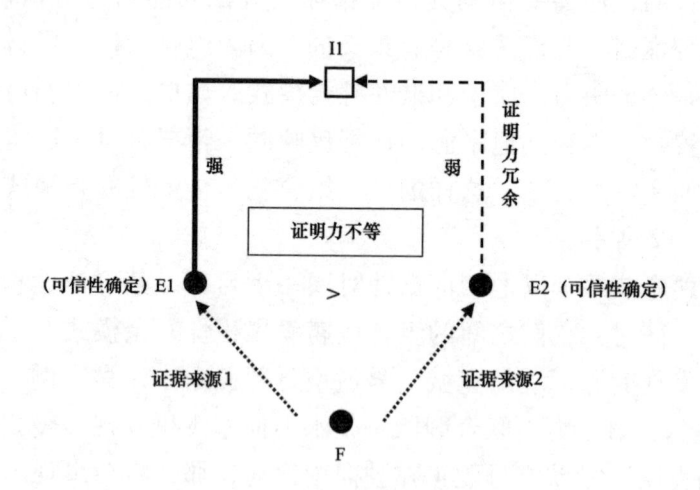

图 4—13 组合证据的累积性冗余模式

(三) 证据—推理链条网

现实中的战略预测评估，单一证据或者简单的证据组合是无法完成假设检验的。前两个维度的证据评价完成的只是对证据的解析工作，是证据评价的基础。其有助于排除情报分析人员受到"不良信念"的干扰，从而能够通过证据评价得出较为客观的证明力，但这些证明力却无法游离于对总体证据证明力的判断之外，因此必须综合全部已获证据，进行证明力的再"组装"，才能最终形成合力以检验假设。于是，证据—推理链条网成为了证据评价的最高维度。

证据—推理链条网主要是在解析证据的基础上实现对大宗复杂证据的再整合，使证据、指标与假设之间的关系清晰化、系统化，从而有利于对所有证据的证明力进行综合评价。它可分为宏观与微观两大层面。宏观层面的构建主要借助前期针对战略预测评估问题形成的假设和指标来完成。这是一个"自上而下"的回溯推理过程。假设位于整个证据—推理链条网的最顶端，作为最终待检验命题而存在。围绕假设推演生成的指标体系分层后作为各级待检验命题而存在。位于层级最底端的指标就像一个个磁铁，吸引着各个相关证据围绕它们分类聚合，这也是单一证据步入组合证据的必然步骤。由于在前期指标体系构建环节，宏观层面假设与指标的关系就业已确立，因此，该阶段的重点是围绕各个指标完成证据的分类聚合，理顺证据之间的复杂关系。证据—推理链条网的微观层面主要是对围绕每一个指标形成的证据体系进行精确化分析，详细推导、描绘出如何利用证据证明待检验指标进而检验假设的路径图。这种微观层面的分析有助于证据连点呈线并最终成面，能够较为清晰地展现它们是如何相契合组建证据—推理链条网的，从而为证据证实或证伪假设提供强有力的论证支撑。

为了更好地通过证据—推理链条网从宏观和微观两个层面进行证据评价，可以采取图示法加以分析论证。该方法优点有三：首先，它将证据检验假设过程明示化、公开化，科学限制了情报分析人员的自由裁量权，并为证据评价提供了一个可重复检验的模式与标准，有利于更加客观、准确地检验假设。其次，它要求情报分析人员清晰地表达检验假设的整个过程，即围绕假设能构建什么样的待检验指标体系；如何使用证据；怎样进行推理；能得出怎样的暂时性推论事实等。这样就有利于在构建证据—推理链条网的过程中发现证据的缺失、经验法则应用的不科学、逻辑的错误、不衔接或者无前提的推论事实等问题，从而为提升证据评价的严谨性、规范性奠定了坚实的基础。最后，它以一种简化的形式解读复杂的问题，能够有效整理庞杂纷繁的证据，清晰展现论证的结构和内容，实现了宏观和微观的有效结合，从而有利于增进对整个假设检验过程的理解、分析和评价。为了便于学理上的展示与分析，本书借鉴了威格莫尔对法律领域复杂推理网络进行研究的图示分析法，[①] 围绕 I_{1-1} 构建了关于 H 的局部证据—推理链条网（如图4—14所示）。

该证据—推理链条网涵盖了证据检验假设的多种基本模式，可以在证据评价过程中从以下几个方面对其加以分析解读（其中 R 代表经验法则；E 代表证据；E^* 代表暂时性推论事实）：

第一，证据和指标一样也是有层次之分的。每条证据在证据—推理链条网中都有各自的位置，同时这也决定了其所处的层次。以图中的有形证据为例，E_1 的层次无疑是最高的，位于第一层；E_5 位于第二层；E_{11}、E_{20}、E_{18}、E_{16} 并列位于第三层；E_{23}、E_{24} 则处于最底层，即第四层。所处层次的不同注定了这些证据的证明力各不相同。一般情况下，证据所处层次越高，其证明力就越强。如 E_1 的层次最高，它对 I_{1-1} 的证明力相对而言也就最强。需要强调的是，处于证据—推理链条网最底层的可以是有形证据，也可以是无形证据，还可以是经验法则，但绝不会是暂时性的推论事实；并且最底层的证据必须是不能再拆分的证据单位，即该证据中所含的信息量已为最小单位，这样才能保证可以进行较为精确的证明力评价。

第二，同一条证据可以用来支持不同的暂时性推论事实。这也

[①] See: John Henry Wigmore, The Problem of Proof. *Illinois Law Review*, Vol. 27, No. 2, 1913, pp. 77 – 103.

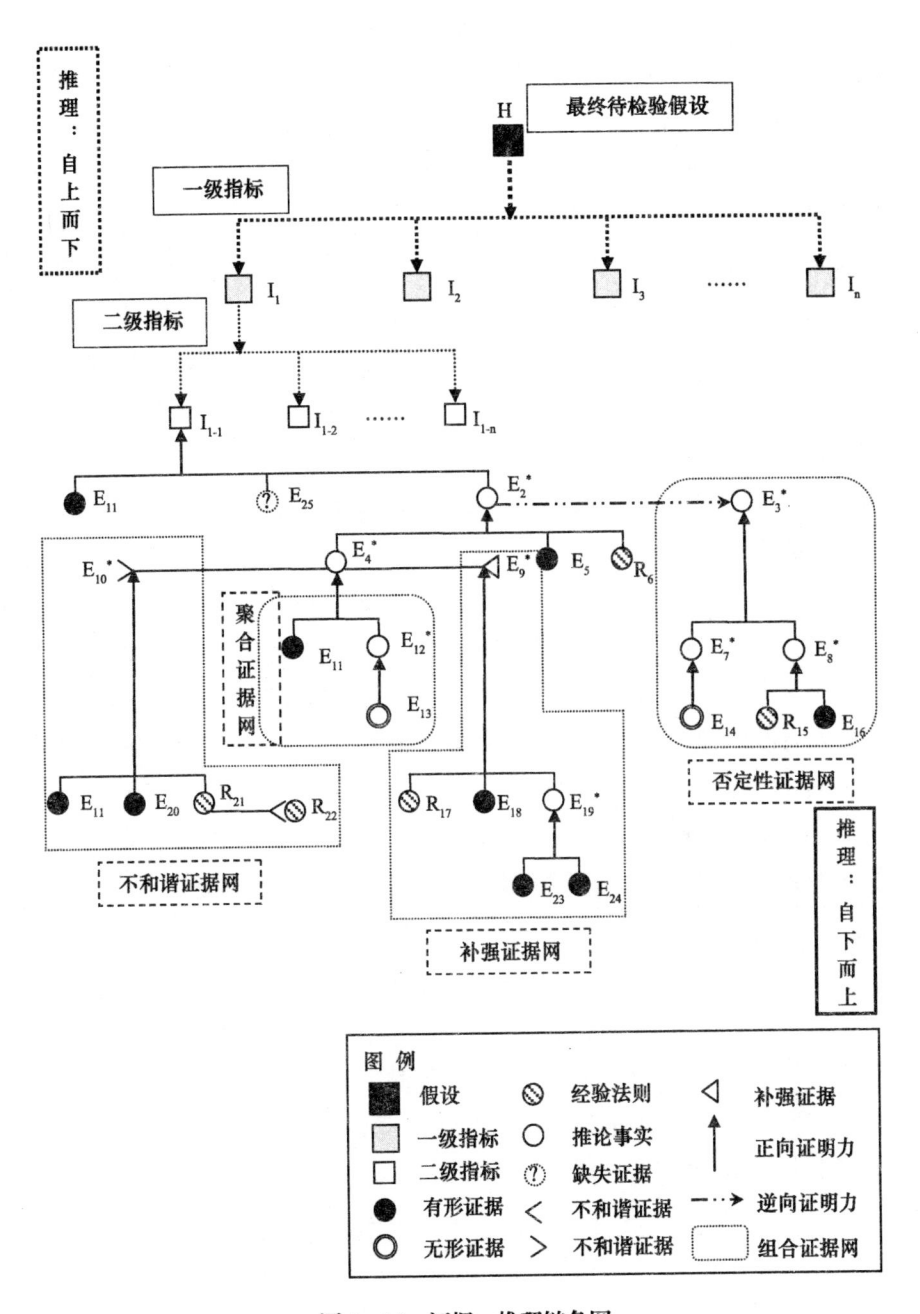

第四章 证据评价推动下的假设检验

图4—14 证据—推理链条网

就意味着一条证据有时候可能会同时占据证据—推理链条网中两个或两个以上的位置。如果只是凭借情报分析人员的内心判断，那么证据往往只用来证明他们心中所期待为真的那个假设，很难再考虑该证据还存在证明其他待检验命题的可能。该情况反映在证据—推理链条网中往往表现为每一条证据的位置都是唯一固定的。然而在现实的战略预测评估中，由于所要面对的问题错综复杂，并不是每一条证据只适合一个地方的"拼图游戏"。例如，"一国在边境地区集结大量军队"这一证据，不仅可以用来支持"加强防御性措施"，还可以用来支持"准备采取进攻行动"。图中 E_{11} 正代表了这种情况，它在证据—推理链条网中同时拥有两个位置。其既可以用来促成暂时性推论事实 E_4^* 的生成，也可以通过支持暂时性推论事实 E_{10}^* 来削弱 E_4^* 成立的可能性。

第三，证据—推理链条网由多个小的证据网共同构成。上图中业已标明的证据网其实是按功能划分的较大的证据网络，它们还可以进一步拆分，直至最小的单元。如 E_{23} 和 E_{24} 的组合就可视为是本图中最小的证据网单元，而且也是最简单的一种证据组合模式，由两个有形证据组合而成。然而，大多数情况下的证据网却不单单由有形证据构成，还可能包括无形证据、经验法则、暂时性推论事实等内容。以否定性证据网为例，其就包括有形证据 E_{16}、无形证据 E_{14}、经验法则 R_{15}，以及暂时性推论事实 E_7^*、E_8^*、E_3^* 等多种类型的内容，它们共同构建了关于 E_3^* 的证据网。

第四，每个证据网担负着不同的证明职责。按照上图中已标出的证据网进行分析，其涵盖了聚合证据网、补强证据网、不和谐证据网以及否定性证据网等多种类型。聚合证据网使 E_4^* 得以成立；不和谐证据网则为 E_4^* 提供了另一种解释的可能，要求在证据检验假设过程中能够从 E_{10}^* 的角度进行新的证据解读和评价，这在某种意义上削弱了聚合性证据网对 E_4^* 原有的证明力；补强证据网则通过 E_9^* 加强了 E_4^* 的证明力。这三个证据网的证明力将形成合力汇聚于 E_4^*，并最终决定 E_4^* 的证明力。否定性证据网则通过 E_3^* 对 E_2^* 成立的可能性进行了否定，这也就意味着 E_3^* 与 E_2^* 的证明力方向是完全相反的，最后 E_2^* 证明力的大小取决于二者角逐的结果。通过分析不难发现，每个复杂的证据网其实都可视为单一的证据单元，然后再根据组合证据的模式对其逐一进行评价。

第五，证据—推理链条网一经组建并不是固定不变的，其会因为缺失证据、新增证据和模糊证据的存在而需要进行适时的修正。当在检验假设的过程中，本应该出现的证据却没有出现，情报分析人员都应该反问一下为何会如此，因为有时候缺失证据同样具有证明力。例如，在上图中，当 E_1、E_2^* 尚不能完全证实 I_{1-1} 时，情报分析人员可以大胆的提出可能存在证据缺失的情况。于是，缺失证据 E_{25} 出现。该证据会引导情报分析人员做进一步的深入思考：之所以会出现缺失证据是因为对方的拒止行动产生了功效吗？是否我们的情报搜集工作还有遗漏？如果我们的情报搜集能做得更好，我们将会发现什么？[1] 按照此思路，用分析来指导搜集，就有可能填补上缺失证据的空白，从而成为新增证据。还有一类新增证据是随着时间的推进、事态的发展而产生的，因为战略预测评估本身就是一个动态的且持续发展的过程。新的支持性或否定性的证据一旦被搜集到，就随时都有可能介入原有的证据—推理链条网中。同样，原先模糊的证据也可能在此过程中不断清晰化，这样情报分析人员就能轻松地为其找到恰当的位置。然而大多数情况下，对模糊证据的评价却没有这么容易。正如情报理论家沃尔斯泰特所说："在事后把有用的信号从庞杂的信息中挑选出来，这要比在事前挑选容易得多。在事后，总会有某个清晰的信号显现出来。因为灾难已经发生，我们才可以轻而易举地识别这个信号在当时预示着什么，但在事前，它却是模糊的，并且可以被解读出相互矛盾的多重含义。"[2] 这意味着在

---

[1] Roger George, James Bruce, eds., *Analyzing Intelligence: Origins, Obstacles, and Innovations*, Washington, D. C: Georgetown University Press, 2009, p. 205.

[2] Roberta Wohlstetter, *Peral Harbor: Warning and Decision*, Stanford, CA: Stanford University Press, 1962, p. 387.

对模糊证据进行评价时要考虑多种不同的解释，为它的证明力规划各种可能的方向。以上三种证据的介入，都会在一定程度上改变原有证据—推理链条网的结构，因此要用辨证的眼光对其不断完善和修正。

三、证据评价规则

证据评价的核心主旨就是对证据证明力做出准确、客观的判断。这种判断虽是情报分析人员行使自由裁量权的结果，但却并不是无规律可循、无规则可守。按照证据评价的三个维度，分层次梳理其中的规律与规则，不仅有助于对自由裁量权形成有效的制约，促使证据评价更加有序化、规范化，同时也有利于促进证据证明标准主观判断的不断客观化，从而提升证据检验假设的效力。

（一）净证明力评价规则

净证明力评价主要是围绕单一证据而展开。在此评价维度下，证据已被拆分为最小单位，并在评价过程中将其视为独立存在的个体，因此它不会再与其他证据发生关系并相互作用。此时，该证据产生的证明力是纯粹的，故称之为净证明力。净证明力评价主要是从证据自身出发，涉及证据的两个基本属性，即相关性与可信性。净证明力评价的总规则是：证据的相关性越强、可信性越高，其净证明力就越大。

从证据的相关性来看，证据净证明力的大小与相关性的强弱呈正相关的关系。一般情况下，证据包含的信息量越多，与待检验命题的关系越紧密，其相关性就越高，净证明力就越大。从相关性角度评价证据净证明力时，必须首先完成两项工作：第一是确定证据的相关性资格。无相关性的证据不具备证明力，自然不能进入假设检验环节。然后再通过相关性排除规则，排除相关性不足、相关性微弱或者虚假相关的证据，以防干扰到对证据净证明力的评价，从而提高评价效率。第二是准确区分直接证据和间接证据。从相关性角度对这两种证据的净证明力进行评价时，应遵守的规则是：如果针对的是同一个待检验命题，且证据的可信性程度相同，那么直接证据的证明力必然大于单一间接证据的证明力，这也是由证据相关性强弱程度所必然决定的。例如，待检验指标 I_1：X 国的航母编队向 Y 国海域进发。该指标拥有两个证据，分别是直接证据 E：Y 国截收的无线电信号显示 X 国海军司令发出了航母编队向 Y 国海域进发的命令；间接证据 E_n：Y 国的侦察卫星发现 X 国的航母编队已经驶离母港。如果通过证据的自向证明，E 和 E_n 的可信性均达到100%，那么就证明力 PF 而言，必然是 $PF_E > PF_{En}$。如果针对的都是间接证据，那么其净证明力评价应遵守的规则是：当间接证据均围绕同一个待检验命题，且它们的可信性程度相同时，如果它们处于证据—推理链条网的不同层次，那么层次越高的间接证据，其证明力就越强。这是因为待检验命题与情报分析人员的认知距离越短，中间环节越少，证据的净证明力就越大。

从证据的可信性来看，证据净证明力的大小与可信性三个相关属性，即真实性、客观性以及准确性的高低成正比。按照可信性对单一证据类型的划分，在证据评价中首先应遵守的总规则是：有形证据的净证明力大于无形证据的净证明力。有形证据能够以其物质与痕迹的物理特性反映现实情况，只要查明其未经伪造或变造，它就具有较强的客观性与不可替代性。而无形证据因以人为依托，所以不具备物质载体这样的天然优势，其净证明力会受到多方面的影响，最容易受到质疑。例如，无形证据可能会因证据提供者的欺骗、期望、受到利益诱惑或威胁等主观情感因素而变质；也可能会因提供者自身认知、记忆、表达、知识储备等个体局限因素而具有较强的主观性与不稳定性；此外，无形证据还会因外部条件的限制而受到诸多影响；等等。总之，有意提供虚假的证据以及不具备提供证据的能力都会导致无形证据的净证明力弱化，而这些又是难以防止的。基于此，无形证据的净证明力很难与有形证据的净证明力相提并论。

就有形证据而言，在对其净证明力进行评价时则需要遵守原始证据优先规则。不同类型的证据在反映信息的方式和程度上是不同的，因此净证明力大小也是有差异的。有形证据较之无形证据本来就在净证明力方面存在着先天优势，而有形证据中的原始证据则更是优中见优。作为有形证据中的第一手证据，其真实性、客观性与准确性较之第二手证据，即复制品证据的会更高。优先采纳它有利于防止不具备可信性资格的证据进入假设检验环节而影响到情报分析人员的判断，如因对方欺骗行为被篡改的证据，或因操作不当而在复制过程中产生变动的证据，或因提供者记忆等主观因素导致准确度降低的证据等。所以从证据载体和来源来看，原始有形证据具有得天独厚的净证明力。它不仅优于自身的复制品证据，也优于证据提供者通过回忆其内容而产生的无形证据，是检验假设最为有效且最具信服力的最佳证据。但同时，原始证据优先规则也并不意味对复制品证据证明力的否定。"优先"突出的是选择性或者向导性，而不是排他性或者唯一性。当原始有形证据因种种原因无法获取时，相关的复制品证据将被用来替代它检验假设。但由于复制品证据属于第二手证据，故其资格审查要更为复杂。原始有形证据只需审核其真实性，确保它曾经真实存在过，是真正未经伪造和处理过的原始状态的证据。复制品证据则需要核实其是否忠于原始证据，即是否准确、完整地复制了原始证据，而这又将涉及到可信性评估的三个基本相关属性。只有经过严格审核的复制品证据，才拥有与原始证据同等的净证明力。

就无形证据而言，感知证据属于第一手证据，意见证据和传闻证据均属于第二手证据。这三类证据因来源和处理加工方式的不同，可信性有高低之别，净证明力自然也有大小之分。一般情况下，感知证据的净证明力最大，其次是意见证据，最后是传闻证据。在分别对它们的净证明力进行评价时，有三条规则需要遵守：

第一是感知证据评价规则。感知证据源于证据提供者对于某一特定事实情况的亲身经历或感知，是建立在直接体验和观察基础之上的，所以它的净证明力大小有赖于证据提供者的理智与感觉。即

第四章 证据评价推动下的假设检验

使证据提供者 W 确定无疑地宣称事件 F 真的发生了，情报分析人员也不能立即对这样一条感知证据赋予净证明力，因为对 F 是否真的发生其实尚不能确定，还需要从诚实、客观和提供证据的能力[①]三个方面对 W 的可信性进行评价。首先，W 是否如实提供了证据，有没有存在欺骗或掩盖部分真相的情况，这是对 W 诚实性的评价。其次，W 是否对其感知到的事实情况做到了准确、客观的理解。有时候人们很难分清自己提供的证据是基于客观存在的事实，还是这种事实经过自己的错误知觉再加工后已成为极具主观色彩的所谓的"证据"，所以情报分析人员必须对 W 所提供证据的依据进行审核。同时还必须确认该证据是否是 W 通过自己的视觉、听觉、味觉、触觉等亲身经历或感知获取的，从而确保其是第一手证据。最后，W 是否具有提供此证据的能力，这涉及到 W 感知能力、记忆能力和表达能力。当一个事件发生，W 不仅需要具备敏锐捕捉信息的能力，还要能够凭借良好的记忆力准确回忆其所观察感知到的细节，然后再以清晰的语言加以表述。只有这三者都具备了，才可以认定 W 具有提供此证据的能力。

第二是意见证据评价规则。意见证据虽仍以证据提供者的个人经历或感知为基础，但却夹杂了猜测、评论或推断等再认识活动，因此较之感知证据，其主观性会更强，净证明力也会随之下降。就意见证据本身而言，专家意见证据的净证明力要高于普通意见证据的净证明力。意见证据很容易对情报分析人员形成某种暗示，不具备专业素养的证据提供者给出的意见一旦未经检验就予以采纳，则更容易扰乱分析人员对证据的客观评价，将可能导致对假设的检验出现偏差。因此在对普通意见证据进行评价时，情报分析人员必须充分行使自由裁量权，以准确区分"事实"和"意见"，将不加判断的事实从意见证据中分离出来，然后再进行证据评价，以避免被

[①] See: Terence Anderson, David Schum, William Twining, *Analysis of Evidence*, Second Edition, Cambridge, MA: Cambridge University Press, 2005, pp. 87–88; David Schum, *Thoughts about a Science of Evidence*, London: University College London, 2005.

误导的情况发生。专家意见之所以具有较高的净证明力，是因为证据提供者基于训练、研究或经验而拥有专门的知识和技能，能够利用它们对某些专业性极强的问题做出分析、判断，形成一种可信性较高的意见证据，而这些恰巧又是情报分析人员所不具备的。但同时，意见证据的属性也注定了它不可能不评价就拥有天然的净证明力。由于专家意见证据可被视为是证据与推断相结合而形成的一种新证据，所以在评价过程中需要围绕以下两点进行：一是要对专家意见生成所依据的证据的可信性进行评价，确保大前提是准确无误的；二是要对专家的资质，甚至有时候还要对相关情报机构的资质做出评价，确保其判断能力、推断过程以及使用的科学技术和方法是可信的。专业领域越精确、细化程度越高，专家意见证据的净证明力就相对越大。例如，针对侦察卫星拍摄的目标图片，若要转化成情报分析人员能够理解使用的证据，就需要判图专家对其进行鉴别并生成专家意见。如果该图片涉及的是军事目标，那么研究军事目标卫星图像的判图专家给出的意见证据较之研究民用目标卫星图像专家的，其净证明力将更大。

第三是传闻证据评价规则。传闻证据与前两类证据最根本的区别就在于，它不是来自于证据提供者的亲身经历或感知，而是对他人经历或感知的一种转述。其净证明力要远远弱于感知证据和意见证据。感知证据作为第一手证据尚存在错误的概率，那么对他人感知证据的复述就更容易在有意或无意间产生错误，其伪造或编造的可能性也会更大。例如，证据提供者W说："我从P那里获知事件F真的发生了。"也就是说，W获取的是来自另一个人P关于事件F已经发生的第二手证据。为了确保W提供的此条传闻证据的可信性，情报分析人员应该进一步搞清楚P是如何获取F已发生这条证据的。可能P是获取该证据的第一人，但也可能他扮演了同W一样的传递角色。传闻辗转的次数越多，涉及的中间环节也就越多，也就更容易出现证据失真的情况，净证明力随之逐渐被削弱。一旦情报分析人员无法找到传闻证据的源头，那它的可信性将无从考察，净证明力便无从谈起。大多数情况下，传闻证据存在的价值并不是靠净证明力来体现的，而在于它会有助于提高情报搜集工作的目标指向性，有可能在寻找传闻证据源头的过程中发现新的证据，从而加速推进假设的检验。

（二）组合证明力评价规则

组合证明力评价是在对净证明力评价的基础上围绕组合证据展开的。在此评价维度下，最小的证据单位开始进行不同模式的组合，原来的净证明力因为证据间的相互作用而发生变化，产生合力。因此，对组合证明力进行评价主要就是对作用于同一待检验命题上的几个证明力共同作用时所产生的合力进行评价。由于单一证据的净证明力大小和方向各不相同，且又能够以不同的模式进行组合，所以每一种证据组合模式都蕴藏着不同的证明力评价规则。

首先是和谐模式下的组合证明力评价规则。在该模式下，每一条证据的证明力方向都是一致的。这些证据就好像是许多股细绳拧成的绳索。一股绳子或许不能承受重量，但许多股绳子合起来就可能足够结实有力了。[1] 它们要么是共同指向对某一待检验命题的证实方向，要么就是指向证伪方向，所以在对其证明力进行评价时不用再考虑组合证明力的最终指向问题。具体来看，补强模式与聚合模式下的组合证明力评价规则各不相同。在补强模式下，至少要保证两个具有独立信息来源的证据相互印证，这样才能在信息内容上形成相互支持的稳定的证明结构，从而有效避免因过度依赖某一单一证据而造成假设检验的失误。对方的欺骗行为最容易产生极具误导性的证据，所以必须加强对证据可信性的验证，而最简便易行的办法就是为该证据寻找另一个独立的证据信息源，使得该证据所包含的事实能够得到其他证据事实的佐证。[2] 当证据的可信性通过相互印证后，单一证据的证明力不仅从"量"上得到了补充，还从"质"

---

[1] 何家弘主编：《外国证据法》，北京·法律出版社，2003年版，第101页。
[2] 陈瑞华：《刑事证据法学》，北京大学出版社，2014年版，第120页。

上得到了增强。组合证明力高于或等于其中任何一条单一证据的证明力，都是对情报分析人员信念程度的强化。在聚合模式下，每条单一证据只可能证明某一待检验命题中的一部分，各个证据的证明力大小强弱各不相同，且不足以单独证明待检验命题。证据必须相互结合，形成协同关系后才能生成组合证明力，以完成对待检验命题的证明。因此其最终的证明力是各个单一证据净证明力之和，是并相加的关系。

其次是不和谐模式下组合证明力评价规则。在该模式下，各个证据的证明力方向是不一致的。这些证据就好像是许多股分散的绳索，朝着各自不同的方向发力，导致证明力被削弱，有的甚至会完全消失。不和谐模式是组合证据的常态，那种无任何不和谐关系存在的情况是不符合证据规律的，其极有可能是战略预测评估客体实施了战略欺骗，隐藏了真正的证据，并制造了迎合战略预测评估主体心理预期的"和谐"证据，其更应引起情报分析人员的高度警觉。按照证明力被削弱程度和方式不同，需要具体考察矛盾模式和发散模式下的证明力评价规则。在矛盾模式下，一种情况是各个单一证据的净证明力共线但方向相反。此时，对组合证明力的评价不能只是简单地将不同方向的证明力相减以求差值，然后再将组合证明力方向与证明力较大的那个证据的证明力方向等同。因为证据证明力评价与物理力学是不同的，它无法通过简单的数学计算来获取最后的合力，必须通过对矛盾的处理，才能生成最终用来证实或证伪待检验命题的证明力。还有一种情况是这些共线但证明力相反的单一证据最终都不会促成组合证明力的生成，反而是随着情报搜集工作的不断深入，由新证据完成对假设的检验，原有矛盾模式下证据的证明力此时均为零。与矛盾模式不同，发散模式下的不同证据所反映的情况则是能够共存的，不是非此即彼的对立矛盾关系，所以各个单一证据的净证明力方向是不共线的，相互作用后会彼此削弱原有的净证明力。

证据间不和谐关系的出现需要情报分析人员进行化解。化解的

第四章 证据评价推动下的假设检验

过程则又成为了分析人员不断评估证据资格、寻找新证据以建立和加强心证，并一步步向真相迈进的过程。不和谐关系化解的程度将最终决定组合证明力的大小。因此，发现并化解证据间的不和谐关系对证据检验假设具有积极的意义。按照组合证明力从高到低排序，具体可划分为 3 个级别。第一级别是有效地排除虚假证据，其证明力最大。不和谐关系促使情报分析人员发现疑点，产生对证据真实性的合理怀疑，然后通过进一步搜集工作查找、核实证据源或借助新证据去伪存真，从而使不和谐关系得到有效化解，组合证明力的指向最终得到确定。第二级别是合理地解释不和谐关系。当不和谐关系无法化解时，只能退而求其次，从产生不和谐的原因入手进行分析，通过合理解释实现对待检验命题的证明，最大限度削弱不和谐关系对组合证明力造成的不利影响。第三级别是充分地证明。当不和谐关系中的证据处于僵持状态时，就需要借助于其他证据以补强组合的模式来抑制组合证明力的发散与矛盾，使情报分析人员达到内心的确定，从而最大限度削弱对待检验命题证明结构所造成的损害。除了第一级别外，其他两个级别都对这种不和谐关系采取了较为务实的态度，适度容忍了不和谐关系的存在，但同时也意味着在对证明力进行评价时，仍需要保留不同的视角，为后续新证据的出现与融入预留空间，不能对一方证据赋予无可质疑的证明力。

最后是冗余模式下的组合证明力评价规则。在该模式下，证据组合后会出现证明力的重复。一旦某一证据的可信性得到确认，拥有再多其他类似证据也不会促成原有信息在质与量上发生实质性的变化，唯一增强的只是情报分析人员的内心确定程度而已。因此，在冗余模式下对组合证明力进行评价时，不得对各个证据的证明力进行重复性的累加计算。具体来看，佐证性冗余模式中证据的证明力是相等的，不存在大小高低之分，组合证明力取其一即可。而累积性冗余模式中证据的证明力则是不等的，证明力较大的证据能够吞噬其余证据的证明力，因此组合证明力取所有证据中最大的，其余证据的弱证明力不再进行累积。虽然冗余模式下的组合证明力评价规则较为简单，但是否能够很好地应用则在很大程度上取决于前期对组合证据类型的判断。一旦其与和谐模式的组合证据相混淆，就会导致证明力评价规则的误用，这将直接影响到后续假设的检验，容易导致对假设成立与否做出错误的判断。

(三) 网络证明力评价规则

网络证明力评价是在对净证明力、组合证明力评价基础上开展的一种综合性评价，即确定在证据—推理链条网下最终形成的整体证明力对假设的检验力度有多大。这种网状的整体证明力既可以用来正向证明假设，也可以用来逆向证伪假设。对于网络证明力的评价可以从两个方面入手建立相关的规则：一是关于评价路径的规则；二是关于评价标准的规则。

证据之所以会形成网状证明力，是基于纵向证明力与横向证明力相互交织、共同作用的结果，若光有其一则不足以组网。因此，在对网络证据证明力展开评价时，第一条规则就涉及到对纵向和横向两个方向的证明力路径进行考察评价。

从纵向上看，网络证明力评价是自下而上展开的，即从最底层的证据或经验法则开始，顺着其所在的证据—推理链条一级一级向上评价。例如在图4—14"证据—推理链条网"中，如果对围绕待检验命题二级指标I_{1-1}所形成的证明力展开评价，就必须从纵向上完成对3条证据—推理链条的证明力评价。这3条证据—推理链条分别围绕证据E_1、E_{25}和推论事实E_2^*而构建。以其中的E_2^*为例，要对它的证明力进行评价，则需要在纵向上分别完成对E_4^*、E_5、R_6以及E_3^*证明力的评价。以此模式层层分解下推，最终需要进行的证明力评价将汇聚到最底层的单一证据或组合证据，也可能会涉及到经验法则。这意味着复杂的网络证明力评价最终会被拆分成组合证据，最后直至最小的单一证据或经验法则单元。整个网络证明力的评价过程也正是从最小单元的净证明力评价开始的，顺着证据—推理链条层层上推，直至最终的待检验命题——假设。

第四章 证据评价推动下的假设检验

从横向上看,网络证明力评价应遵守组合证明力的评价规则。这种组合始于证据—推理链条网最底层且最基本的组合单元,越往上推组合单元越复杂、越庞大,最后将是各个证据网的再组合。在进行证明力评价时,可将各个证据网视为一个个独立的整体,是综合后形成的新的证据,因此组合证明力评价规则不变。仍以图4—14为例,如果对围绕待检验命题二级指标I_{1-1}所形成的证明力展开评价,除了要在纵向上完成对围绕E_1、E_{25}和E_2^*形成的证据—推理链条的证明力评价,还需要在横向上对这3条证据—推理链条的最终组合证明力进行评价,此时需要遵守组合证明力评价的相关规则。这样的横向证明力评价也是分层次的。以其中的E_2^*为例,它身上汇聚着两大股截然相反的矛盾力量:围绕E_4^*、E_5、R_6形成的证据网对它起着证实的作用,而围绕E_3形成的证据网则对它起着证伪的作用。因此,要最后对E_2^*的证明力做出评价,就需要以纵向上分别评价E_4^*、E_5、R_6的证明力为基础,再从横向上对它们进行组合证明力评价。然后,再将由此形成的组合证明力与E_3^*进行新一轮的再组合,从而构建了不和谐关系下的矛盾模式。此时则需要具体应用化解不和谐关系的方法,并遵守此模式下的证明力评价规则。

第二条规则涉及到网络证明力的评价标准问题。网络证明力要达到一个什么样的标准,才能在形式上产生一个特定的证明结果,这个标准就是网络证明力的证明标准。证明标准可以被理解为是战略预测评估中规定的运用证据证明待检验命题所要达到的程度的要求。[①] 具体来看,它主要针对的问题是:假设如何才算得到了网络证明力的有效检验,从而能够科学客观地判断其是否成立以及成立的相对概率有多大。由于各个指标相对于假设的权重已经确立,此处对证明标准的讨论研究将重点落在网络证明力对每个指标的证明力度上,以检验指标是否成立。

---

① 参见卞建林主编:《证据法学》,北京·中国政法大学出版社,2004年版,第256页。

构建以假设为核心的战略预测评估方法

理想状态下，对某一指标的检验存在两种情况：一是没有任何证据针对该指标，因此无法证明它已成为现实，确信度为0%；二是拥有高质量的证据—推理链条网，直接证据与间接证据组成了相互印证的完整的证明体系，使该指标得到了充分证明，其成为现实已经确信无疑，达到了100%的确信度。然而在现实的战略预测评估中，这两种情况均属于不易出现的极端。大多数的情况是，指标得到了证据—推理链条网一定程度的证明，但又达不到100%的完全确信，只是一种盖然性的确定。这种盖然性源于5个方面的原因：第一，战略预测评估主体所获证据总是不完全的，永远无法掌握到所有证据，但又不能因此而拒绝对证明力做出评价。第二，证据一般都是非结论性的，所以拥有它只能是在指标成立的可能性上更向前迈进了一步而已。第三，证据常常是含糊的，很难确定它所要传达的真正信息。第四，证据间的不和谐关系是一种常态，组合证明力往往是矛盾或发散的。第五，证据的可信性并不尽善尽美。[1] 所以，对某一指标是否成立的检验只能采取盖然性确定的标准。那么，这个盖然性到底要有多大才能达到证明指标成立的标准？这就涉及到了证明标准的等级划分问题。

证明标准既是一个客观问题，同时也是一个主观问题。它的客观性在于其是以网络证明力作为衡量基础的，对判断指标成立与否有一个预设的标准；而它的主观性则在于这种衡量是由情报分析人员主观判断做出的，要达到内心确信的程度才会认为该指标成立。为了使主观判断更加客观化，可以将网络证明力的证明标准进行量化分级，具体如表4—5所示：

---

[1] See: Terence Anderson, David Schum, William Twining, *Analysis of Evidence*, Second Edition, Cambridge, MA: Cambridge University Press, 2005, pp. 327–328; David Schum, *Thoughts about a Science of Evidence*, London: University College London, 2005, p. 58.

第四章 证据评价推动下的假设检验

表4—5 证明标准的等级划分①

等 级	证明标准	证明力强度	待检验命题成立与否的确信度
1	绝对确定性（absolute certainty）	理想状态下的高强度	100%
2	排除合理怀疑（beyond a reasonable doubt）	高强度	95%以上
3	清晰而有说服力的证明（clear and convincing proof）	较高强度	80%以上
4	优势证据（preponderance of evidence）	中强度	50%以上
5	有理由的怀疑（reasonable suspicion）	低强度	30%以上
6	单纯的怀疑（mere suspicion）	弱强度	10%左右
7	合理的疑点（reasonable doubt）	极弱强度	5%左右
8	无信息（no information）	理想状态下的无强度	0%

由于指标本身的设计就是由假设推演出的充分必要条件，其所处层级越低，就越易于证据对它进行检验，因此对指标是否成立应采取高级别的证明标准，这也有助于提升假设检验的准确度和精确度。纵观证明标准的等级划分表，不难发现"排除合理怀疑"应是网络证明力证明标准的最佳选择。在现实中，该标准既能达到很高的确信度，同时相对于理想状态下的"绝对确定性"，它又具有可操

---

① 此表制作系科学借鉴了英美证据法中的证明标准等级划分。参见李浩：《民事证据立法前沿问题研究》，北京·法律出版社，2007年版，第261页；毕玉谦：《试论民事诉讼证明上的盖然性规则》，《法学评论》2000年第4期；[美]戴尔卡门：《美国刑事诉讼——法律与实践》，张鸿巍等译，武汉大学出版社，2006年版，第539—542页；[德]汉斯·普维庭：《现代证明责任问题》，吴越译，北京·法律出版社，2000年版，第90—91页。

作性的优势。

首先,在被网络证明力证明是否成立之前,情报分析人员要中立地审视待检验指标,不能对其持有偏见或期待,否则会在无形中影响到对网络证明力的准确评价。其次,网络证明力所要排除的"合理怀疑"不是一种基于想象、期望、偏见而产生的怀疑,它是建立在理性基础上、存在于逻辑推理过程中的怀疑。当考虑了围绕某一指标的证据—推理网络后,若发现证据网之间仍存在不和谐的关系或能做出不同的解释,那么这种怀疑就是合理的。例如,在图4—14中,若I_{1-1}能被证据—推理链条网产生的证明力证明成立,就需要排除两个合理怀疑:一是与E_2^*相矛盾的E_3^*;二是削弱E_4^*证明力的不和谐证据E_{10}^*。反之,若I_{1-1}能被证明不成立,需要排除的合理怀疑也有两个:一是围绕E_4^*形成的聚合证据网以及围绕E_9^*的补强证据网,要么在考察过程中因证据资格问题而被排除,不具有证明力,要么其组合证明力要远远弱于E_{10}^*的证明力;二是与E_3^*相矛盾的E_2^*。所有这些合理怀疑的排除都是借助组合证明力评价规则来完成的。最后,"排除合理怀疑"不等于排除一切怀疑。"排除合理怀疑"要求证据—推理链条网具有高证明力,能够使情报分析人员对某一待检验指标成立与否的确信度达到95%以上,而它却很难实现100%的确信度。该标准的意义在于以较为客观的量化尺度帮助情报分析人员实现内心确信,即这种网络证明力要强大到足够排除任何合理怀疑的程度,才能对指标成立与否做出判断;同时,也时刻提醒情报分析人员其所做判断的确信度尚未达到100%,对网络证明力的评价仍有犯错的可能,因此应时刻保持开放的头脑,当有重要新证据出现或随着模糊证据不断清晰,应积极将其纳入证据—推理链条网,以进行新一轮的网络证明力评价。

四、结论的生成

对于任何一项战略预测评估活动来说,都有一个完成的时限。在这个时限之内,情报分析人员必须把自己的结论递交给情报用户,

第四章 证据评价推动下的假设检验

以便用户有足够的时间进行决策和行动。

如果在时限内,情报分析人员能够完成问题的提出、假设的建立和检验这一整套程序,并确定了唯一成立的假设,那么自然可以将该假设作为战略预测评估的结论递交给用户。但以上这种情况是很罕见的:证据是如此完美以至于只能得出唯一的结论。[①] 在大多数情况下,情报分析人员都很难在有限的时间内完成这样一项复杂的战略预测评估。他们更多的只是完成了问题的提出、假设的建立,而对于假设的检验却会由于获取的证据不够充分而无法确定假设群中哪个假设会成为最后唯一的结论。那么在这种情况下,情报分析人员最科学的处理方式就是向情报用户说明各个假设可能成立的相对概率,而不是武断地或是在心理预期指引下"挑选"出某个假设作为唯一的结论。这正如休尔所说:"如果报告是决策的基础,就需要让决策者知晓各种情况发生的相对可能性。分析判断的结果永远不可能做到确凿无疑,发生错误的可能性相当大。决策者的决策依据应该是所有可能的情况,而不仅仅是最有可能的单一情况。决策者应当制定应急或补救预案,以应对某个可能性较小但最后却真的发生了的这类情况。"[②] 但究竟如何计算出各个假设(未被证伪"淘汰"者)成立的相对概率,休尔却没有具体说明。根据本书指标权重计算方法和证据证明力的评价规则,可以将休尔的理论向可操作化方向发展,对各个假设成立的相对概率进行量化计算。

下面将举例详细说明。根据某一战略预测评估问题,情报分析人员建立了一个假设群,包括了4个假设:H_1、H_2、H_3、H_4。在情报用户规定的时限内,情报分析人员通过证据—推理网络对H_4进行了证伪,但H_1、H_2、H_3则既没有被证伪,也没有被完全证实。这

[①] Roger George, James Bruce, eds., *Analyzing Intelligence: Origins, Obstacles, and Innovations*, Washington, D. C.: Georgetown University Press, 2009, p. 79.

[②] Richards Heuer, Jr., *Psychology of Intelligence Analysis*, Langley, VA: CIA Center for the Study of Intelligence, 1999, pp. 106 – 107.

时，就需要对这3个假设成立的可能性高低进行评估。具体可通过3个步骤分别计算它们成立的相对概率。

步骤一：列出 H_1、H_2、H_3 的各自指标体系中有多少指标被证据—推理链条网所证实。假定 H_1 可以推演出 I_1、I_2、I_3 三个一级指标，其中 I_1 可以推演出 I_{1-1}、I_{1-2}、I_{1-3} 三个二级指标，I_2 可以推演出 I_{2-1}、I_{2-2} 两个二级指标，I_3 可以推演出 I_{3-1}、I_{3-2} 两个二级指标。H_2 可以推演出 I_4、I_5、I_6 三个一级指标，其中 I_4 可以推演出 I_{4-1}、I_{4-2} 两个二级指标，I_5 可以推演出 I_{5-1}、I_{5-2} 两个二级指标，I_6 可以推演出 I_{6-1}、I_{6-2} 两个二级指标。H_3 可以推演出 I_7、I_8、I_9 三个一级指标，其中 I_7 可以推演出 I_{7-1}、I_{7-2} 两个二级指标，I_8 可以推演出 I_{8-1}、I_{8-2} 两个二级指标，I_9 可以推演出 I_{9-1}、I_{9-2}、I_{9-3} 三个二级指标。

假定各个指标的权重经过运筹学层次分析法计算后的结果（具体计算方法详见本书第三章第五节）及各个指标被证据—推理链条网证明的情况如下（分别见表4—6、4—7、4—8）：

表4—6 假设 H_1 的指标体系、各指标权重及被证实情况[1]

假设	一级指标及权重		二级指标及权重		是否被证实
H_1	I_1	0.6	I_{1-1}	0.3	是
			I_{1-2}	0.1	是
			I_{1-3}	0.2	否
	I_2	0.3	I_{2-1}	0.1	是
			I_{2-2}	0.2	是
	I_3	0.1	I_{3-1}	0.05	是
			I_{3-2}	0.05	否

---

[1] 表中各个指标的权重数值及其被证实情况只是一种假定，证实以"排除合理怀疑"为标准，以下两表同此。

表4—7 假设 H_2 的指标体系、各指标权重及被证实情况

假设	一级指标及权重		二级指标及权重		是否被证实
H_2	I_4	0.5	I_{4-1}	0.3	否
			I_{4-2}	0.2	否
	I_5	0.3	I_{5-1}	0.1	是
			I_{5-2}	0.2	是
	I_6	0.2	I_{6-1}	0.1	是
			I_{6-2}	0.1	是

表4—8 假设 H_3 的指标体系、各指标权重及被证实情况

假 设	一级指标及权重		二级指标及权重		是否被证实
H_3	I_7	0.2	I_{7-1}	0.1	是
			I_{7-2}	0.1	否
	I_8	0.4	I_{8-1}	0.1	是
			I_{8-2}	0.3	是
	I_9	0.4	I_{9-1}	0.2	是
			I_{9-2}	0.05	否
			I_{9-3}	0.15	是

步骤二：分别计算 H_1、H_2、H_3 被证实指标的权重之和。

令 a_{ij} 为证据 I_{i-j} 是否被证实的检测变量，当 I_{i-j} 被证实时，$a_{ij}=1$；反之，$a_{ij}=0$。令 H_i 表示第 i 级一级指标的权重值，H_{ij} 表示第 i 级一级指标第 j 级二指标的权重值，计算公式如下：

$$H_i = \sum_{j=1}^{n} H_{ij} a_{ij}$$

$$H_1 = \sum_{j=1}^{n} H_{i1} a_{i1} = 0.3 + 0.1 + 0.1 + 0.2 + 0.05 = 0.75$$

$$H_2 = \sum_{j=1}^{n} H_{i2} a_{i2} = 0.1 + 0.2 + 0.1 + 0.1 = 0.5$$

$$H_3 = \sum_{j=1}^{n} H_{i3} a_{i3} = 0.1 + 0.1 + 0.3 + 0.2 + 0.15 = 0.85$$

步骤三：计算各个假设成立的相对概率。令 H_i 成立的相对概率为 $P(H_i)$，计算公式如下：

$$P(H_i) = \frac{H_i}{\sum_{i=1}^{3} H_i}$$

$$P(H_1) = \frac{H_1}{\sum_{i=1}^{3} H_i} = \frac{0.75}{0.75 + 0.5 + 0.85} = 35.7\%$$

$$P(H_2) = \frac{H_2}{\sum_{i=1}^{3} H_i} = \frac{0.5}{0.75 + 0.5 + 0.85} = 23.8\%$$

$$P(H_3) = \frac{H_3}{\sum_{i=1}^{3} H_i} = \frac{0.85}{0.75 + 0.5 + 0.85} = 40.5\%$$

当然，情报部门在向用户报送结论时，并不需要明确写出各个假设成立相对概率的精确百分比，因为一方面，正所谓"预测不求甚，求甚等于无"[1]，再精确的数字里面也必然掺杂着一些人为的主观因素，肯定会有误差；另一方面，过于精确的数字对于用户的决策来说并没有太大的意义。因此，情报部门只需给出一个大概的概率区间即可，比如说 H_1 成立的相对概率为 30%—40% 之间，H_2 成立的相对概率为 20%—30% 之间，H_3 成立的相对概率为 40% 左右。

需要特别指出的是，以上结论应被视为"暂时性"（tentative）的[2]，或者是"阶段性"的。这可以用"霍桑效应"（Hawthorne Effect）[3] 加以解释，就好比把一颗石头投入水中，必然会改变水的

---

[1] 冯之浚：《战略研究与预测技术》，《河北学刊》1986 年第 3 期。

[2] Richards Heuer, Jr., *Psychology of Intelligence Analysis*, Langley, VA: CIA Center for the Study of Intelligence, 1999, p. 107.

[3] "霍桑效应"起源于 1924—1933 年间的一系列实验研究，由哈佛大学心理专家乔治·梅奥（George Mayo）教授为首的研究小组提出次概念。其是指那些意识到自己正在被别人观察的个人具有改变自己行为的倾向。

运动状态,或者把一块新的磁铁放到一个磁场中,必然会改变原来磁场中的磁力线分布一样。[1] 在战略预测评估中亦是如此。战略预测评估并不是单方面的"线式运动",其结论上报情报用户后,用户的决策和行动极有可能改变或打破原有的敌我博弈态势,引发对方的因应行为。这反过来势必又迫使己方对原先的结论进行修订,从而使双方的战略预测评估呈现出一种对抗性的"螺旋上升式"的博弈态势(详见本书第五章)。

---

[1] 风笑天:《社会学研究方法》,北京·中国人民大学出版社,2011年第三版,第64页。

第五章　博弈论视角下假设的发展

正如《兵经百言·累》中所云:"我可以此制人,即思人亦可以此制我,而设一防;我破彼防,彼破我防,又应增设一破彼之破……"① 敌对双方在进行战略预测评估活动时,同样也会呈现出鲜明的对抗性质。这就意味着在战略预测评估过程中,从假设的建立到检验不仅是一个正向推进的发展过程,而且必定会伴随逆向的回复。要对假设这一辩证发展的动态过程进行深入、准确的理解,可借助博弈论为这一强有力的解释工具。

第一节　博弈论视角的确定

一、博弈论的基本理论

博弈论(Game Theory)的思想最初起源于"游戏",它是研究在各方策略相互影响的条件下,理性博弈方决策行为的一种理论。在科学意义上借以表征博弈方的行为及其相互间的冲突、竞争、协调和合作关系。这种关系可以描述成"理性的个人或其他组织,面对一定的环境条件,在一定的规则下,同时或先后,一次或多次,从各自允许选择的行为或策略中进行选择并加以实施,并从中各自

---

① 房立中主编:《兵家智谋全书》(下册),《兵经百言·智部》,北京·学苑出版社,1996年版,第1637—1638页。

取得相应结果的过程"。[①] 它在形式上类似于游戏性赌博或弈赛,如象棋、桥牌、扑克等,它强调了分析的理性、冷静与算计性质[②],目的在于向行为者表明:在所有理性博弈方都想获胜或收益最大化的情况下,他们可以根据博弈论的计算方法找到一种最有利的途径。[③]

博弈论作为一种重要的研究方法,已经被成功地应用于经济、政治、军事以及外交等领域,具有很强的解释和分析功能。一个博弈关系包括以下几个基本要素:第一,博弈方,指参与决策的主体,可以是个人,也可以是某个部门、国家或其他各种具有独立决策能力的组织,又可称为局中人、弈者或参与者;第二,信息条件,它决定每一博弈方对博弈环境及其他博弈方所掌握的信息数量和质量;第三,进行博弈的整体环境,不论博弈方是否对此有充分的认识,它都会对博弈的过程和结果产生重要影响;第四,博弈方根据情况判断自主采取的行动,即在博弈的某个时间点上的具体决策;第五,博弈方的收益函数,指在一个特定的策略组合下,博弈方所能得到或期望得到的效用水平,又称为目标函数或支付函数,是博弈方真正关心的主要目标;第六,动态的相互作用,在这个过程中,某一博弈方的选择可能促使对方改变选择;第七,博弈结果,指博弈中博弈方的行动所产生的所有可能情况,包括行动组合、策略组合和收益组合。[④]

二、博弈与假设发展的关联性

在情报对抗的大背景下,要站在一个制高点上,对敌对双方战略预测评估中假设的发展过程有一个深刻而全新的理解,博弈的相

[①] David Kreps, *Game Theory and Economic Modeling*, London: Oxford University Press, 1990, p 2.

[②] John Eatwell, Murray Milgate and Peter Newman, eds., *The New Palgrave A Dictionary of Economics*, Volume 2, London, New York, Tokyo: Macmillan Stockton Press Maruzen, 1992, p. 492.

[③] 倪世雄等:《当代西方国际关系理论》,上海·复旦大学出版社,2005年版,第306页。

[④] See: David Kreps, *Game Theory and Economic Modeling*, London: Oxford University Press, 1990, pp. 12 – 19; Drew Fudenberg and David Levine, *The Theory of Learning in Games*, Oxford: The MIT Press, 1998, pp. 35 – 39.

关理论无疑提供了这样一个绝佳的平台。情报对抗下假设的发展与博弈之间的高度契合性取决于三个关联性。

第一，博弈方的依存性。每场博弈都由两个以上的博弈方组成，并且博弈方之间存在着相互依存的关系。换句话说，在两个毫无关联、毫无联系的决策主体之间是不存在博弈的。无论是利己还是利他，某一博弈方在满足其最大收益时，不仅需要相互合作或竞争，还需要预先估计其他博弈方的行为。也就是说，博弈方是理性的，都能够充分考虑到博弈方之间相互影响和相互作用的内在联系，做出合乎理性的选择；同时相信他们的对手和自己一样也是理性的人，同样会为获得胜利而进行多次计算[1]，所以，没有对手的博弈是不存在的。在战略预测评估中，同样也存在着这种依存性。己方会针对敌方的异常提出问题，然后建立相关假设，而敌方也同样会以己方作为其情报侦察与分析对象，建立针对己方的相关假设。不仅如此，彼此假设的建立和检验还要考虑到对方的可能行动及反应。这一特点在战争中表现得尤为明显。战争存在着对立的双方，假设是作为作战双方相互制约、相互作用的一种策略选择而存在的，因此情报对抗的双方针对彼此所进行的假设，更多地表现为一种对抗性的依存关系。

第二，信息的决定性。信息在博弈中是指博弈方掌握的知识，特别是有关其他博弈方的特征、行动和目标函数的知识。一般来说，博弈方拥有的信息越多，决策的正确性就越高，收益自然也就越好。同时，信息的完全与否、质量的高低程度也直接影响着博弈的结果。因此，信息是影响博弈的主要因素和竞争基础。由于情报是一种特殊类型的信息，如果从这个角度来看，信息就是战略预测评估中推动假设发展的关键，即假设得以建立的依据是信息（情报素材），其检验也离不开信息（证据）作为评判的标尺，所以信息的质与量将直接影响假设发展的结果。

第三，目的的明确性。在博弈过程中，博弈方之间具有相互竞

---

[1] [美] 詹姆斯·多尔蒂、小罗伯特·普法尔茨格拉夫：《争论中的国际关系理论》，阎学通、陈寒溪等译，北京·世界知识出版社，2003年版，第604页。

争的关系,在特定环境下有获得胜利的欲望,即希望实现那些会受到他人阻挠的目标。因此,虽然每个博弈方都有自己的策略、目标和偏好,但他们的目的却是相同的:在一定条件下追求自身收益的最大化。情报活动不仅是敌对双方物质力量的互相较量,也是敌对双方斗智斗勇的竞赛。在实际的情报活动中,对抗双方都想取得胜利,而一方的胜利一定是排斥另一方胜利的。情报活动中敌对双方这种尖锐对抗的内在联系,反映到战略预测评估中假设的发展过程,就表现为双方的情报分析人员有着明确的目的:在激烈的对抗环境中最大限度地提升假设建立与检验的效力,竭力追求假设的最优化,从而提升战略预测评估的质量。同时,在这一过程中,一方也必然会设法降低对方假设建立与检验的效力,迫使对方的假设出现错误,从而最终促成其战略预测评估的失误。

以上这三种关联性成为连接情报对抗下战略预测评估中假设发展和博弈的内在纽带,因此完全可以把博弈的相关理论融入到假设的发展过程中,构建假设发展的博弈(以下简称假设博弈)模型,对假设博弈的基本特征和对抗性互动进行深入解读与分析。

三、假设的双层博弈

为了更好地利用博弈论研究国际行为体之间的国际问题,美国学者罗伯特·帕特南(Robert Putnam)于1988年在《外交和国内政治:双层博弈的逻辑》(Diplomacy and Domestic Politics: The Logic of Two-Level Games)一文中第一次提出并系统阐述了有关"双层博弈"的思想。[1] 此后,陆续有一批学者对该思想做了深层次的阐述和发展。[2] 双层博弈集中关注的是两个或两个以上国际行为体在国际问

---

[1] Robert Putnam, Diplomacy and Domestic Politics: The Logic of Two-Level Games, *International Organization*, Vol. 42, No. 4, 1988, pp. 427–460.

[2] 代表性人物有:安德鲁·莫拉维什克(Andrew Moravcsik)、杰弗里·兰提斯(Jeffrey Lantis)、海伦·米尔纳(Helen Milner)、迈克尔·朱恩(Mickael Zurn)、肯尼斯·汉夫(Kenneth Hanf)和阿里尔德·昂德达尔(Arild Underdal)等。

题中的博弈过程及影响因素。其中的双层博弈分别为国际层次（Level 1 或 L1）博弈和国内层次（Level 2 或 L2）博弈。国内层次博弈的结果必然会在国际层次博弈上得到体现，国际层次博弈达成的协议必须在国内层次博弈上得到批准，这就是两个层次博弈之间的逻辑联系。

战略预测评估中的假设发展具有明显的双层博弈特征（如图 5—1 所示）。在内层博弈中，博弈方情报机构内部借助个体层面和团体层面建立的假设群，在证据评价下进行彼此间的博弈；在外层博弈中，博弈方之间围绕着如何实现己方假设最优化的同时诱使对方假设坠入预设的"陷阱"而进行着彼此间的博弈。两个层次博弈之间逻辑关系体现为：内层博弈的结果必然会在外层博弈上得到体现；外层博弈的进程又反过来影响着内层博弈的发展。关于内层博弈，前文中对从假设的建立到检验整个过程的研究，究其本质，就是内层博弈的集中体现。基于此，本章的论述重点将集中于外层博弈，从敌我双方宏观对抗的视角对假设的发展进行新的解读。

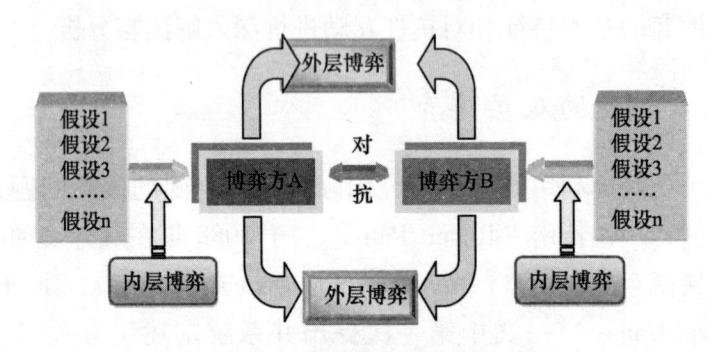

图 5—1 假设发展的双层博弈

第二节 假设博弈模型的构建

按照博弈的相关理论，情报对抗下的假设博弈模型可以从三个角度进行构建：第一，从博弈方在博弈过程中的争夺焦点——信息的完整度来看，是不完全信息假设博弈；第二，从博弈方行动的

"时序"来看，是动态假设博弈；第三，从博弈方的收益结果来看，是零和假设博弈。

一、不完全信息博弈与假设的发展

根据博弈方获取对方信息量的程度，可以把博弈分为完全信息博弈和不完全信息博弈。完全信息博弈是指每一个博弈方对所有其他博弈方关于博弈基本结构的全部信息都有准确的了解。否则，博弈方（或至少其中一部分）只有局部信息，则为不完全信息博弈。[1] 以军事对抗为例，其中的不完全信息具有多种形式，如某一博弈方对其他博弈方的作战目的、战略战术、军队部署及数量、武器装备性能、指挥官的素质不完全知晓等等。

若从该层面来理解战略预测评估中的假设博弈，其属于不完全信息博弈。假设之所以要发展，很大程度上是因为在它建立和检验的过程中，情报分析人员并不完全了解对方在不同条件和情况下的对策选择，也不可能掌握关于对方的所有高质量的情报。即便是在"中途岛"这个被有些学者称为"近乎完美"地反映了尖端情报搜集技术具有超凡能力的案例中，美国海军部通信保密科的表现也并非完美无缺，其并没有掌握日本海军的全盘计划。[2] 因此，假设只能是在不完全信息的基础上去进一步发展和完善。

二、动态博弈与假设的发展

根据博弈方行动的"时序"，可以把博弈分为静态博弈和动态博弈。静态博弈是指所有博弈方同时选择行动或非同时行动，但对前者行动一无所知。这里的"同时"不是时间上的概念，并不要求时间上完全一致，只要每个博弈方在选择策略时不知道其他博弈者所

---

[1] Harsanyi J., Games with Incomplete Information Played by Bayesian Players, *Management Science*, Vol. 14, 1967, pp. 159–182.

[2] 参见张长军：《战略突袭预警研究》，北京·军事科学出版社，2010年版，第32—34页。

选择的策略就可以被认为是静态博弈。动态博弈是指博弈方行动有先后顺序，且后行动者能够观察到先行动者的选择。[①]

从这个层面来理解战略预测评估中的假设博弈，其属于动态博弈。情报对抗中的双方在建立假设时存在"时序"上的先后之分，且先行者的行动在实践中不可能做到完全保密。当博弈方A"观察"到博弈方B的某一行动后建立假设，然后通过检验假设生成"阶段性"的结论以指导相应行动的开展；博弈方B亦会通过"观察"到博弈方A的行动建立起自己的假设，用以调整原先的行动。接着，博弈方A又会根据博弈方B的行动变更而建立新一轮的假设。由此，循环往复，博弈双方A、B的假设呈现出一种对抗发展的态势。

三、零和博弈与假设的发展

根据博弈方的收益结果，可以把博弈分为非零和博弈和零和博弈。[②] 在非零和博弈中，一方之所得并非是另一方之所失，所有博弈方的得失之和并不等于零。这就意味着非零和博弈不是一种排他性的竞争，它既可以包含冲突，也可以包含合作，并且会存在博弈方都可能获胜和获得不同程度收益的情况。而在零和博弈中，只有一个结果，一种收益，即一方之所得必是另一方之所失，所有博弈方的收益结果之和总为零。在一个两方参与的零和博弈中，理性的策略选择应建立在最小化—最大化（mini-max）原则基础之上。也就是说，每个博弈方都应该尽量把能够确保的最小收益最大化，或者把必须承担的最大损失最小化。[③]

战略预测评估中的假设博弈，可以被视为敌对双方围绕情报进行的斗智，竭力使己方选定正确的假设（策略），误导对方选定错误

[①] P. D. Taylor and L. B. Jonker, Evolutionarily Stable Strategy and Game Dynamics, *Mathematical Social Science*, Vol. 40, 1978, pp. 145–156.

[②] [美] 詹姆斯·多尔蒂、小罗伯特·普法尔茨格拉夫：《争论中的国际关系理论》，阎学通、陈寒溪等译，北京·世界知识出版社，2003年版，第605页。

[③] 同上，第605—606页。

第五章 博弈论视角下假设的发展

的假设（策略），从而实现己方收益的最大化，对方收益的最小化。因此，它符合零和博弈的模式。

零和博弈可以用"谁是懦夫"博弈来加以说明。假设 A 和 B 两人驾车在只有一个车道的公路上相对行驶，谁都不让路双方可能车毁人亡，但谁让路谁就成了"懦夫"。[①] 这样 A 和 B 就面临着让路与不让路组成的 4 种行为选择。当然，对 A 来说，己方不让路而 B 让路为最佳选择，可得 +10。但是双方都不能保证对方一定会让路，若自己不让路，对方也不让路，结果就是同归于尽。因此，对双方来说，最保险和最可靠的选择是双方让路，避免冲突。但不管如何选择，双方都不可能同时得分，一方所得必为另一方所失。反映在战略预测评估的假设博弈中，由于敌对双方（A 和 B）的对抗性，情报合作是不可能实现的，所以博弈的结果必然表现为收益的零和性，即经过证据的搜集与验证，双方最终选定的假设都正确或错误则获利皆为零，一方假设正确而另一方假设错误则获利分别为 +10 与 −10（如图 5—2 所示）。

	b_1（假设正确）	b_2（假设错误）
a_1（假设正确）	0（不得分） a_1b_1 0（不得分）	−10（输） a_1b_2 +10（赢）
a_2（假设错误）	+10（赢） a_2b_1 −10（输）	0（不得分） a_2b_2 0（不得分）

图 5—2　战略预测评估中假设发展的零和博弈模式图

[①] 倪世雄等著：《当代西方国际关系理论》，上海·复旦大学出版社，2005 年版，第 307 页。

四、不完全信息动态零和假设博弈模型及实例

结合以上假设博弈的信息不完全性、动态性及零和性三个特点，可以构建出假设博弈模型：不完全信息动态零和假设博弈。

以古巴导弹危机[①]为例，对不完全信息动态零和假设博弈模型加以说明。1962年，美苏在加勒比海形成了严重对峙，双方均做出了较为强烈的反应：美国总统肯尼迪宣布进行海上封锁，同时发出最后通牒，要求苏联立即撤走在古巴的导弹；苏联领导人赫鲁晓夫命令苏联军队处于战备状态，并扬言要击沉阻挡苏联船只通向古巴航行的美国军舰。危机大有升级为核战争之势。危机之前，苏联首先即针对美国的意图建立了相关假设。H_{1A}：美国将不会接受苏联在古巴部署导弹；H_{2A}：美国将会被迫接受苏联在古巴部署导弹。危机爆发后，美国则针对苏联在危机中的意图进行假设。H_{1S}：苏联面对美国的威胁会选择让步；H_{2S}：苏联面对美国的威胁不会让步。在随后的博弈中，美苏哪一方能够将不完全信息最大限度地转化为完全信息——有关对方实力以及在此次危机中真实意图的情报，并在此基础上对假设进行科学的检验以生产出高质量的战略预测评估产品，哪一方就能够赢得整个假设博弈，从而正确指导危机中的决策。

如果在假设建立后，经过证据的搜集与验证，美苏双方都选定正确的假设（a_1b_1），那么，在正确判断对方的底线是什么的情况下，双方强硬到彼此最后可以接受的那个临界点时做出让步，就能避免冲突，但双方均不获利；如果双方的假设都出现错误（a_2b_2），则有可能引发核战争，导致共同毁灭，均无法获利；但如果只有一方选定了正确的假设，而另一方却选定了错误的假设（a_2b_1 或 a_1b_2），那么，错误一方的收益将为 –10，同时给了对方 +10 的

---

① 参见[美]罗伯特·肯尼迪：《十三天》，复旦大学历史系拉丁美洲研究室译，上海人民出版社，1977年版；[美]约翰·拉纳勒夫：《神秘的第三只手——中央情报局内幕》，郭国和、费惠芳编译，上海·知识出版社，1990年版；李德福：《千钧一发：古巴导弹危机纪实》，北京·世界知识出版社，1997年版。

收益。

在假设博弈前期，由于信息的不完全性，双方很难检验出针对对方能力与意图的假设哪个会成立。正如柯克帕特里克（Lyman Kirkpatrick）在《美国情报界：外交政策与国内活动》一书中所说的："在古巴导弹危机中，对于已经发生和正在发生的事情我们都有确切的情报。我们唯一不知道的是，如果我们告诉苏联要么拆除导弹，要么面对美国摧毁导弹基地的可能性时，苏联将会有何反应。"[1]

在这种情况下，美国一个极有价值的情报来源发挥了重要作用：中央情报局收买并安插在苏联高级指挥部的格鲁乌军官奥列格·潘可夫斯基上校。中央情报局分析专家雷·克莱因（Ray Llein）对此评价道："通过照相、窃听以及许多其他方法获得的情报，都从潘可夫斯基偷来的文件中得到了验证。"这些情报显示，苏联的导弹力量远远落后于美国。根据这一关键指标，美国情报分析人员分析出，赫鲁晓夫的核战争恫吓只是讹诈而已。美国情报分析人员还从情报中精确估计出苏联在古巴部署导弹所需要的时间，这一点对美国安排做出反应的时间非常关键。潘可夫斯基的情报还显示赫鲁晓夫并不想在危机中对柏林施加压力。[2] 凭借这一系列重要的间接证据，中央情报局关于苏联意图的假设 H_{1S} 得到了检验，即苏联"将选择让步，寻求政治解决方案"[3]，并将这一结论上报肯尼迪总统。这使美国在假设博弈中对苏联取得了 a_1b_2 的态势，获得了 +10 的收益，而苏联则由于事先对美国的意图做出了错误的判断，获得了 −10 的收益。

肯尼迪据此在危机中采取了正确的策略：一方面安慰苏联，保证不入侵古巴，另一方面则发出威胁说，除非总统马上得知苏联撤

---

[1] Lyman B. Kirkpatrick, Jr., *The U. S. Intelligence Community: Foreign Policy and Domestic Activities*, New York: Hill and Wang, 1973, p. 110.

[2] Nathan Miller, *Spying for America: The Hidden History of U. S. Intelligence*, New York: Paragon House, 1989, p. 370.

[3] Roger George, James Bruce, eds., *Analyzing Intelligence: Origins, Obstacles, and Innovations*, Washington, D. C.: Georgetown University Press, 2009, p. 10.

走导弹的消息，否则美国将实施"全面报复行动"。① 苏联则由于事先未能对美国的能力和意图进行正确的判断，做出了向古巴部署导弹这个错误的决策，而成为了此次假设博弈中的"懦夫"。赫鲁晓夫于 10 月 28 日公开声明愿意在适当的监督和检查下从古巴撤出导弹和伊尔-28 型轰炸机。古巴导弹危机宣告结束。

这个例子不仅反映了假设博弈所具有的信息不完全性、动态性及零和性，还深刻揭示了假设博弈中的互动性，即博弈方在进行战略预测评估时不能只考虑自己单方面的行为，还要考虑对方的行为，这样才能够在对方采取针对己方的行动时预有准备，并能快速做出反应，最终实现己方的收益最大化并促成对方战略预测评估的失败。

第三节 假设博弈的对抗性互动

在具体的战争活动中，交战的每一方都要计划自己的战斗行动，不仅要"为自己"预见，而且要"为对方"预见。② 战略预测评估领域更是如此，当双方针对对方的实力、意图、计划与行动等来建立己方的假设时，就会呈现出一种"螺旋上升式"的循环过程。假设博弈的这种对抗性互动促使情报分析人员不仅要建立针对敌方的假设，还要针对敌方对己方的可能反应建立假设，在"破彼之破"上预有准备。在假设博弈的对抗性互动中，以下几方面的原因将会影响到双方的胜负：一是彼此理性的"差异"；二是敌方的欺骗；三是假设的"自我失效"；四是假设的"时滞"。

一、理性的"差异"与错误假设

在假设博弈中，直接获取有关敌方意图的情报是赢得胜利最直

---

① Graham T. Allison and Philip Zelikow, *Essence of Decision: Explaining the Cuban Missile Crisis*, New York: Longman, 1999, p. 346.

② 梁必骎主编：《军事哲学》，北京·军事科学出版社，2004 年版，第 322 页。

第五章 博弈论视角下假设的发展

接、最有效的办法。然而我们必须认识到,意图是敌方的最高机密,使用侦察手段直接获取虽非绝无可能,但也是非常罕见的,大部分情况下还是要依靠建立和检验假设的一整套程序来预测评估。而这套程序顺利完成的难度在于要用自己脑中的理性思维去料想敌方脑中的理性思维,即情报分析人员不仅仅是以旁观者的身份进行研究,其还处于所要分析的问题之中,需要通过对对方思维方式的深入理解,先于对方掌握潜在的、可能的未来态势,以预测其未来行动方案和机动安排,并计划且及时地采取有效的反制行动。[①] 这种理性如同"概念"(Conception),是进行战略预测评估的"无形指示图"——"任何情报机构,尤其是战略高层,在分析任何事情时都必须有这样一个既有概念。你可以打破既有概念并构建新的概念,但一定要有概念。没有概念将寸步难行。"[②]

在通常情况下,"理性"的情报分析人员往往基于"能力限定"和"风险—收益"原则判断敌方的意图。"能力限定"原则认为,能力和意图是相互关联的,能力是实现意图的基础。然而,一方面,评估能力可以依靠"数字性"的"硬证据",预测意图却要建立在"模糊证据"的基础上。[③] 另一方面,尽管能力是实现意图的基础,但能力与意图之间并不存在绝对的逻辑联系。因为有些国家或政治集团在制定政策时还会考虑国内政治需要,或者期望通过冒险和突袭获取胜利。就好比对弈的棋局,你可以看清对手的棋子(实力),却很难猜到他下一步将落子于何处(意图)。而"风险—收益"原则则认为,相对于代价太大、收益不定的行动,敌方必然倾向于选

---

① See: U. S. Joint Chiefs of Staff, Joint Publication 2 - 0, *Doctrine for Intelligence Support to Joint Operations*, Washington, D. C.: Government Printing Office, 9 Mar., 2000, p. I - 1.

② Richard B. Parker, *The October War: A Retrospective*, Gainesville, FL: University Press of Florida, 2001, p. 108.

③ Micheal I. Handel, The Yom Kippur War and the Inevitability of Surprise, *International Studies Quarterly*, 21 Sep., 1977, p. 461.

择低风险、高收益的行动。① 但实际上,这一准则却经常被打破,正如迈克尔·汉德尔所指出的:"在战争中,一开始认为高风险、难实现的目标,一旦实施后却发现并非意想的那么困难。"② 总之,考虑到前文提及的错误知觉对理性的影响,一旦己方的"理性"无法与敌方的"理性"相契合,就会在一定程度产生理性的"差异",这将有可能导致错误假设的生成并最终影响到战略预测评估的结果。

例如,1950年6月25日朝鲜战争爆发后,美国情报界把中国是否会参战列为重点关注对象之一。中央情报局在1950年9月8日"中共直接干预朝鲜可能性"的情报备忘录中做出假设:"基于公开行动的严重后果,中国介入朝鲜战争的方式更可能是间接的……介于一旦中共干涉朝鲜将影响苏联在中国和朝鲜的地位,苏联将阻挠中国介入朝鲜战争。"③ 随后,尽管有多种证据表明中国即将参战④,但中央情报局却"不改初衷"。联合国军统帅麦克阿瑟(Douglas

---

① John Carlos Rowe and Rick Berg ed., *The Vietnam War and American Culture*, New York: Columbia University Press, 1991, p. 274.

② Micheal I. Handel, *War, Strategy and Intelligence*, London: Frank Cass and Company Limited, 1989, p. 219.

③ Intelligence Memorandum 301, *8 September 1950*, *Probability of Direct Chinese Communist Intervention in Korea*, Langley, VA: CIA Center for the Study of Intelligence, 1997, p. 433.

④ 美军远东司令部情报部在10月1日的一份报告中称:"截至9月10日,在朝鲜发现了20个师的中国共产党军队,其中6个师在西北边境地区,其他师的位置尚不确定";10月14日的报告中称:"中国在满洲共有38个师,有24个师部署在鸭绿江一线";10月20日的报告中称:"有10万中共军队集结在边界地区,准备在18日或20日入境。"同时,中国政府也公开对美国进行了警告。1950年9月21日,美国驻印度大使报告说:"印度驻华大使潘尼迦会见中国总理周恩来后认为,如果美军进入'三八'线以北地区,中国可能会介入。"10月3日,周恩来再次紧急召见潘尼迦,指出:"美国军队正企图跨过三八线,扩大战争……我们不能坐视不顾,我们要管。"第二天,潘尼迦通过当时在北京的英国大臣将周恩来的口信传达给美国。参见[美]约瑟夫·格登:《朝鲜战争:未透漏的内情》,于滨等译,北京:解放军出版社,1990年版,第327页;[美]贝文·亚历山大:《朝鲜:我们第一次战败——美国人的反思》,郭维敬等译,北京:中国社会科学出版社,2000年版,第288页;[美]罗伊·E.阿普尔曼:《朝鲜战争中的美国陆军》(第3卷),国防大学译,北京:国防大学出版社,1994年版,第862页;中共中央文献研究室、军事科学院编:《周恩来军事文选》(第4卷),北京:人民出版社,1997年版,第66—68页;John P. Glennon, ed., *Foreign Relations of the United States*, 1950, Korea, Vol. VII, Washington, D. C.: United States Government Printing Office, 1976, p. 742.

MacArthur）更是分析指出："由于我们的基本上无敌的空军具有随时可以摧毁鸭绿江南北的进攻基地和补给线的潜在威力，所以我本人在军事上的估计，没有任何一个中国军事指挥官会冒这样的风险把大量兵力投入已被破坏殆尽的朝鲜半岛。这样，他们要冒的由于给养短缺而毁灭的风险就太大了。"① 但事实上，对于百废待兴的新中国和最高领导人毛泽东来说，对于出兵问题则有着不同的理解："我们不出兵，让敌人压至鸭绿江边，国内国际反动气焰增高，则对各方都不利，首先是对东北更不利，整个东北边防军将被吸住，南满电力将被控制。"②

又如，1973年10月6日，以色列遭到了埃及与叙利亚军队的突袭，第四次中东战争爆发。在此之前，以色列的情报工作一向以高效著称。其在战争爆发前早已获悉了关于埃及和叙利亚军队战斗部署中最微小的细节，甚至包括舟桥设备裂缝处的准确位置。据此，在战争爆发前一个多月，以色列国防部长达扬在以色列参谋学院演讲时说："力量对比远远有利于我们，阿拉伯人不可能马上再次挑起敌对行动，阿方的类似动机和考虑毫无意义可言。"③ 以色列人之所以如此自信，是因为检验两个核心指标的证据没有出现。这两个核心指标分别是：第一，埃及在获得足够的空中力量以攻击以色列本土，特别是攻击以军机场，瘫痪以空军之前，是不会发动对以战争的；第二，除非与埃及协同，否则叙利亚不会单独对以发动进攻。④ 然而，埃及总统萨达特的"理性"显然与以色列人的"理性"判断有所"差异"。1972年10月24日，萨达特总统在总统官邸召开了

---

① [美]道格拉斯·麦克阿瑟：《麦克阿瑟回忆录》，上海大学历史系译，上海译文出版社，1984年版，265页。
② 中共中央文献研究室、解放军军事科学院：《毛泽东军事文集》（第6卷），军事科学出版社、中央文献出版社，1993年版，第117页。
③ Abram Shulsky, Gary J. Schmitt, *Silent Warfare: Understanding the World of Intelligence*, New York: Brassey's, Inc., 1991, p. 64.
④ Israel, What Went Wrong on October 6: The Partial Report of the Israeli Commission of Inquiry into the October War, *Journal of Palestine Studies*, Vol. 3, No. 4, Summer, 1974, p. 193.

构建以假设为核心的战略预测评估方法

最高军事会议，强烈主张对以色列发动一场目标有限的战争。10月26日，萨达特任命伊斯梅尔为国防部长兼总司令，此前已任命富有进取心的沙兹利为总参谋长。就这样，终于做出了打一场目标有限的战争的决定。[①] 萨达特决心发动战争有着深厚的国内和国际原因。在国内，1967年第三次中东战争后，埃及经济陷入窘境，国家政权极不稳定。首都开罗甚至于1972年1月25日爆发了反政府暴动。在国际上，美苏首脑会谈决定维持中东问题现状，致使埃及依靠美苏解决问题的希望落空，这种不战不和的局面越拖越对阿拉伯国家不利，要求以色列归还所侵占阿拉伯国家领土的联合国第242号决议将无法得到落实。在这种情况下，萨达特坚信，就算阿拉伯国家在苏伊士运河东岸能收复1英寸土地，便能在政治和外交上重新占据有利地位。这些原因促使萨达特选择了高风险、收益不定的方案，并致使以色列军事情报部做出了错误的假设，未能及时发出战争预警。

在以上案例中，彼此的"理性"明明存在"差异"，但为何建立并选择错误假设的一方却意识不到？这是因为人的理性是有限的[②]，即由于人类的自身思维能力的局限，并不总能适应现实复杂的

[①] [日]田上四郎：《中东战争全史》，军事科学院译，北京·解放军出版社，1985年版，第200—201页。

[②] 传统经典博弈论中有一个重要的前提假定：所有博弈方都是完全理性的，意指博弈方不仅知晓自己当时面临的选择范围，而且洞悉未来的选择范围，还能为未来的可能事件确定一个联合概率分布。在权衡了一切相互冲突的局部价值后，将它们综合到单一的效用函数中，按照对它们的偏好排列所有未来可能事件的优劣顺序。但这种完全理性假定在现实中并不适用，因为人类在做出决策时总是存在着推理误差，也不可能严格按照效用最大化的要求做出决策。于是进化博弈论对传统经典博弈论进行了改进，认为博弈方只是有限理性的，只能知道世界状态的一部分而不可能知道所有状态，也不可能知道各种状态出现的客观概率及不同状态对自己支付的意义，在多数情况下并不能对环境的任何变化做出最优反应。[美]赫伯特·西蒙：《现代决策理论的基石》，杨砺、徐立译，北京经济学院出版社，1989年版，第3页；R. C. Lewontin, Evolution and the Theory of Games, *Journal of Theoretical Biology*, Vol. 1, 1960; Maynard Smith, The Theory of Games and the Evolution of Animal Conflict, *Journal of Theoretical Biology*, Vol. 47, 1973.

第五章 博弈论视角下假设的发展

世界。[1] 进一步说，心理学研究发现，人们在日常生活中常常会不自觉地把自己的心理特征（如个性、好恶、欲望、观念、情绪等）归属到别人身上，认为别人也具有同样的特征，心理学家们称这种心理现象为"投射效应"。在某些情况下，由于投射效应的存在，我们常常从自身出发来推测出别人的想法。但是同时由于人的差异性，那种强加于人的结果则会导致对他人的情感、意向做出错误的评价。作为个体的情报分析人员在进行情况研判时，常常由于自己一厢情愿的想法或对不同文化的无知，而倾向于以自己所熟悉的情况为基础来对陌生的情况进行评判，把别人当作自己的"镜中像"。[2] 情报分析人员错误地以为他的四周都是透明的玻璃，能看清敌人的内心世界。事实上，他的周围却是一面面巨大的镜子，镜子反射出的只是他自身的内心历程、价值观和需要。也就是说，他并没有看到敌人的内心世界，看到的仅仅是自己的而已。更为致命的是，这种投射效应一旦形成，就很难改变。新的信息会被既有意象（images）所同化。[3] 所以，通过将本国处于相似客观环境中可能采取的行动投射于他国之上，建立并检验假设以预测评估他国的行为，这是一种简单的、机械化的类比，有可能会导致情报分析人员出现重大的战略预测评估失误。他更趋于看到和接受与其预期（假设）相符的证据，也趋于把一些模棱两可的刺激因素视为预期现象出现（假设成立）的标志，从而迅速将这类信息纳入自己原有的认识框架中去；而对于与自己预期（假设）不相符的[4]，则倾向于忽视这类证据，或者是扭曲它们以符合原有的认识，至少不与其原有认识相矛盾，

---

[1] Richards Heuer, Jr., *Psychology of Intelligence Analysis*, Langley, VA: CIA Center for the Study of Intelligence, 1999, pp. 2–3.

[2] Shlomo Gazit, *Intelligence Estimates and the Decision-Maker*, London: Frank Cass and Company Limited, 1991, p. 264.

[3] Richards Heuer, Jr., *Psychology of Intelligence Analysis*, Langley, VA: CIA Center for the Study of Intelligence, 1999, pp. 10–11.

[4] 参考[美]罗伯特·杰维斯：《国际政治中的知觉与错误知觉》，秦亚青译，北京·世界知识出版社，2003年版，第190页。

甚至有时候还会否认这类证据的资格。最终，情报分析人员将会一叶障目，无法很好地识别出这些与其"理想假设"相违背的证据所传递出的有用信息。

二、敌方的欺骗与误导性假设

当一个假设尚未证实也无法证伪时，那么一种常见的情况就是"敌人正在试图欺骗我们"。[1] 欺骗，其最终目的就是要使敌人深信不疑并明确果断地误入歧途。[2] 在假设发展的过程中，敌对双方为了克敌制胜，都会在努力探究对方假设的同时，竭力掩盖自己的假设不为对方所知，因此会通过实施欺骗，审慎地掩饰事实真相，以取得某种竞争优势。[3] 此外，还会竭力给对方"提供"高度"可信"的情报作为证据，以证实那些想要对方证实的假设。通常的情形是，当获得一份重要情报时，情报分析人员从心理上倾向于相信它是真实的。然而，情报分析人员一般在没有得到确证之前，宁愿对一切都持怀疑态度，特别是在有过被愚弄的经历之后，他们往往会变得过于谨慎。于是，这就产生一种了"欺骗悖论"：对欺骗越是警惕，越容易成为欺骗的牺牲品。[4]

按照欺骗的不同效果和不同目的，可以把欺骗分为两种形式：一是"A式"（ambiguity-increasing）欺骗，其主旨是增加情报素材的模糊度，让对方感到疑惑，拿不定主意该相信什么，从而使假设的内层博弈陷入僵局，很难检验出哪个假设更符合未来的发展趋势，最有可能成为结论；二是"M式"（misleading）欺骗，其主旨与增

---

[1] Richards Heuer, Jr., *Psychology of Intelligence Analysis*, Langley, VA: CIA Center for the Study of Intelligence, 1999, p. 98.

[2] Barton Whaley, *Stratagem: Deception and Surprise in War*, Cambridge, MA: MIT Center for International Studies, 1969, p. 135.

[3] Donald C. Daniel and Katherine L. Herbig, eds., *Strategic Military Deception*, New York: Pergamon Press, 1982, p. 2.

[4] Michael I. Handel, *War, Strategy and Intelligence*, London: Frank Cass and Company Limted, 1989, p. 220.

第五章 博弈论视角下假设的发展

加模糊度的 A 式欺骗相反,它是尽量减少模糊度,让一种假设具有非常的吸引力,从而诱导对方相信它,并按照这一假情况做出反应。[①] 其实,M 式欺骗已经包含了 A 式欺骗,是 A 式欺骗的主动形态:清晰的定向误导,达成真实的真正模糊。在假设博弈中,敌对双方必然要靠欺骗来掩盖自己真正的意图,误导对方的情报机构和决策者,从而使对方做出错误的假设。因此,假设的发展在双方实施欺骗的过程中呈现出一种极具艺术性的对抗性互动。

在苏德战争前,针对德国是否会进攻苏联这个问题,苏联情报人员可以根据所获相关证据建立如下假设。H_1:单边战争假设,即不管苏联在外交和军事上有何预期,希特勒都决心进攻苏联;H_2:最后通牒式假设,即如果苏联不能满足希特勒的要求,希特勒就要进攻苏联;H_3:讹诈型假设,即希特勒并不希望与苏联发生一场战争,但他希望利用军事威胁来逼迫苏联作进一步的让步;H_4:应急假设,即希特勒并不希望发动侵苏战争,他的军事准备只是一个应急计划,一旦苏联与德国反目成仇,德国不至于手足无措;H_5:预防性假设,即希特勒设想苏联会向德国发起进攻,德军准备先发制人。[②]

对于德国而言,在战前的当务之急就是要促使苏联最终选择错误的假设作为指导苏军行动的结论。结合假设外层博弈的本质与特点,德国必然会围绕苏联的假设进行再假设。如若德国能够把苏联建立的 5 个假设都考虑在内,然后再开展欺骗活动,那将更具针对性,也更易于实现自己的战略目标。苏联建立的 5 个假设中,H_2、H_3、H_4 对德国最有利,尤其是 H_4,它与德国真实的战略意图完全相悖,同时也最能麻痹苏联。一旦通过欺骗使苏联对该假设信以为真,就能反过来促使苏联淘汰 H_1 和 H_5,那么则可以很好掩盖德军一系列的战前准备活动,打苏联一个措手不及,从而迅速完成对苏联的

[①] See: Donald C. Daniel and Katherine L. Herbig, eds., *Strategic Military Deception*, New York: Pergamon Press, 1982, pp. 5 – 7.

[②] Barton Whakey, *Codeword Barbarossa*, Cambridge, MA: MIT Press, 1974, p. 223.

占领计划。

基于此，德国能够形成较为明确的欺骗目标并采取相应的策略，即进一步误导斯大林做出错误的判断，促使其认为 H_4 必然为真，或至少促使其认为 H_2 或 H_3 为真；并同时强化其认为 H_1、H_5 为假的信念。希特勒曾说："要把进攻俄国造成历史上最大的骗局。"几乎从希特勒签署"巴巴罗萨"计划开始，计划的内容就开始逐步泄露出去。但后来的事实却证明，泄密不仅没有影响到德国的军事行动，反而强化了突然袭击的效果。[1] 因为在一定情况下，密泄得越大，敌人越不会相信。即看起来太像真的，就不会是真的。[2] 之所以会这样，很大程度上与希特勒在进行欺骗方面的努力是分不开的。其中最成功的就是希特勒对"海狮"计划的利用。1940 年 7 月，希特勒下令制定代号为"海狮"的进攻不列颠群岛的计划。但在希特勒决定入侵苏联之后，"海狮"计划就由"真"变为"假"，由入侵英国转为迷惑苏联。德国利用同英国的战争状态，以史无前例的规模进行了假机动。入侵不列颠群岛的准备工作得到大力加强[3]，并且德军还故意夸大了准备执行"海狮"计划的舆论。德国在军队里大量印发英国地图和配备英语翻译；在英吉利海峡和加莱海峡沿岸集结了大量生产的渡海和登陆船只、器材；军队进行了频繁的登陆演习；把大批德军调到苏联边境说成是为了进攻英国而到东方进行休整。此外，从 1940 年 11 月到 1941 年 5 月，希特勒还至少策划或实施了 11 个重大的对英作战行动。[4] 所以，尽管苏联情报机构在战前获得了德国将入侵的 84 种不同的预警性情报，这些预警的数量要远远多

---

[1] 洪科：《现代战争中的突然袭击战例》，北京·人民出版社，1975 年版，第 45 页。

[2] [美] 唐纳德·丹尼尔、凯瑟林·赫伯格主编：《战略欺骗》，徐晓军、扈新生译，北京·军事科学出版社，1991 年版，第 18 页。

[3] [苏] 谢·帕·伊万诺夫主编：《战争初期》，军事科学院译，北京·战士出版社，1978 年版，第 235 页。

[4] 过毅、高鹏主编：《20 世纪重大战略决策选评》，北京·军事科学出版社，2004 年版，第 125 页。

于 20 世纪中其他几场突袭发生前的预警[1]，但斯大林却并没有相信。苏军军事情报局局长戈利科夫由于担心所提供的情报与斯大林的想法不一致，时常将所获证据按可信性分为两类：一类是"可靠来源"提供的；另一类是"可疑来源"提供的，并将大多数有关德国真实企图的归入了第二类中。由此可以看出，在战前苏德双方的假设博弈中，德军成功的欺骗行动加深了苏联情报机构和斯大林的错误判断，认为德军在打败英国之前不会进攻苏联，从而更倾向于选择假设 H_2、H_3 和 H_4，最终导致了苏联在战争初期极大的被动。

鉴于欺骗的巨大作用，很多国家在战争中都倾向于使用欺骗诱导敌方产生误导性假设，以达成战争突然性。《战略性军事欺骗》一书曾对 1914—1973 年之间西方世界发生的 93 例"战略级交战"中的欺骗运用与达成战争突然性的情况进行了统计（如表 5—1 所示）。

表 5—1　进行欺骗与达成战争突然性的关系[2]

比较项目	达成战争突然性	未达成战争突然性
未进行欺骗	11	6
进行了欺骗	76	0
总计	87	6

表 5—1 表明，在 93 例"战略级交战"中，欺骗的发生概率为 81.7%，进行欺骗达成战争突然性的概率为 100%，未进行欺骗达成战争突然性的概率则降到了 64.7%。也就是说，在这些案例中，一方只要使用了欺骗手段，肯定会误导对方的假设出现某些错误，从而最大限度确保自己在假设博弈中能取得胜利。

在信息时代，伴随着信息总量的急剧增加，欺骗对假设博弈的

---

[1] Richard K. Betts, *Surprise Attack: Lessons for Defense Planning*, Washington, D. C.: The Brookings Institution, 1982, p. 34.

[2] Donald C. Daniel and Katherine L. Herbig, eds., *Strategic Military Deception*, New York: Pergamon Press, 1982, pp. 187 – 189.

冲击更为巨大。当今，信息的容量已经达到了 ZB 级别，进入了"大数据"① 时代。数量惊人的网络用户借助先进的网络平台更是急剧推进了信息的爆炸式增长。2011 年，美国"脸谱"（Facebook）用户每天分享的信息达 40 亿条；② 2012 年，美国"推特"（Twitter）用户每天发送的微博数量达 4 亿条。③ 据美国国际数据公司（International Data Corporation）统计，2011 年全球被创建和复制的数据量为 1.8ZB，未来 10 年全球数据量将以每年 40% 以上的速度增长，到 2020 年全球数据量可能将达到 35ZB（2^{40}GB）。④ 面对如此量级的信息，一旦其中再夹杂着对手故意释放的欺骗性信息，情报分析人员从中提取信号的难度则会成几何级增长。据美国伊利诺伊州高级情报顾问亚伦·卡斯特曼（Aaron Kustermann）估计，"如今情报分析人员把 65% –80% 的时间都耗费在了搜集和核对数据上，只有很少一部分真正用于分析"。⑤ 其窘境正如美国一位前国家安全机构的局长所言，从堆积如山的大量信息中去发现确凿的事实，就像从一个救火用的软管中去获得一点饮用水一样难。⑥ 况且，任何一个情报机构都存在着信息的最大承载问题，如果搜集到的信息总量超过了"崩溃点"，尤其是欺骗性信息过多的话，那么情报机构的情报分析工作的质量不仅会停滞，而且会迅速下降（如图 5—3 所示）。

---

① 大数据的起始计量单位为 P、E 或 Z，1PB = 2^{20}GB、1EB = 2^{30}GB、1ZB = 2^{40}GB。

② "脸谱网首席执行官称社交网络发展处于转折点"，中国广播网，2011 年 7 月 7 日，http://www.cnr.cn/allnews/201107/t20110707_508196207.html。

③ ［英］维克托·迈尔—舍恩伯格、肯尼思·库克耶：《大数据时代——生活、工作与思维的大变革》，盛杨燕、周涛译，杭州·浙江人民出版社，2013 年版，第 120 页。

④ Big Data: Coping with Exponential Growth? *Proformative*, Dec. 18, 2012, http://www.proformative.com/news/1495371/big-data-coping-exponential-growth。

⑤ Aaron Kustermann, Senior Intelligence Advisor, Illinois State Police, Interview by Charles E. Breggemann, Nov. 17, 2006. Cited in Charles E. Breggemann, *Mitigating Information Overload: The Impact of "Context-based Approach" to the Design of Tools for Intelligence Analysts*, Naval Postgraduate School, 2008, p. 1.

⑥ ［美］布鲁司·D. 伯尔考威茨、阿兰·E. 古德曼：《绝对真实——信息时代的情报工作》，张力等译，北京·时事出版社，2001 年版，第 107 页。

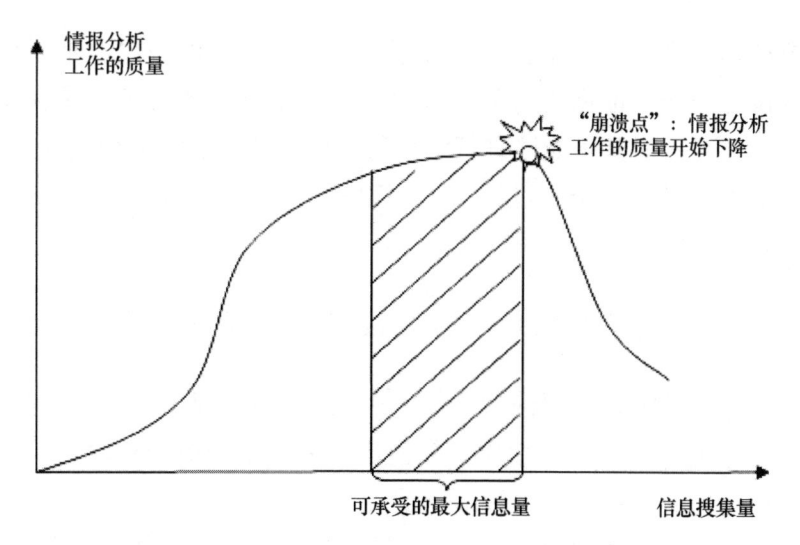

图 5—3　情报机构可承受的最大信息量与"崩溃点"

可见，在信息时代，欺骗的地位与作用已经上升到了一个前所未有的高度。美军甚至将欺骗作为信息作战的重要组成部分。在1998年版的《信息作战联合条令》中，欺骗与作战保密、心理战、电子战、实体摧毁及网络袭击等重要活动并列成为联合信息行动的组成部分。[1] 在2006年版和2012年版的《信息作战》中，更是把军事欺骗与电子战、心理战、网络战和作战保密列为五大核心信息作战能力。[2] 此外，美军还专门在2006年版的联合出版物《军事欺骗》中对信息作战背景下欺骗的定义、流程、计划进行了更新。连世界头号军事强国的美国都如此热衷于利用欺骗迷惑对手，欺骗的魅力可见一斑。

为了应对欺骗的冲击，理查兹·休尔建议，应在建立的假设群中专门包含一个有关欺骗的假设，即某国或组织为了影响己方的认

---

[1] Joint Chiefs of Staff, *Joint Publication 3 – 13*: *Joint Doctrine for Information Operations*, Washington, D. C. : Government Printing Office, Oct. , 1998.

[2] Joint Chiefs of Staff, *Joint Publication 3 – 13*: *Information Operations*, Washington, D. C. : Government Printing Office, Feb. 13, 2006/Nov. 27, 2012.

知或行动而采取了欺骗行动。关于这个有关欺骗的假设，不要仅仅因为没有充分的证据支持就予以排除。如果某国或某组织正在实施欺骗，要是不对其可能性进行细致的分析，就无法掌握相关的证据。正确的做法是将这个假设纳入下一阶段的检验之中，只有确实找到有力的反证后才能对其予以排除。[1]

三、"或然性困境"与假设的"自我失效"

就战略预测评估中的假设博弈来说，一方的假设一旦经过检验成为结论上报己方情报用户，并使用户采取了相应的行动后，就有可能影响对方的假设和战略预测评估结果。而随后对方决策和行动的变化，则又往往会使一方先前正确的假设"自我失效"。假设这种"自我失效"状况的发生，并不能说明原先的假设是错误的，它只是假设发展过程中对抗性互动一种特殊的表现形式而已，即假设本身之不实现的实现形式。如 A 方正在准备发动一场旨在针对 B 方的攻击，B 方情报机构根据相关情报建立且检验了"我方将受到 A 方进攻"这一假设，从而得出了相应的战略预测评估结论。随后，B 方便及时地发出了预警，决策者进行了相应的动员。这时，A 方通过针对 B 方展开的情报侦察活动，意识到自己的假设已被 B 方察觉，已无法实现进攻的突然性，于是便取消了该进攻计划[2]，A 方的假设也随之"自我失效"。关于这一现象，罗伯特·沃尔斯泰特在《珍珠港：预警与决策》中用"或然性困境"（dependent-probability paradox）对其做了最好的解释。该理论认为，进攻方的行动往往取决于其进攻目标（即防御方）的防备情况。进攻方只有在其战备活动未引起防御方的注意和防备时才会下定袭击的决心，一旦察觉对方已

---

[1] Richards Heuer, Jr., *Psychology of Intelligence Analysis*, Langley, VA: CIA Center for the Study of Intelligence, 1999, p. 174.

[2] See: Micheal I. Handel, Intelligenc and the Problem of Strategic Surprise, in Richard K. Betts and Thomas G. Mahnken, eds., *Parodox of Strategic Intelligence: Essays in Honor of Micheal I. Handel*, London: Frank Cass, 2003, p. 19.

第五章 博弈论视角下假设的发展

有防备，其意图就会变化，即推迟或者取消行动。这种博弈的互动造成了假设发展过程中的一种困境：如果防御方的情报机构准确做出了敌人将发动进攻的假设，防御工作也随之做好，但进攻方因为发现防御方已做好准备而取消了袭击，那么先前做出的假设也随之失效，从而造成"正确却不得分"的特殊博弈现象（如图5—4所示）。

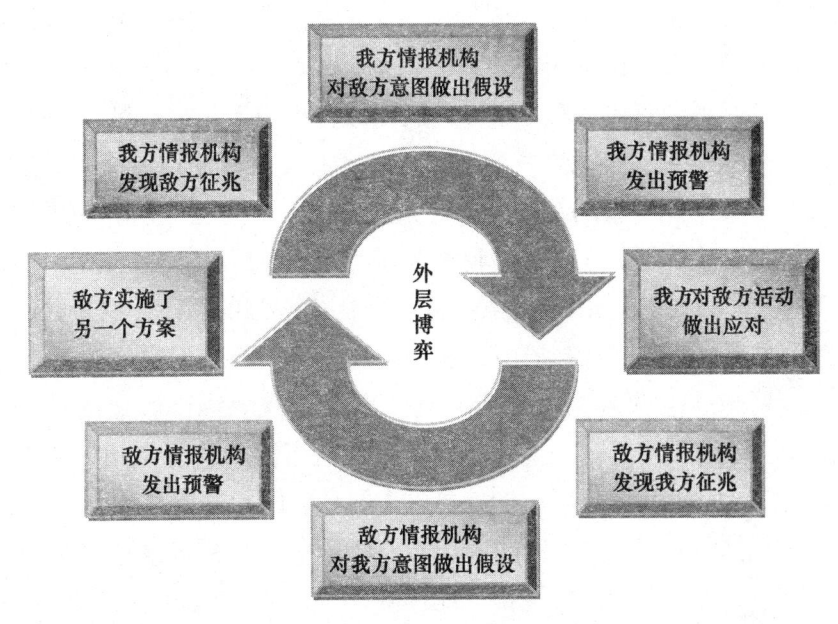

图5—4 假设的"自我失效"①

1994年10月，伊拉克因联合国对其进行制裁而造成局势持续紧张，美国情报界发现伊拉克有将近8万人的军队调动到了科伊边境地区，其中包括共和国卫队的两个精锐师。② 局势与1990年8月伊拉克入侵科威特时极为相似。美国情报界发布预警，认为这可能是又一次入侵。美国与其盟国迅速向该地区派遣兵力。伊拉克部队撤退了，威胁也随之解除。在这一博弈中，伊拉克也许曾有过要入侵

---

① See: U. S. Joint Chiefs of Staff, Joint Publication 2 - 0, *Joint Intelligence*, Washington, D. C. : Government Printing Office, 22 Jun. , 2007, pp. I - 29.

② Nacy Gibbs, A Show of a Strength, *Time*, Oct. 1994, pp. 34 - 38.

· 273 ·

科威特的意图，但在其准备入侵的过程中也完全有可能因得知行动已被美国情报机构发现，且对方已采取措施而改变了最初的意图，放弃了原先的计划。但无论如何，美国情报机构先前做出的假设都会因此而宣告作废。

再列举一个虚拟的例子以更清晰的展现假设的"自我失效"。长期以来，由于帝国主义殖民因素的历史遗留问题，老牌帝国主义国家A国和新兴国家B国关于中东地区有重要战略地位的Z高地的主权争端迟迟没有得到解决。Z高地与B国相邻，但由千里之外的A国实际控制。2010年来，经勘查发现，Z高地地下有丰富的石油资源，于是双方关于Z高地主权问题谈判的气氛急转直下，直至破裂。为维护国家主权和民族尊严，B国开始秘密备战，准备武力收复Z高地。2012年11月以来，在B国军方的怂恿下，B国内好战的媒体开始号召要早日解决争端，甚至不惜动用武力。11月底，B国政府秘密做出了决定：计划突袭占领Z高地，造成既成事实并获取国际社会承认。此后，B国在国际上展开外交攻势，在联合国痛诉A国的霸道，并声称Z高地应该归属B国，同时四处寻求大国与邻国的支持。

根据这一形势，A国情报部于12月开始对B国解决争端的方式展开分析，并最终建立了相关假设群。B国解决争端的方式有政治、军事两种方式，军事方式又可分为军事摩擦、突袭并占领Z高地和全面战争三种。当前形势和证据显示，B国目前已经对政治解决方式感到绝望，但也没有能力发动全面战争，而仅制造军事摩擦并不足以"收回"Z高地，因此，只有对Z高地进行突袭并进行实际占领才是最有可能成为结论的假设。从2013年1月开始，A国情报部陆续搜集到以下证据：B国军队停止休假并命令所有休假人员归队；卫星侦测到大批装甲部队向Z高地附近调动；无线电通讯明显增加；截获的话报内容包括"A国在Z高地驻扎军队的数量、部署及弱点"等；空军向外购买大量空对地制导炸弹……根据这些证据，A国情报部认为一场突袭已经迫在眉睫，并向政府发出了预警。基于此，A国政府开始采取一系列积极的应对措施，做好了对B国军队予以迎头痛击的准备：于 2 月初进行紧急动员；迅速派遣航空母舰编队驶向 B 国外海区域；向 Z 高地增派援军并提升警戒等级。此外，为了增加威慑的效果，A 国的动员和应对措施甚至故意做得大张旗鼓。

再反观 B 国，在决定动武之后，其情报部也会对 A 国的动向进行重点关注。一旦发现己方意图暴露且 A 国已经做好应战准备，则会随时撤销通过突袭占领 Z 高地的计划。就在 2 月初，潜伏在 A 国高层的一个十分可靠的 B 国间谍向国内发出了"意图暴露和突袭无法完成的情报"。对此，B 国政府秘密召开紧急会议，决定改弦更张，暂时撤销原计划。随后，两国间的紧张氛围逐渐平息，一场战争就此避免。此时在 A 国，却有某些政府要员对情报部提出了批评，认为其发出了虚假预警，让国家浪费了大量资源，但情报部对此却也无力辩解，不幸陷入了假设"自我失效"的困境。

总之，假设"自我失效"产生的根源在于假设的发展要随着敌我之间的动态博弈进程而波动。要走出这一困境，情报分析人员首先要评估我方近期行动的成效，并对以下内容进行重点预测：敌方发现我方行动的可能性；敌方将怎样解释我方的行动；敌方的实力发展趋势；敌方将最终做出怎样的反应？尤其要注意的是，敌方经常采用欺骗的方式对我方造成的误导。[①]

假设"自我失效"现象还说明，一方面，用后来发生的事件去评价战略预测评估的准确性通常是行不通的，因为许多战略预测评估就是为了阻止某个事件的发生。[②] 另一方面，战略预测评估不仅应当是一个把已知的因应行为计算在内的静态过程，而且更是一个对未知的或随时可能出现的因应行为实施不断侦察并加以相应调整的动态过程。任何认为战略预测评估可以一蹴而就的想法和机械地把

---

① U. S. Joint Chiefs of Staff, Joint Publication 2 - 0, *Joint Intelligence*, Washington, D. C.: Government Printing Office, 22 Jun., 2007, pp. I - 28.

② Jerome Clauser, *An Introduction to Intelligence Research and Analysis*, Lanham, MD: Scarecrow Press Inc., 2008, p. 46.

敌我对抗行为当作一种简单的力学过程的想法,都是极其错误的。我们不能期望战略预测评估能够像自然预测那样一次性地完成,因为战略预测评估客体是"活的",战略预测评估的"准星"必须对"活动的靶子"进行如影随形、与时俱进地跟踪校正,尤其对于长期的战略预测评估来说更应如此。[1]

四、"结构性劣势"与假设的"时滞"

假设博弈的实质是双方根据已掌握的情报来判断彼方能力及意图的科学与艺术,而这一判断的过程是需要时间的。战略预测评估是依照"顺序过程"(Sequential process)生成的,即一方事先制定好某种计划或者下定某种决心,然后另一方的情报机构透过对方设置的种种伪装、欺骗网来建立和检验有关对方能力与意图的假设。因此,总有一方的情报机构是处于一种"结构性劣势"(structural disadvantage)的地位——在敌对双方进行的假设博弈中,一方总是处于主动、率先地位,而另一方则紧追不舍。无论对于哪一方而言,只要它处于"结构性劣势"的地位,就会相应地产生假设的"时滞"现象,即情报分析人员在围绕敌方能力、意图建立和检验相关假设时存在着时间差。[2] 所以,往往当一个假设在经过建立与检验的程序后,最终以战略预测评估产品的形式送达决策者手中的时候,就可能出现两种情况:

第一种情况是敌方的计划已经发生了变化,致使有关敌人原来计划的"信号"变成了"噪音"。苏德战争前,苏联情报机构就曾遭遇过"德国进攻计划推迟"之害。朱可夫元帅在回忆录中称:"在战前斯大林得到过不少有关战争爆发时间和德军行动的情报,其中大部分来自英国、美国和德国。但是,所有情报所说的战争爆发时间都成为过去,提供的情报被证明是不准确的,斯大林终于不相信这些情报的

---

[1] 参考阎耀军:《社会预测学基本原理》,北京·社会科学文献出版社,2005年版,第213页。
[2] Ariel Levite, *Intelligence and Strategic Surprise*, New York: Columbia University, 1987, p. 15.

第五章 博弈论视角下假设的发展

准确性了。"① 如在 1941 年 5 月 6 日，苏联海军人民委员库兹涅佐夫海军上将给斯大林的一份报告中写道："驻柏林海军武官沃罗佐夫上校报告：据希特勒统帅部一个德国军官说，德军准备在 5 月 14 日从芬兰、波罗的海沿岸和罗马尼亚侵入苏联。与此同时，将对莫斯科和列宁格勒实行猛烈空袭，并派伞兵在边境城市实施空降……"② 事实上，希特勒确实在 1940 年 12 月 18 日签署的对苏作战计划《第 21 号指令："巴巴罗萨"计划》中要求："准备工作，……务必在 1941 年 5 月 15 日以前完成。"③ 但由于天气原因和集结兵力消耗了时间，德军的最终进攻日期推迟到了 1941 年 6 月 22 日。

鉴于此，美国著名预警专家辛西娅·克莱博感叹道：

> 有经验的预警情报分析人员都会很谨慎地预判战争爆发的时间，他们从以往的案例中吸取了很多教训，认识到预判战争爆发时间并非是一个简单而明确的问题。很多情况下，战争爆发要比我们认为可能爆发的时间滞后，当然并非总是如此。除极少数情况外，我们做出的时间预判很可能都是错误的。因为存在很多不可预知的因素，军事方面或者政治方面的因素都影响敌方领导人何时定下决心准备开战，此外，敌方还可能通过各种手段进行战略欺骗。
>
> 教训是明显的。情报分析人员和情报官员都应该重点关注敌方是否确实正在准备发动战争行动，并尽可能做出准确的判断。通常我们判断敌方可能已经完成了所有的战争准备，但把握不大。尽管把握不大，我们也应该试着判断敌方何时完成所有的战争准备。最后，最没把握的判断是敌方何时发动战争。作为一条

---

① [苏] 格奥尔基·康斯坦丁诺维其·朱可夫：《朱可夫回忆录》，陆仁益译，北京·中国广播电视出版社，1991 年版，第 288 页。
② 同上，第 290 页。
③ [德] 瓦尔特·胡巴奇编：《希特勒战争密令全集（1939—1945）》，张元林译，北京·军事科学出版社，1989 年版，第 66 页。

普遍原则，分析人员最好避免判断敌方发动进攻的确切时间。如果上级一定要求做出判断，最好的办法是提供一个敌方可能发动进攻的时间段，而不是做出一个具体的猜测。并且最好通过一些历史事件向上级做一些说明和解释，告之其预判的难度和隐患。

战略预警并非预判危机何时爆发，而是预判可能发生的危机，这一点需要领导人和指挥官的理解。如果我们能够认识到危机爆发时间的不确定性，我们就不会放松警惕，因为敌人做好了准备但战争尚未开始。①

第二种情况是假设在经过建立、检验最终形成结论的时间点已经过了"应对所需最低时限"，就算发出了有关敌方意图的准确预警，也会导致己方没有充分的动员时间对敌方的行动加以应对。

美国情报专家詹姆斯·沃尔兹（James J. Wirtz）指出："相比进攻方，防御方在情报对抗中具有一个内在不利因素：进攻方展开行动的时间与其首次被发现的时间存在一个时间差，而情报搜集、分析、分发这一缓慢过程又加重了这种不利因素的影响。于是，防御方在情报对抗中始终面临一个'无法挽回点'，即在某一特定时间点之后，针对进攻方行动所发出警报的效果将越来越减弱。"②

第四次中东战争前，以色列军事情报部判断，它可以在阿拉伯人发动战争的 24 小时前发出警报。作战部对此寄予厚望，并把它作为发布动员令的基础。阻击由部署在停火线上的部队和空军担任。动员令发布后 48—72 小时，动员的兵力可在第一线发挥作用。如果同时实施总动员，全军兵力可达 37.5 万人。总之，以色列的遏制力即是空军和装甲部队的反击力。③ 但由于阿拉伯国家的欺骗以及以色

---

① ［美］辛西娅·克莱博：《预判突然袭击——战略预警分析》，胡炜等译，北京·军事谊文出版社，2009 年版，第 127 页。

② James J. Wirtz, *The Tet Offensive: Intelligence Failure in War*, New York: Cornell U. P., 1991, p. 4.

③ ［日］田上四郎：《中东战争全史》，军事科学院译，北京·解放军出版社，1985 年版，第 187—188 页。

第五章 博弈论视角下假设的发展

列对自身实力的过分自信,直至战争爆发当天的 10 月 6 日,以色列才最终判明了阿拉伯国家发动战争的企图。凌晨 4 时,以色列军事情报部长泽拉接到可信赖的"摩萨德"谍报部长打来的电话。电话说,他们获得一份情报显示:"今天傍晚,阿拉伯国家必定从两个方向发动进攻。"① 但以色列根本来不及动员预备役部队,而仅靠现役部队是根本无法迎战的,遭受突袭已不可避免。当日 14 时 05 分,埃及和叙利亚军队在西奈和戈兰前线同时发起进攻。经过一个星期的激战,埃军控制了运河东岸 10—15 千米的地区。以军在仓惶中调动 3 个装甲旅进行反扑,均遭沉重打击,其王牌军第 190 装甲旅被全歼。②

再举一个虚拟的例子。Y 月 Z 日,A 国情报机构获得可靠情报显示,其将在 3 个月之后(即 Y+3 月 Z 日)遭到多个国家的联合进攻,该国情报机构还可以肯定敌对的 B、C、D 三个邻国将参与此次进攻,而且它们还积极拉拢对进攻成败有实质性影响的 E 国一起参加。现在的战略预测评估问题就是判断 E 国是否会参加进攻。已经确定的是,A 国决策者要求其情报机构必须在 Y+2 月 Z 日之前做出 E 是否会参加进攻的判断,因为必须留有一个月的时间以完成动员工作,最好能通过外交途径化解此次危机,即所谓的"应对所需最低时限"(如图 5—5 所示)。

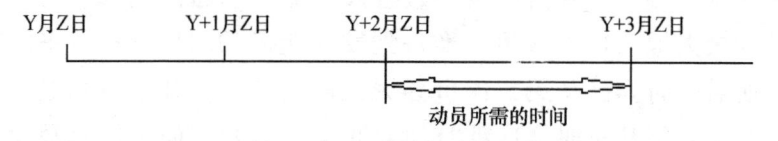

图 5—5　A 国确立假设的时间流程表

A 国情报机构在 Y 月 Z 日时根据已有情报建立了一个假设集,其包括 3 个假设:H_1:E 国将在 Y+3 月 Z 日与 B、C、D 三国联合

---

① [日]田上四郎:《中东战争全史》,军事科学院译,北京·解放军出版社,1985 年版,第 206 页。

② 肖宪:《中东国家通史:以色列卷》,北京·商务印书馆,2001 年版,第 200 页。

进攻 A 国；H_2：E 国将保持中立；H_3：E 国将试图拆散这个联盟。时间逐渐从 Y 月 Z 日流逝到 Y+2 月 Z 日，这期间 E 国积极实施欺骗并采取了保密等措施。A 国情报机构在"信号"与"噪音"的迷雾中因无法排除假设集中的两个假设，而无法得出一个确切的结论。实际上，可能只有等到动员所需的时间内才能最终确定哪一个假设是真实可靠的。这种"时滞"现象使 A 国情报机构面临了一个困境：如果确定 H_1 为最终分析结论，决策者依此采取措施进行动员，一旦该假设实际上是错误的，那么，该国将面临巨大的风险；如果确定 H_2 或 H_3 为真，那么决策者就没有必要进行动员，而一旦 E 国的选择是 H_1，则该国将面临遭受突然袭击的危险，即便在以后确定 H_1 为真，但该国仍要面临动员时间不足等难题。

值得关注的是，当今，信息技术正在重新界定国家安全的内涵及国家使用武力的方式[1]，战争形态正由机械化战争向信息化战争演变。战争的"快速化"特征日益突出。曾为美国前国防部长拉姆斯菲尔德（Donald Rumsfeld）所大加赞赏的《震慑与畏惧——迅速制敌之道》一书，在论及信息化战争"快速化"特征时指出："从技术角度而言，这里的速度包括制定作战计划、作战决心、部署和兵力使用等，这一切都需要部队在最短的时间内做出迅速的反应。"[2] 具体来说，首先，武器性能、力量投送能力、通信技术等的长足发展已经极大地缩短了战争从准备到发起所需的时间——从平时转入战时所需的时间已从第二次世界大战前的几年、几个月缩短为几星期、几天甚至几小时。这种时间差在关键时候，便足以对敌对国发动战略突袭。[3] 其次，信息技术广泛运用于战场立体化侦察监视系统、信息传输系统和信息处理系统，信息的流动速度急剧加快，信

---

[1] [美] 小沃尔特·加里·夏普：《网络空间与武力使用》，吕德宏译，北京·国际文化出版公司和北方妇女儿童出版社联合出版，2001 年版，第 8 页。

[2] [美] 哈伦·厄尔曼等：《震慑与畏惧——迅速制敌之道》，滕建群等译，北京·新华出版社，2003 年版，第 95 页。

[3] 张晓军等著：《美国军事情报理论研究》，北京·军事科学出版社，2007 年版，第 162—163 页。

息的实时获取、实时传输和实时处理正在逐渐成为可能。最后，基于 C⁴ISRK 的综合信息与打击系统可以对目标进行时敏打击（time sensitive attack）。信息化战争的战略、战役和战术层次与界线模糊，各个战争环节连贯紧凑，节奏明显加快，作战时间迅疾而短促，爆发与结束都会显得极为突然。时间通常被当作敌人，必须争分夺秒，以最强大来抢占最领先。[①] 故此，处于"结构性劣势"一方的情报机构在应对时间上显得愈加紧迫。针对这一情况，美军根据"OODA 周期"（Observe-Orient-Decide-Act，即观察、判断、决策和行动）理论，试图通过延长敌方的"OODA 周期"、缩短自己的"OODA 周期"来增加敌方的"时滞"，从而把握作战的主动权。因此，假设的"时滞"现象是信息化战争双方假设博弈的对抗性互动中一个不容忽视的问题。

第四节 假设博弈在动态循环中升级为结论

在情报对抗的大背景下，博弈双方对彼此的认识总是沿着从不知到知，从知之较少到知之较多的方向逐步发展。博弈初期，由于博弈双方的保密与欺骗措施，搜集到的情报素材总是不全面的，甚至是虚假的。故该阶段建立的假设仅仅是针对问题的初步推测，不可能与整个事实完全相符。然而，正是因为有了这个初步推测，才为情报搜集与战略预测评估的进一步开展指明了一个大体的方向。在随后假设的检验工作中，有的假设被证实了，从而发展为结论；有的假设虽然被相反的证据证伪了，但自身合理、正确的因素却可以被新的假设所吸收；有的则通过充实、修改发展成为更符合客观实际的新假设。因此，从单方面来说，假设在为最终确定谁能发展为结论的相互竞争对抗中逐步升级。而从双方面来说，由于博弈双

---

① [美] 哈伦·厄尔曼等：《震慑与畏惧——迅速制敌之道》，滕建群等译，北京·新华出版社，2003 年版，第 58 页。

构建以假设为核心的战略预测评估方法

方都力争以对方的假设、结论及相应行动作为自己新一轮战略预测评估的起点，并且都有着明确的利益目的，即实现己方收益最大化，敌方收益最小化，故双方在确定自己的假设时，都会尽可能准确地判断对方的假设、结论及相应行动，并以此作为建立下一步假设的依据。于是，就形成了一种对抗双方假设互为前提、互相作用的"螺旋上升式"的动态循环过程。假设正是在这一过程中不断朝着更高的层次和阶段发展，并逐步升级为最终结论。哪一方能在这一无形的假设博弈战场上"棋看三步"，做到"以己之心，推敌人之心；以己之能，推敌人之能；以己之智，推敌人之智"，那么谁就最有可能掌握主动权，从而也就最有可能实现自己收益的最大化。

总的来说，假设博弈在动态循环中升级为结论的过程可以分为三大阶段：

第一阶段：假设的建立阶段，即根据现有的情报素材与背景知识，按照个体与团体的方法建立包括 n 个子集的假设群。

第二阶段：假设的检验阶段，即对进一步搜集到的证据进行评价以推动假设的检验，得出可信度较高的 x（$x \leq n$）个假设。

第三阶段：假设的动态循环阶段，即继续搜集证据，通过新的证据排除不合理的假设，修改原有的假设或补充新的假设，直至得到可信度最高、最接近最终结论的假设。

这三大阶段蕴含着单向与双向两层意思。就博弈的一方来说，它的假设从建立到检验，再到最终发展为结论，是多个假设竞争的结果，从而其假设呈现出一种单向"螺旋上升式"的动态循环；就博弈的双方来说，它们整个假设发展的过程都是以对方的假设、结论及相应行动为自己新一轮假设的逻辑起点，从而使假设呈现出一种双向"螺旋上升式"的动态循环。这两种假设的动态循环交相呼应，贯穿于整个假设博弈的过程之中。在它们共同的作用下，即假设在内层博弈与外层博弈中，逐步发展升级为最终的结论（如图5—6所示）。

第五章 博弈论视角下假设的发展

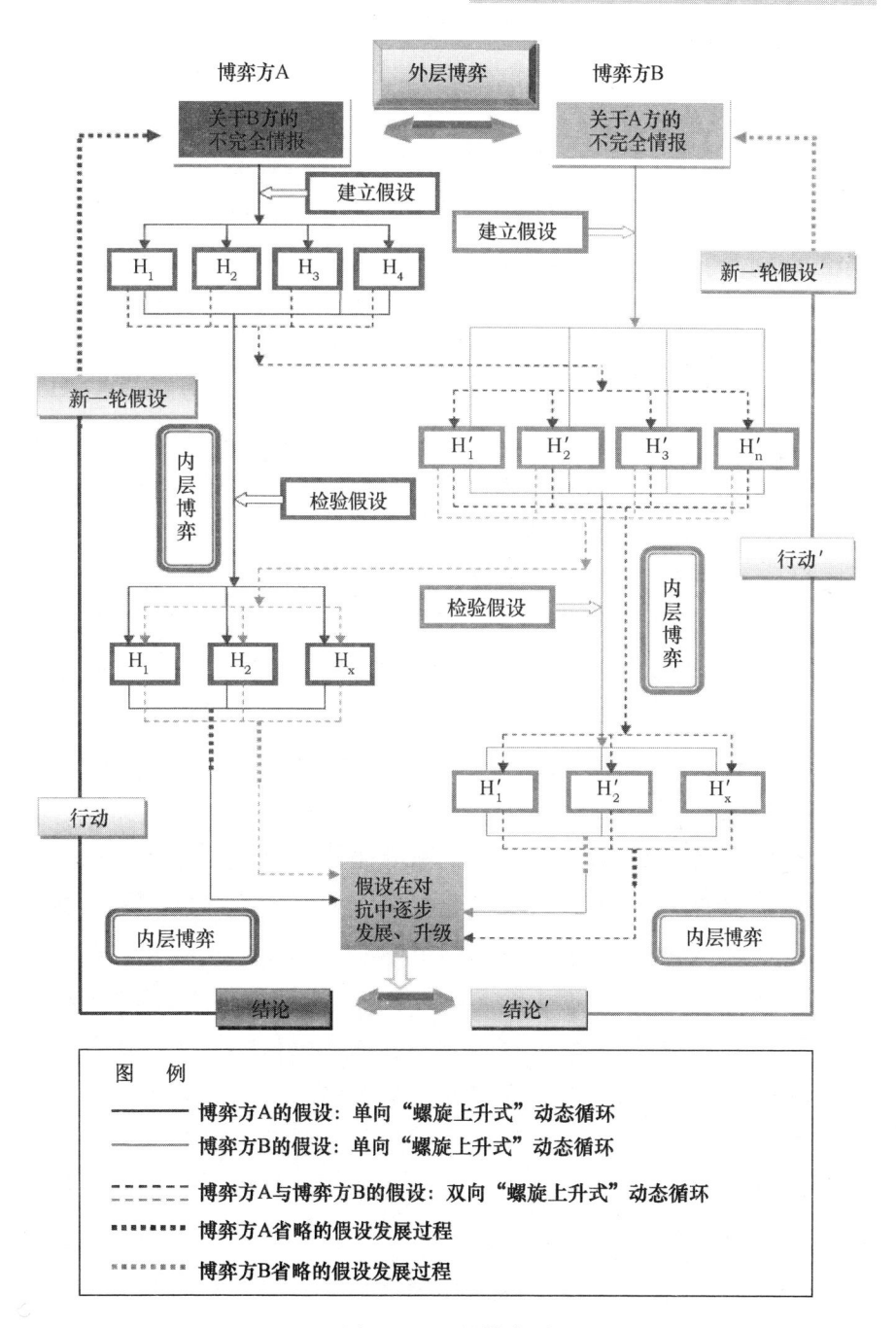

图 5—6 假设博弈图

· 283 ·

结　　语

　　1939年如果希特勒决定不进攻波兰，是否第二次世界大战不在那一年爆发？是否迟早因其他问题爆发？可否永不爆发？1940年当法国溃败以后，如果丘吉尔决定不继续对德作战，或者1941年决定不立刻与俄联盟，是否现代史的演变另是一番景象？凡此类决定，皆有人的因素在内，皆受到人的自由意志的影响，其影响有时是决定性的。[①] 倘若你是一名情报分析人员，处于1939年、1940年或1941年这样的关键性历史时刻，针对上述问题将会建立何种假设？又将怎样对这些假设进行检验？最终能得出怎样的结论？也许这些问题一时间很难回答，但有一点却是可以肯定的，那就是你的战略预测评估过程必将由于人这一因素的影响而充满了种种不确定性，在向情报用户递交结论后你也势必会为其是否准确而"诚惶诚恐"。

　　之所以会如此，那是因为战略预测评估问题是由人和人的行为所构成的一种社会现象和社会产物。进行战略预测评估，最终都要落脚到人这一特殊的个体之上。人的特殊在于他/她是有意识的个体。这就使人既有别于无生命的物体，也不同于不会深思熟虑的动物，更使战略预测评估明显区别于一般的自然科学预测。在对自然界的预测中，预测的主体是人，预测的客体是人以外的自然界。人对自然界做出预测后，自然界对人类的预测并没有感知能力，因而不会对人类的预测产生因应行为。战略预测评估则完全不同，其主体是人，客体也是人（或由人构成的社会事物和事件），而人是能动的、有反应能力的，故进行战略预测评估时必须将客体的因应行为

[①] 杜维运：《史学方法论》，北京大学出版社，2008年版，第323页。

考虑在内。客体对于主体做出的战略预测评估结论,是一个可感知的能动的自为系统。主体的战略预测评估结论一旦转变为决策和行动,就会作为一个新的物质因素介入主客体间的博弈系统,改变或打破原有博弈态势,而此时的这个客体已不再是原来的那个客体了。客体会根据自身的利益做出反应,实施欺骗,制造"迷雾"或在必要时调整、改变自己的行为趋向。这样就会使主体原来做出的结论或多或少发生偏差,甚至完全相反。[1] 所以说,在人类所从事的所有智力活动中,没有哪一种出错的概率会超过战略预测评估。[2]

基于此,也就不难理解长期以来战略预测评估所遭遇的不公正待遇了。对战略预测评估抱有不当看法者不在少数,上至最高层的情报用户,下至最基层的情报分析人员,或苟之其不准,或讥之其迟滞,更有甚者武断其不可行。这种偏见盖来源于未能正确认识和对待战略预测评估所面临的困难,也未能正确理解未来与预测的关系——如果说未来是完全不定的,那么战略预测评估就失去可能;如果说未来都是绝对一定的,那么战略预测评估便失去意义。而在未来的"绝对一定"和"完全不定"之间进行无限的探索,大胆提出假设、小心验证假设,则正是战略预测评估的魅力所在。

当然,正如马克思主义哲学认识论告诉我们的:人类对未来的预见,只能是绝对真理和相对真理的统一。就人类的思维能力来说,人类完全可以认识,但又永远不能彻底地认识事物发展的客观必然性,人类的认识只能无限地接近事物发展的客观必然性但又永远不能绝对地达到它。[3] 从这个意义上说,战略预测评估与一般意义上的认识一样,是绝对真理和相对真理的统一。具体到预测的准确率上,学界普遍将准确率达到65%的预测视为科学的预测,可谓"达标";

---

[1] 参考阎耀军:《社会预测学基本原理》,北京·社会科学文献出版社,2005年版,第204—205,211页。

[2] Jerome Clauser, *An Introduction to Intelligence Research and Analysis*, Lanham, MD: Scarecrow Press Inc., 2008, p. 24.

[3] 阎耀军:《社会预测学基本原理》,北京·社会科学文献出版社,2005年版,第340页。

构建以假设为核心的战略预测评估方法

如果准确率达到75%，这种预测就有了很大的参考价值；如果准确率达到85%，这种预测就具有了实用价值，因为15%的误判风险对决策者来讲已经是很低的风险了。[①] 而在"最大限度提升战略预测评估的质量，从而无限接近战略预测评估客体的未来发展态势"这条道路上，本书做了有益的尝试，构建了以假设为核心的战略预测评估方法，希冀通过该方法来弥补已知与未知、过去与未来、不确定与确定之间的鸿沟。在前期研究的基础上，笔者对该方法形成了更为全面、客观的认识与评价。

第一，以假设为核心的战略预测评估方法可被视为一套开放、灵活的方法体系架构，但并非是"涵盖所有情报分析方法的集大成者"。打个形象的比方，该方法就好比是一张蓝图，规划搭建一座由已知通往未知的桥梁。它虽然无法等同于业已建造的桥梁，但却能够让人们认识到建造此桥梁的重要性，并能够在多方调研勘探、研究的基础上，从地质、水文、经济等方面综合考虑，为建桥选择最适宜的位置，绘制最科学的图纸。至于具体的建造过程以及建造风格，则需要发挥建桥人员的主观能动性。因此，以假设为核心的战略预测评估方法本身是对战略预测评估过程的一种高度提炼，打造了一个有机耦合的方法系统，而不是缺乏有机联系的各种方法的简单叠加。在该系统中，情报分析人员能够自由地对各种分析方法进行选择、组合与创新，有利于实现方法间功能与作用最大限度的相互匹配、优势互补，从而产生"1+1>2"的效果。同时，这种体系化的结构为后续研究提供了思路与指引，而开放性的架构则为新方法的融入预留了空间。随着理论与实践研究的逐步深入，整个方法系统将趋于丰富和完善。但正如不存在包治百病的药一样，也不存在一把能解决所有问题的"芝麻开门"式的万能钥匙。由于各种情报分析方法的使用范围和效力各不相同，具有各自的优势与缺陷，因此针对具体的战略预测评估问题需要在该方法系统架构内进行具

---

① 阎学通、漆海霞等：《中外关系定量预测》，北京·世界知识出版社，2009年版，第4—5页。

结 语

体分析，这样才能使以假设为核心的战略预测评估方法发挥最佳的预测评估效力。

第二，以假设为核心的战略预测评估方法在研究过程中被分割为若干阶段，但在现实应用中其是浑然一体的。西方近代哲学家笛卡尔（Rene Descartes）的分解原则要求把所审查的每一个难题按照可能和必要的程度分成若干部分，以便一一解决。[①] 因为如果不把不间断的事物割断，不使活生生的东西简单化、粗糙化，不加以割碎，不使之僵化，那我们就不能想象、表达、测量、描述运动。[②] 这就好比为了研究人体各个部分的结构，就必须对人体进行解剖；为了要了解政府的运作机能，就必须要弄清政府各个部门的运作情况。[③] 同样，为了确保能对以假设为核心的战略预测评估方法进行深入的研究，也极有必要对它人为地进行暂时性分割。本书以战略预测评估流程为轴线，将假设在时间维度上的发展过程拆分为各个阶段，再根据各个阶段的目的与特点选取了具有代表性的分析方法加以应用，最后站在敌我对抗的高度，以博弈论的宏观视角重新审视了该方法的核心本质和整体规律。可以说，整个研究过程遵循了由合到分再到合的"螺旋上升式"路径。在实际应用该方法时也应采取这种整体优化的思路，注意发挥其整体效能。

第三，以假设为核心的战略预测评估方法是辨证发展的，应在后续研究与应用中不断对其加以改进和完善。以假设为核心的战略预测评估方法究其本质，就是一种进行战略预测评估的模型。对于如何客观地认识、评价模型，一般系统论的创始人贝塔朗菲（Bertalanffy）给出了答案：模型的"优点是这是一种创造理论的方法，亦即模型可以从前提进行推断、解释和预测，往往得到预料不到的结果。危险是过于简化：为了使它在概念上可以控制，把现实简化成

---

① [法]笛卡尔：《谈谈方法》，王太庆译，北京·商务印书馆，2000年版，第16页。
② [苏]列宁：《哲学笔记》，中共中央编译局译，北京·人民出版社，1956年版，第263页。
③ 孙小礼主编：《科学方法中的十大关系》，上海·学林出版社，2004年版，第95页。

构建以假设为核心的战略预测评估方法

了概念骨架……现实愈多样化与复杂，过分简化的危险愈大"。[1] 笔者秉承了学术研究求真务实的精神，不去偏袒自己所构建的理论支点，因为任何一种研究都会存在盲点。在对以假设为核心的战略预测评估方法进行肯定的同时，也积极正视了其固有的局限性，深刻认识到它只是和战略预测评估过程在本质上具有相似性，而不具有完全等同性，所以在使用该方法进行战略预测评估时不可能穷尽对所有问题的解决。此外，该方法也仅仅只是一种阶段性的认识成果。任何情报分析方法的构建与应用都不可能"毕其功于一役"，其需要在漫长的历史进程中逐渐沉淀，以假设为核心的战略预测评估方法亦是如此。它以开放的品质期待着更多的情报研究者、情报分析人员以及对方法感兴趣的人士从各自的视角、专长和经验入手，不断致力于对该方法的改进与完善。

第四，以假设为核心的战略预测评估方法是科学的，但这并不等于说使用了该方法得出的结论就必然是准确无误的。这就好比《孙子兵法》素有"兵经"之美誉，但即使有人把《孙子兵法》烂熟于心也未必就能无敌于天下，然而我们却也不能因此否认《孙子兵法》的科学性。为了能更为深刻地理解这点，就需要清晰、全面地认识"科学"这一概念。[2] 科学的统一仅仅在于它的方法，而不在于它的材料。[3] "科学"可以界定为客观的、逻辑的、有系统的现象分析法，它被设计用来积累可信赖的知识。[4] "科学"最根本的内容是方法和规则。[5] 例如新药的研发，它就总是遵循一套经由十几年

---

[1] [奥] L. 贝塔朗菲：《一般系统论》，秋同、袁嘉新译，北京·社会科学文献出版社，1987年版，第168页。

[2] Gary King, Robert Keohane, Sidney Verba, *Designing Social Inquiry: Scientific Inference in Qualitative Research*, Princeton, NJ: Princeton University Press, 1994, p. 9.

[3] [英] 卡尔·皮尔逊：《科学的规范》，李醒民译，北京·华夏出版社，1999年版，第399页。

[4] Carlo Lastrucci, *The Scientific Approach: Basic Principles of the Scientific Method*, Cambridge, MA: Schenkman Publishing, 1963, p. 6.

[5] 胡玉鸿：《法学方法论导论》，济南·山东人民出版社，2002年版，第26页。

发展构建起来的科学规范与流程，即科学的新药研发方法。但即便严格遵守了此方法，也不能确保新药研制最终能取得成功，因为各阶段的结果有可能会对原有的研发产生质疑，需要更改先前的设计，进行重复试验，甚至有时候不得不中止研发。虽然表面上看遵守这样的新药研发方法非常苛刻，但它却能最大限度保证患者的用药安全以及新药的疗效。这就是科学方法最为突出的功效所在。具体到以假设为核心的战略预测评估方法，其科学性主要表现为构建与应用方法的科学，即整个构建过程要设计合理，应用过程要合乎原则规范，这样才能提供一种独立探索的途径和解决问题的视角，任何一名情报分析人员都可以使用该方法提升战略预测评估的质量。但同时也必须认识到，科学的方法只能帮助情报分析人员去最大限度降低不确定性，减少失误的机率，而不可能实现100%的准确率。

基于以上认识，为了更好地发挥以假设为核心的战略预测评估方法应有的效力，促使战略预测评估的质量不断提升，在未来的情报工作中还需从以下三个方面入手进行长远谋划：

第一，在顶层设计上，应赋予战略预测评估名实相符的地位，给予它足够的发展空间与时间，从而为有效应用以假设为核心的战略预测评估方法提供肥沃的土壤。在某些国家，战略预测评估面临着一种非常尴尬的处境：一方面情报用户和情报界都能意识到其地位与作用之重要，也都希冀能通过它生产出情报产品中的"巅峰之作"，以拨开笼罩于未来的"重重迷雾"，从而做到未雨绸缪，抢占先机；另一方面，情报界却将情报搜集真正置于了重中之重的地位，消耗了情报界的大部分资源。随着前端搜集工作的"有力开展"，后端的情报分析工作则被淹没在了识别、整理情报素材以及生产动态报告型情报产品的繁重任务中而无法自拔，很难有余力甚至有时会刻意回避进行真正的战略预测评估。于是乎，一些国家顶级情报评估产品有时就是打上"绝密"标签的"新闻"集锦，与一些智库的研究报告都无法相提并论，这对情报工作来说无疑是一种莫大的讽刺与悲哀。情报界这种态度和做法间的巨大差异导致了战略预测评

构建以假设为核心的战略预测评估方法

估的"名不副实"。而众所周知，通过搜集工作是无法让情报不言自明的；将基本描述型、动态报告型情报按顺序罗列出来，也无法就此知道未来会如何发展。预测未来，使决策者能"运筹帷幄，决胜于千里之外"的"重担"只能由战略预测评估扛起。也只有战略预测评估"实至名归"，才能为应用与发展完善本书所构建的以假设为核心的战略预测评估方法创造一个良好的环境。

基于此，在空间上，应成立专门的战略预测评估机构，选拔一批情报分析精英，将他们作为潜在的战略预测评估专家进行培养和锻造。还要特别注重建立相应的激励机制，帮助他们从日常的情报工作中"解放"出来，确保其能够全身心致力于战略预测评估工作。只有这样的空间独辟出来后，这些情报分析精英才有可能摆脱"时事综合症"的桎梏，将自己的精力与热情投入到对情报分析方法的研究之中，以提高战略预测评估的质量。

在时间上，确保这些情报分析精英有充足的时间对战略预测评估客体进行长期追踪，构建并不断完善与之相关知识、方法以及能力体系。这就好比是珍珠的孕育，珍珠蚌需要经历3—6年的时间，才能将外界进入体内的微小异物变成光艳照人的珍珠。战略预测评估报告的生产过程更是如此。美国情报界的一个专家组就曾花费了近10年的时间来搜集、分析并预测评估有关本·拉登的动向与藏身之处。以假设为核心的战略预测评估方法也只有在战略预测评估过程中经历了与知识、经验、时间的长期积累和相互砥砺，才能趋于完美，才能从一份份不起眼的情报素材中孕育出情报产品的"巅峰之作"。

第二，在器用层面，必须聚焦于对以假设为核心的战略预测评估方法的学与用。一方面，方法并不是外在的形式，而是内容的灵魂和概念[1]，它也不是情报分析人员"生来具有而不需要后天所获"

---

[1] ［德］黑格尔：《小逻辑》，贺麟译，北京·商务印书馆，1980年版，第427页。

的技能。① 情报分析人员必须要经过专业培训，才能使专业技巧发挥最佳效果。② 虽然情报分析人员的常识、直觉和实践经验等在战略预测评估中都会发挥重要的作用，但它们始终无法取代对方法系统化的学习与培训。如果说高质量的战略预测评估报告是情报产品中弥足珍贵的"千足金"，那么就必须经历"寻找金矿、开采矿石、煅烧冶炼、加工提纯"这样一整套生产开发过程才能获得。作为普通人，即便知道金矿所在的位置，哪怕将矿石放在你手中，你也仍然无法提炼出"千足金"。其实原因很简单，就是你未能掌握相关的方法，不具备此项技能。这种"千足金"与"炼金术"、"鱼"与"渔"的关系，从某种意义上说，注定了掌握提升战略预测评估质量的情报分析方法要比获得战略预测评估结论本身更为重要。因此，要想使以假设为核心的战略预测评估方法能够在战略预测评估中得到很好的应用，就必须经过专业学习与训练，提升应用方法的意识，摆脱那种在日常情报分析工作中对方法"日用而不知"的状态。同时，通过学习与训练，有利于将以假设为核心的战略预测评估方法固化到战略预测评估过程之中，形成科学的分析模式，从而实现战略预测评估的规范化、标准化与科学化。这是一个漫长而不断反复的过程，巨大的投入也许在短时间内未必会有丰厚的回报，但如果我们将目光放长远，就会发现这是提升战略预测评估专业化水平的一条必由之路。

另一方面，方法还必须学以致用。在现今情报界一直存在这样的问题，即在情报课堂上各种分析方法得到了广泛的研习与应用，而在情报实践工作中对它们的使用却极为保守。③ 这两者之间的差距阻碍了战略预测评估向专业化推进的步伐，而情报分析方法也只有

---

① Terence Anderson, David Schum, William Twining, *Analysis of Evidence*, Second Edition, Cambridge, MA: Cambridge University Press, 2005, p. xvii.

② Julian Richards, *The Art and Science of Intelligence Analysis*, New York: Oxford University Press, 2010, p. 41.

③ Roger George, James Bruce, eds., *Analyzing Intelligence: Origins, Obstacles, and Innovations*, Washington, D. C.: Georgetown University Press, 2009, p. 223.

在实践中得到应用,才能被赋予活的灵魂,否则就只能算作是纸上谈兵。具体到本书构建的以假设为核心的战略预测评估方法上,要用好它则必须满足两个大的前提条件:一是理论与实践对接。该方法的发展与完善需要情报研究者与情报分析人员双向互动、互为支撑,不断从理论上深入认识、客观还原假设在战略预测评估中的本质与规律以指导实践,同时接受实践的严苛检验,不断发现并填补该方法可能存在的漏洞。此外,还需要积极借助情报界外其他领域成熟的方法理论作为智力支持,以求启迪思路、变换视角,从而实现新的突破。二是科学与艺术并举。正如"西方兵圣"克劳塞维茨所指出的:"科学的目的为知识,艺术的目的为创造能力。"[1] 反映到以假设为核心的战略预测评估方法上也是同理。该方法的科学性注定了借助它观察世界、分析问题,情报分析人员会有一套较为"中规中距"思路或规则。这种规范性有利于战略预测评估获知真相或无限接近真相。而对于科学性无法企及的盲区,还需要发挥艺术无穷的创造力与弹性。也只有科学与艺术相得益彰,才能最大限度激发方法在应用中的无限潜力。

第三,在器具层面,应围绕以假设为核心的战略预测评估方法不断开发辅助性分析技术与工具。理查兹·休尔曾指出:"人类利用锤子、锯等这样一类工具提高了从事各种体力活动的能力,同样也可以利用简单的智力工具提高从事脑力活动的能力。这些工具可以帮助人类智力机制克服理解、记忆和推理时所受到的限制。"[2] 在现今"大数据"时代,要从海量"噪音"中提取宝贵的"信号"并加以预测评估可谓是一件浩瀚的工程,单凭人力是无法完成的,情报分析人员迫切需要高级的"智力工具"——辅助性分析技术与工具。文本构建的以假设为核心的战略预测评估方法作为一套开放的体系

---

[1] Carlo Lastrucci, *The Scientific Approach: Basic Principles of the Scientific Method*, Cambridge, MA: Schenkman Publishing, 1963, p. 10.

[2] Roger George, James Bruce, eds., *Analyzing Intelligence: Origins, Obstacles, and Innovations*, Washington, D. C.: Georgetown University Press, 2009, p. 251.

结　语

架构，其不仅为新方法的融入预留了空间，同时也为其与信息化技术的融合提供了平台。该方法运用过程中的每一个环节都对开发相应的辅助性分析技术与工具提出了相关需求。具体集中在以下三个方面：

首先是构建不同类型的数据库。构建主题数据库，将基本描述型与动态报告型情报产品作为基本数据，按战略预测评估方向建库，便于情报分析人员长期积累相关知识，并对战略预测评估客体展开持续追踪式研究，这样更容易发现异常，提出有价值的战略预测评估问题。构建专家数据库，便于团体层面建立和检验假设时科学、快速组建专家团队。构建指标数据库，尤其是针对重点关注的战略预测评估客体构建指标数据库，便于情报分析人员遴选情报素材、对证据进行评价，更易于发现其中是否存在情况异常或证据缺失，以进一步指导情报搜集工作。

其次是开发分析技术和软件。通过数据处理自动化技术从信息洪流中筛选出有效信息，将其数量缩小到适宜情报分析人员处理的范围，从而确保有足够的时间进行思考。[1] 通过人工智能辅助情报分析，揭示数据之间隐藏的关系、模式和趋势，检测出看似正常却隐含着威胁的行为[2]，实现证据与指标的自动对接，并辅之以更精确的评估，从而提升证据评价的效力。此外，还可以进一步开发一些实用软件，如帮助情报分析人员记录其建立、检验假设的过程，实现路标分析法的自动化，便于自我回顾反思，也便于他人参考比较；实现专家反馈意见处理、假设量化排序、指标权重量化以及最终结论生成等一系列活动的自动化，从而最大限度解放情报分析人员，让他们有更多的时间和精力投入到机器所无法取代的智力活动中去。

最后是打造网络化的共享环境。除了传统意义上的资源与产品

---

[1] Gregory F. Treverton, C. Bryan Gabbard, *Assessing the Tradecraft of Intelligence Analysis*, Santa Monica, CA: The RAND Corporation, 2008, p. 19.

[2] See: Mr. Ted Senator Information Awareness Office, *Evidence Extraction and Link Discovery Program*, http://archive.darpa.mil/DARPATech2002/.../iao.../SENATOR.pdf.

构建以假设为核心的战略预测评估方法

共享外,本书更想突出强调的是战略预测评估过程的共享。通过过程的共享,能够使分析团队中的成员清晰看到,针对同一战略预测评估问题,不同的情报分析人员从假设建立到假设检验,直至最后结论的生成中所存在的各种差异,并能快速查找到产生差异的根源,而对差异的分析也必将使战略预测评估向前推进一大步;同时,这种过程的共享也有利于情报分析人员将自己与他人的预测评估进行比较,在团体层面构建发散式假设群、实现假设群的优化集成过程中其尤为重要。例如在对演模式中,红蓝双方的想法与行动、相关假设的内层博弈与外层博弈都会因此而一目了然,这对于假设的检验、发展与完善意义重大。

总之,现实中对战略预测评估高质量的追求并不是要达到自然科学那般精准无误的预测。此类预测只有在排除了所有干预行为的情形下才能实现,而战略预测评估正是要为情报用户提供决策和行动的依据,引起特定的干预行为。因此,评价战略预测评估效果最重要的标准并不在于其预测的事件是否如期发生,而在于其是否能辅助情报用户做出科学的决策并实施有效的行动,从而最大限度维护并拓展国家利益。这正如未来学家艾文·托佛勒(Alvin Toffler)所言:"要对未来进行精密的预测简直是无稽之谈,生命本来就充满种种超现实的意外,即使是那些看来最扎实可靠的数据和模式,都只能奠基在'微弱'的假设上,尤其是针对人的事情。……然而,在我们迈入不可知的未来之前,我们手中最好先握有一张虽不完整但却有粗略雏形的地图,一路摸索一路更正修改。总比完全摸不着方向来得好。"[1] 笔者相信,通过对顶层设计、器用和器具三个层面的精心谋划并辅之以长期的努力,以假设为核心的战略预测评估方法必然会成为情报分析人员探索未来、影响未来的有力工具,能够为情报用户绘制出更为完整、精准的"地图",最终使国家在未来激烈的国际竞争中预先占领制胜的高地。

---

[1] [美]艾文·托佛勒:《大未来》,黄继民等译,北京·人民中国出版社,1993年版,序言第4页。

参考文献

一、中文文献

（一）国内著作

1. 张晓军主编：《军事情报学》，北京·军事科学出版社，2001年版。
2. 张晓军等：《美国军事情报理论研究》，北京·军事科学出版社，2007年版。
3. 张晓军主编：《美国军事情报理论著作评介》，北京·时事出版社，2005年版。
4. 张晓军主编、任国军副主编：《美国军事情报理论著作评介》（第二辑），北京·时事出版社，2010年版。
5. 翟晓敏、杨寿青编著：《军事情报分析与预测》，北京·国防大学出版社，2000年版。
6. 阎晋中：《军事情报学》，北京·时事出版社，2003年版。
7. 宋筱元：《国家情报问题之研究》，台北·中央警官大学出版社，1995年版。
8. 孙建民、汪明敏、杨传英：《情报战战例选析》，北京·国防大学出版社，2010年版。
9. 孙建民：《情报侦察技术发展史研究》，北京·军事科学出版社，2014年版。
10. 刘宗和、高金虎主编：《第二次世界大战情报史》，北京·解放军出版社，2009年版。
11. 李际均：《军事战略思维》，北京·军事科学出版社，1998

年版。

12. 戴步效主编：《军事思维方法概论》，北京·国防工业出版社，2005年版。

13. 卜延军：《军事预见研究》，北京·国防大学出版社，1999年版。

14. 毕文波、郭世贞主编：《军事思维学论纲》，北京·解放军出版社，2003年版。

15. 陈力恒主编：《军事预测学》，北京·军事科学出版社，1993年版。

16. 张长军：《美国情报失误研究》，北京·军事科学出版社，2006年版。

17. 张长军：《战略突袭预警研究》，北京·军事科学出版社，2010年版。

18. 李景龙：《美国情报分析理论发展研究》，北京·军事科学出版社，2014年版。

19. 高金虎：《大失误》，南京·江苏人民出版社，1998年版。

20. 钱军：《情报分析的认知理论与方法》，深圳·深圳报业集团出版社，2009年版。

21. 郎茂祥主编：《预测理论与方法》，北京·清华大学出版社，2011年版。

22. 梁必骎主编：《军事哲学》，北京·军事科学出版社，2004年版。

23. 钮先钟：《第二次世界大战的回顾与省思》，桂林·广西师范大学出版社，2003年版。

24. 黄菊丽、王洪：《逻辑教程》，北京·中国政法大学出版社，1996年版。

25. 李延铸、李文建：《逻辑侦查学》，成都·西南交大出版社，1991年版。

26. 陈波：《逻辑学是什么》，北京大学出版社，2002年版。

27. 彭漪涟主编：《逻辑学基础教程》，上海·华东师范大学出版社，2000年。

28. 胡志强、肖显静：《科学理性方法》，北京·科学出版社，2002年版。

29. 杜维运：《史学方法论》，北京大学出版社，2008年版。

30. 袁方主编：《社会研究方法教程》，北京大学出版社，2013年版。

31. 风笑天：《社会学研究方法》，北京·中国人民大学出版社，2011年第三版。

32. 仇立平：《社会研究方法》，重庆大学出版社，2013年版。

33. 阎耀军：《社会预测学基本原理》，北京·社会科学文献出版社，2005年。

34. 肖显杜、王益民、刘继贤：《军事预测学》，北京·国防大学出版社，1990年。

35. 王力、朱光潜等：《怎样写论文——十二位名教授学术写作纵横谈》，沈阳·辽宁教育出版社，2011年版。

36. 全军军事术语管理委员会、军事科学院：《中国人民解放军军语》，北京·军事科学出版社，2011年版。

37. 《中国武装力量的多样化运用》白皮书，中华人民共和国国务院新闻办公室，2013年4月。

38. 《中国的军事战略》白皮书，中华人民共和国国务院新闻办公室，2015年5月。

39. 中共中央文献研究室、解放军军事科学院编：《毛泽东军事文集》，北京·军事科学出版社、中央文献出版社，1993年版。

40. 唐盛明：《实用社会科学研究方法》，上海·立信会计出版社，1998年版。

41. 阎耀军：《现代实证性社会预警》，北京·社会科学文献出版社，2005年版。

42. 阎学通、漆海霞等：《中外关系定量预测》，北京·世界知识出版社，2009 年版。

43. 阎学通：《国际关系研究实用方法》，北京·人民出版社，2007 年版。

44. 阎学通、孙学峰：《国际关系研究实用方法》，北京·人民出版社，2001 年版。

45. 孙小礼主编：《科学方法中的十大关系》，上海·学林出版社，2004 年版。

46. 王逸舟主编、袁正清副主编：《中国国际关系研究（1995—2005）》，北京·北京大学出版社，2006 年版。

47. 军事学术杂志社编：《第二次世界大战军事论文选——纪念中国抗日战争和世界反法斯战争胜利四十周年》，北京·军事科学出版社，1985 年版。

48. 马鼎盛：《军情观察》，北京·中国友谊出版公司，2007 年版。

49. 李振宏：《历史学的理论与方法》，开封·河南大学出版社，2003 年版。

50. 军事学术杂志社编：《第二次世界大战军事论文选——纪念中国抗日战争和世界反法斯战争胜利四十周年》，北京·军事科学出版社，1985 年版。

51. 过毅、高鹏主编：《20 世纪重大战略决策选评》，北京·军事科学出版社，2004 年版。

52. 秦亚青：《权力·制度·文化：国际关系理论与方法研究文集》，北京大学出版社，2005 年版。

53. 中国逻辑学会编委会编：《逻辑今探》，北京·社会科学文献出版，1999 年版。

54. 周敏、华星白编著：《信息整合教程》，北京·军事科学出版社，2005 年版。

55. 汤炎光：《情报学》，台北·黎明文化出版社，1979 年版。

56. 苗力田主编：《亚里士多德全集》，北京·中国人民大学出版社，1990 年版。

57. 娄伟：《情景分析理论与方法》，北京·社会科学文献出版社，2012 年版。

58. 夏军：《非理性世界》，上海三联书店，1993 年版。

59. 周义澄：《科学创造与直觉》北京·人民出版社，1986 年版。

60. 郭秀英编：《预测决策的理论与方法》，北京·化学工业出版社，2010 年版。

61. 司有和编著：《竞争情报理论与方法》，北京·清华大学出版社，2012 年版。

62. 余序讲、许志义、陈泽义：《技术管理与技术预测》，北京·清华大学出版社，2008 年版。

63. 葛懋春、李兴芝编：《胡适哲学思想资料选》，上海·华东师范大学出版社，1981 年版。

64. 许蔓舒：《国际危机预警》，北京·时事出版社，2008 年版。

65. 倪世雄等：《当代西方国际关系理论》，上海·复旦大学出版社，2005 年版。

66. 李德福：《千钧一发：古巴导弹危机纪实》，北京·世界知识出版社，1997 年版。

67. 洪科：《现代战争中的突然袭击战例》，北京·人民出版社，1975 年版。

68.《毛泽东选集》，北京·人民出版社，1991 年版。

69. 肖宪：《中东国家通史：以色列卷》，北京·商务印书馆，2001 年版。

70. 赵容英主编：《竞争情报学》，北京·科学出版社，2012 年版。

71. 沈志华、杨奎松：《美国对华情报解密档案》，上海·东方出版中心，2009 年版。

72. 王以真主编：《外国刑事诉讼法学》，北京大学出版社，

1994年版。

73. 王亚新：《对抗与判定——日本民事诉讼的基本结构》，北京·清华大学出版社，2002年版。

74. 何家弘主编：《外国证据法》，北京·法律出版社，2003年版。

75. 钱卫清：《法官决策论——影响司法过程的力量》，北京大学出版社，2008年版。

76. 李学灯：《证据法比较研究》，台北·五南图书出版公司，1998年版。

77. 张丽卿：《刑事诉讼法——理论与运用》，台北·五南图书出版公司，1995年版。

78. 陈瑞华：《形式证据法学》，北京大学出版社，2014年第二版版。

79. 徐静村：《刑事诉讼法学》，北京·法律出版社，2004年版。

80. 樊崇义：《刑事诉讼法学》，北京·法律出版社，2004年版。

81. 樊崇义主编：《证据法学》，北京·法律出版社，2003年版。

82. 陈荣宗、林庆苗：《民事诉讼法》，台北·台湾三民书局，1996年版。

83. 刘善春、毕玉谦、郑旭：《诉讼证据规则研究》，北京·中国法制出版社，2000年版。

84. 毕玉谦：《〈最高人民法院关于民事诉讼证据的若干规定〉释解与适用》，北京·中国民主法制出版社，2002年版。

85. 民事诉讼法研究基金会编：《民事诉讼法之研讨》，台北·台湾三民书局，1995年版。

86. 周长军：《刑事裁量权论——在划一性与个别化之间》，北京·中国人民公安大学出版社，2006年版。

87. 龙宗智：《证据法的理念、制度与方法》，北京·法律出版社，2008年版。

88. 高家伟、邵明、王万华：《证据法原理》，北京·中国人民大学出版社，2004 年版。

89. 卞建林主编：《证据法学》，北京·中国政法大学出版社，2004 年版。

90. 李浩：《民事证据立法前沿问题研究》，北京·法律出版社，2007 年版。

91. 刘晓丹主编：《美国证据规则》，北京·中国检察出版社，2003 年版。

92. 俞亮：《证据相关性研究》，北京大学出版社，2008 年版。

93. 赵炳寿主编：《证据法学》，成都·四川大学出版社，1990 年版。

94. 陈浩然：《证据法学原理》，上海·华东理工大学出版社，2002 年版。

95. 胡玉鸿：《法学方法论导论》，济南·山东人民出版社，2002 年版。

96. 沈达明：《英美证据法》，北京·中信出版社，1996 年版。

（二）中译本著作

1. ［美］辛西娅·克莱博：《预判突然袭击——战略预警分析》，胡炜等译，北京·军事谊文出版社，2009 年版。

2. ［俄］N. H. 沃罗比约夫：《军事未来学》，黄忠明、伊任彪译，北京·军事谊文出版社，2002 年版。

3. ［苏］德·安·沃尔科若夫：《斯大林》，张慕良等译，北京·世界知识出版社，2001 年版。

4. ［苏］朱可夫：《朱可夫元帅战争回忆录》，徐锦栋、思齐译，北京·解放军出版社，2003 年版。

5. ［日］实松让：《情报战》，王云辅等译，南京·江苏人民出版社，1981 年版。

6. ［美］约翰·兰尼拉格：《中央情报局》，潘世强等译，北京·中国社会科学出版社，1990 年版。

7. ［以］恰伊姆·赫尔佐格：《赎罪日战争》，军事科学院译，北京·解放军出版社，1984年版。

8. ［日］田上四郎：《中东战争全史》，军事科学院译，北京·解放军出版社，1985年版。

9. ［美］大卫·雷·格里芬：《新珍珠港——迷雾重重的9·11事件与布什政府》，艾彦等译，北京·东方出版社，2004年版。

10. ［美］"9·11"独立调查委员会：《"9·11"委员会报告——美国遭受恐怖袭击国家委员会最终报告》，赵秉志等译，北京·中国人民公安大学出版社，2004年版。

11. ［德］恩格斯：《路德维希·费尔巴哈和德国古典哲学的终结》，张仲实译，北京·人民出版社，1972年版。

12. ［美］戴维·霍罗威茨：《美国冷战时期的外交政策——从雅尔塔到越南》，上海市"五·七"干校六连翻译，上海人民出版社，1974年版。

13. 中共中央编译局：《列宁全集》，北京·人民出版社，1959年版。

14. ［俄］W. I. B. 贝弗里奇：《科学研究的艺术》，陈捷译，北京·科学出版社，1979年版。

15. 许良英、范岱年编译：《爱因斯坦文集》，北京·商务印刷馆，1976年版。

16. 中共中央编译局：《马克思恩格斯选集》，北京·人民出版社，1972年版。

17. ［美］A. 爱因斯坦、［波］英费尔德：《物理学的进化》，周肇威译，上海科学技术出版社，1962年版。

18. ［古希腊］修昔底德：《伯罗奔尼撒战争史》，谢德风译，北京·商务印书馆，1960年版。

19. ［德］黑格尔：《逻辑学》，杨一之译，北京·商务印书馆，1976年版。

20. ［英］乔治·克拉克爵士主编：《新编剑桥世界近代史》，丁钟华等译，北京·中国社会科学出版社，1999年版。

21. ［美］肯尼斯·贝利:《现代社会研究方法》,许真译,上海人民出版社,1986年版。

22. ［美］唐德刚译注:《胡适口述自传》,上海·华东师范大学出版社,1997年版。

23. ［美］罗伯特·克拉克:《情报分析:以目标为中心的方法》,马忠元译,北京·金城出版社,2013年版。

24. ［美］唐·埃思里奇:《应用经济学研究方法论》,朱钢译,北京·经济科学出版社,1999年版。

25. ［英］卡尔·波普尔:《科学发现的逻辑》,查汝强、邱仁宗译,沈阳出版社,1999年版。

26. ［英］卡尔·波普尔:《走向进化的知识论》,李正本、范景中译,北京·中国美术学院出版社,2001年版。

27. ［德］爱因斯坦、英费尔德:《物理学的进化》,周肇威译,上海科学技术出版社,1962年版。

28. ［美］拉里·劳丹:《进步及其问题》,刘新民译,北京·华夏出版社,1999年版。

29. ［美］格里高利·特勒沃顿:《重塑信息时代的国家情报系统》,中国现代国际关系研究所译,北京·时事出版社,2000年版。

30. ［法］雷蒙·布东:《社会学的方法》,殷世才译,北京·商务印书馆,1995年版。

31. ［英］詹妮弗·特拉斯特德:《科学推理的逻辑》,刘钢、任定成译,石家庄·河北科学技术出版社,2000年版。

32. ［美］约翰·奈斯比特:《大趋势——改变我们生活的十个新方向》,梅艳等译,北京·中国社会科学出版社,1984年版。

33. ［美］汉森·W.鲍德温:《明天的战略》,复旦大学国际政治系编译组译,上海人民出版社,1974年版。

34. ［美］罗伯特·杰维斯:《国际政治中的知觉与错误知觉》,秦亚青译,北京·世界知识出版社,2003年版。

35. ［美］美国国家情报委员会:《全球趋势2030:变换的世

界》，中国现代国际关系研究所译，北京·时事出版社，2013年版。

36. ［日］实松让：《情报战》，王云辅等译，南京·江苏人民出版社，1981年版。

37. ［美］艾布拉姆·舒尔斯基等：《无声的战争——认识情报世界》，罗明安等译，北京·金城出版社，2011年版。

38. ［美］马克·洛文塔尔：《情报：从秘密到政策》，杜效坤等译，北京·金城出版社，2015年版。

39. ［日］土本武司：《日本刑事诉讼法要义》，董璠舆、宋英辉译，台北·五南图书出版公司，1997年版。

40. ［美］乔恩·R. 华尔兹：《刑事证据大全》，何家弘译，北京·中国人民公安大学出版社，1993年版。

41. ［俄］德·安·沃尔科若夫：《斯大林》，张慕良等译，北京·世界知识出版社，2001年版。

42. ［德］施太格缪勒：《当代哲学主流》，王炳文等译，北京·商务印书馆，1986年版。

43. ［美］亨利·基辛格《大外交》，顾淑馨、林添贵译，海口·海南出版社，2001年版。

44. ［美］米尔吉安·R. 达马斯卡：《比较法视野中的证据制度》，吴宏耀、魏晓娜译，北京·中国人民公安大学出版社，2006年版。

45. ［美］《美国联邦民事诉讼规则、证据规则》，白绿铉、卞建林译，北京·中国法制出版社，2005年版。

46. ［美］戴尔卡门：《美国刑事诉讼——法律与实践》，张鸿巍等译，武汉大学出版社，2006年版。

47. ［德］汉斯·普维庭：《现代证明责任问题》，吴越译，北京·法律出版社，2000年版。

48. 房立中主编：《兵家智谋全书》，北京·学苑出版社，1996年版。

49. ［美］詹姆斯·多尔蒂、小罗伯特·普法尔茨格拉夫：《争论中的国际关系理论》，阎学通、陈寒溪等译，北京·世界知识出版社，2003年版。

50. ［美］罗伯特·肯尼迪：《十三天》，复旦大学历史系拉丁美洲研究室译，上海人民出版社，1977年版。

51. ［美］约翰·拉纳勒夫：《神秘的第三只手——中央情报局内幕》，郭国和、费惠芳编译，上海·知识出版社，1990年版。

52. ［美］约瑟夫·格登：《朝鲜战争：未透漏的内情》，于滨等译，北京·解放军出版社，1990年版。

53. ［美］贝文·亚历山大：《朝鲜：我们第一次战败——美国人的反思》，郭维敬等译，北京·中国社会科学出版社，2000年版。

54. ［美］罗伊·E.阿普尔曼：《朝鲜战争中的美国陆军》，国防大学译，北京·国防大学出版社，1994年版。

55. ［美］道格拉斯·麦克阿瑟：《麦克阿瑟回忆录》，上海大学历史系译，上海译文出版社，1984年版。

56. ［日］田上四郎：《中东战争全史》，解放军军事科学院译，北京·解放军出版社，1985年版。

57. ［美］赫伯特·西蒙：《现代决策理论的基石》，杨砺、徐立译，北京经济学院出版社，1989年版。

58. ［美］唐纳德·丹尼尔，凯瑟林·赫伯格主编：《战略欺骗》，徐晓军、扈新生译，北京·军事科学出版社，1991年版。

59. ［美］迪安·艾奇逊：《艾奇逊回忆录》，上海"国际问题资料"编译组等译，上海译文出版社，1978年版。

60. ［英］维克托·迈尔—舍恩伯格、肯尼思·库克耶：《大数据时代——生活、工作与思维的大变革》，盛杨燕、周涛译，杭州·浙江人民出版社，2013年版。

61. ［美］布鲁司·D.伯尔考威茨、阿兰·E.古德曼：《绝对真实——信息时代的情报工作》，张力等译，北京·时事出版社，2001年版。

62. ［苏］格奥尔基·康斯坦丁诺维其·朱可夫：《朱可夫回忆

录》，陆仁益译，北京·中国广播电视出版社，1991年版。

63. ［德］瓦尔特·胡巴奇编：《希特勒战争密令全集（1939—1945）》，张元林译，北京·军事科学出版社，1989年版。

64. ［日］田上四郎：《中东战争全史》，军事科学院译，北京·解放军出版社，1985年版。

65. ［美］小沃尔特·加里·夏普：《网络空间与武力使用》，吕德宏译，北京·国际文化出版公司、北方妇女儿童出版社，2001年版。

66. ［美］哈伦·厄尔曼等：《震慑与畏惧——迅速制敌之道》，滕建群等译，北京·新华出版社，2003年版。

67. ［法］笛卡尔：《谈谈方法》，王太庆译，北京·商务印书馆，2000年版。

68. ［苏］列宁：《哲学笔记》，中共中央编译局译，北京·人民出版社，1956年版。

69. ［奥］L. 贝塔朗菲：《一般系统论》，秋同、袁嘉新译，北京·社会科学文献出版社，1987年版。

70. ［英］卡尔·皮尔逊：《科学的规范》，李醒民译，北京·华夏出版社，1999年版。

71. ［德］黑格尔：《小逻辑》，贺麟译，北京·商务印书馆，1980年版。

72. ［美］艾文·托佛勒：《大未来》，黄继民等译，北京·人民中国出版社，1993年版。

73. ［美］阿尔文·托夫勒、海迪·托夫勒：《未来的战争》，阿笛、马秀芳译，北京·新华出版社，1998年版。

74. ［美］小约瑟夫·奈：《理解国际冲突：理论与历史》，张小明译，上海人民出版社，2002年版。

75. ［德］克劳塞维茨：《战争论》，中国人民解放军军事科学院译，北京·商务印书馆，1997年版。

76. ［英］J. F. C. 富勒：《战争指导》，绽旭译，北京·解放军出版社，2006 年版。

77. ［美］T. N. 杜普伊主编：《国际军事与防务百科全书》，军事科学院外国军事研究部编译，北京·解放军出版社，1998 年版。

78. ［苏］谢·帕·伊万诺夫主编：《战争初期》，中国人民解放军军事科学院译，北京·战士出版社，1978 年版。

79. ［英］乔治·克拉克爵士主编：《新编剑桥世界近代史》，丁钟华等译，北京·中国社会科学出版社，1999 年版。

80. ［英］波普尔：《猜想与反驳——科学知识的增长》，傅季重、纪树立等译，上海·译文出版社，1986 年版。

81. ［美］本杰明·N. 卡多佐：《法律的成长——法律科学的悖论》，李红勃、李璐怡译，北京·中国法制出版社，2002 年版。

82. ［美］约翰·亨利·梅利曼：《大陆法系》，顾培东、禄正平译，北京·法律出版社，2004 年第二版版。

83. ［美］罗纳德·R. 艾伦、理查德·B. 库恩斯、埃莉诺·斯威夫特：《证据法：文本、问题和案例》，张保生、王进喜、赵滢译，北京·高等教育出版社，2006 年版。

84. ［美］米尔建·R. 达马斯卡：《漂移的证据法》，李学军等译，北京·中国政法大学出版社，2003 年版。

85. ［法］孟德斯鸠：《论法的精神》，张雁深译，北京·商务印书馆，2004 年版。

86. ［美］马丁·P. 戈尔丁：《法律哲学》，齐海滨译，北京·三联书店，1987 年版。

87. ［美］罗纳德·J. 艾伦：《理性 认知 证据》，栗峥、王佳译，北京·法律出版社，2013 年版。

88. ［英］约翰·科斯特洛：《太平洋战争（1941—1945）》，王伟等译，北京·东方出版社，1985 年版。

（三）中文期刊论文、学位论文

1. 张晓军：《六十年的"显学"之路——情报理论研究在美国》，《解放军外国语学院学报（社会科学版）》2010 年第 1 期。

2. 王肖戎、史建伟：《结构化改进竞争性假设分析法》，《社科纵横》2009年第6期。

3. 高金虎：《波普尔的认知理论对情报分析的积极影响》《军事情报研究》2008年第1期。

4. 阚耀珊：《情报分析的本质》，《军事情报研究》，2008年第1期。

5. 钱红良、王霄：《美国中央情报局战略分析工作的特点评析》，《解放军国际关系学院学报》，2002年第2期。

6. 杨寿青：《军事情报分析方法体系初探》，《情报杂志》1997年第2期。

7. 王志可：《"集团思维"对情报分析的影响》，《军事情报研究》，2010年第2期．

8. 张长军：《情报分析技巧在战略预警中的运用——以美国情报界为个案》，《情报科学》2006年第11期。

9. 崔华华、林涛的《论军事情报分析中竞争性假设分析法的应用》，《情报杂志》2006年第12期。

10. 辛永涛：《浅析竞争性假设分析方法在边防情报分析中的应用》，《云南武警学院学报》2008年第2期。

11. 秦亚青：《层次分析法与国际关系研究》，《欧洲》1998年第3期。

12. 刘玉兰、周继祥：《浅谈逻辑方法在情报分析中的运用》，《情报杂志》2004年第1期。

13. 黄维莉：《基于情景分析的企业危机预警模式研究》，《情报探索》2011年第1期。

14. 陶国富：《马克思主义创新思维之非逻辑思维》，《马克思主义研究》2010年第6期。

15. 敬志伟：《非逻辑方法与科学认识》，《山东理工大学学报（社会科学版）》1997年第2期。

16. 黎小平：《浅谈侦查中的非逻辑思维》，《江西公安专科学校学报》2001 年第 2 期。

17. 龙宗智：《"大证据学"的建构及其学理》，《法学研究》2006 年第 5 期。

18. 毕玉谦：《试论民事诉讼中的经验法则》，《中国法学》2000 年第 6 期。

19. 毕玉谦：《试论民事诉讼证明上的盖然性规则》，《法学评论》2000 年第 4 期。

20. 冯之浚：《战略研究与预测技术》，《河北学刊》1986 年第 3 期。

21. 徐冬海：《或然性推理及其逻辑模式》，《淮阴师专学报》1997 年第 4 期。

22. 张静：《论假设在侦查思维中的运用》，《渝州大学学报》2002 年第 3 期。

23. 张静：《论侦查推理中的或然性推理》，《福建公安高等专科学校学报》第 2004 年第 4 期。

24. 朱武、施辉：《论侦查的主要思维形式：或然性推理》，《江苏公安专科学校学报》1998 年第 1 期。

25. 邵健：《刑事思维中的逻辑推理》，《山东警察学院学报》2005 年第 2 期。

26. 雷社平：《科学假说的实证性探讨》，《长安大学学报》2003 年第 4 期。

27. ［美］罗纳德·J. 艾伦：《证据法的基础和意义》，《证据科学》2010 年第 4 期。

28. 何家弘：《证据学抑或证据法学》，《法学研究》2008 年第 1 期。

29. 张南宁：《从新证据学到证据科学》，《中南大学学报（社会科学版）》2009 年第 4 期。

30. 陈瑞华：《从"证据学"走向"证据法学"——兼论刑事证据法的体系和功能》，《法商研究》2006 年第 3 期。

31. 汤维建：《关于证据属性的若干思考和讨论——以证据的客观性为中心》，《政法论坛（中国政法大学学报）》2000年第6期。

32. 张继成：《证据相关性的逻辑研究》，《广西大学学报（哲学社会科学版）》1998年第6期。

33. 易延友：《证据学是一门法学吗——以研究对象为中心的省察》，《政法论坛（中国政法大学学报）》2005年第3期。

34. 宋彬龄：《间接证据运用的认识心理考察》，《广西社会主义学院学报》2011年第5期。

35. 李训虎：《美国证据法中的证明力规则》，《比较法研究》2010年第4期。

36. 张长军：《论军事情报预测的局限》，《情报纵横》2002年第1期。

37. 刘玉兰、周继祥：《浅谈逻辑方法在情报分析中的运用》，《情报杂志》2004年第1期。

38. 徐芳：《情报分析方法研究进展》，《情报理论与实践》2009年第8期。

39. 翟晓敏：《相关理论在军事情报分析中的作用》，《情报杂志》1994年第6期。

40. 王蕾：《挥之不去的"战争迷雾"——论战争活动的不确定性》，《南京政治学院学报》2005年第6期。

41. 韩建新：《二战期间美国情报分析中人文社科学者的作用》，《解放军理工大学学报（综合版）》2010年第6期。

42. 程立斌、林春应：《军事情报研究方法体系探析》，《情报杂志》2007年第2期。

43. 刘冰：《面向对象的竞争情报分析方法体系建构研究》，《图书情报工作》2010年第12期。

44. 李征坤：《"科学始于问题"辨析与正确回答——对当代西方主要科学哲学家的科学问题观的评析》，《武汉大学学报（哲学社会科学版）》1996年第5期。

45. 闫坤如：《对科学中的问题的研究》，《武汉大学学报（人文科学版）》2009年第3期。

46. 刘文霞：《论科学研究中的"科学问题"》，《北京科技大学学报（社会科学版）》2003年第1期。

47. 钱军：《论科学研究中的"科学问题"》，《企业竞争情报分析方法的层次框架》2006年第11期。

48. 许金红、吴飒：《国内批判性思维的研究述评——兼及与国外相关研究的比较》，《外语教育教学》2011年第1期。

49. 李延瑾：《带确信度的德尔菲法在立项评估中的应用》，《武汉理工大学学报》2001年第6期。

50. 张俊、姜扬、王国良：《情报分析人员的批判性思维研究》，《情报杂志》2010年第1期。

51. 蒋飞、郭继荣：《跨文化视角下美国情报失误实证研究》，《情报杂志》2015年第9期。

52. 沈志华：《论中国出兵朝鲜决策的是非和得失——50年后对朝鲜战争历史的考察和反思》，《二十一世纪》2000年10月号。

53. 汪明敏：《反恐预警分析研究》，解放军外国语学院博士学位论文，2014年。

54. 石高能：《美国情报分析中的批判性思维研究》，解放军外国语学院硕士学位论文，2011年。

二、外文文献

（一）外文著作

1. Abshire, David, *Lessons for the 21st Century: Vulnerability and Surprise*, December 7, 1941 and September 11, 2001, Washington, D. C.: Center for the Study of the Presidency, 2002.

2. Allaby, Michael. *Facing the Future: The Case for Science*, London: Bloomsbury Publishing, 1995.

3. Allison, Graham T. and Zelikow, Philip, *Essence of Decision: Ex-

planing the Cuban Missile Crisis, New York: Longman, 1999.

4. Ampleford, Susan etc., *Country Indicators for Foreign Policy: Risk Assessment Template*, Ottawa of Canada: The Norman Paterson School of International Affairs, Aug. 2001, http://www4.carleton.ca/cifp/app/serve.php/1099.pdf.

5. Anderson, Terence, Schum, David and Twining, William, *Analysis of Evidence*, Second Edition, Cambridge, MA: Cambridge University Press, 2005.

6. Andrew, Christopher and Gordievsky, Oleg, eds., *Instructions from the Centre: Top Secret Files on KGB Foreign Operations*, 1975 – 1985, London: Hodder and Stoughton, 1991.

7. Beebe, Steven, *Communicating in Small Groups*, Fifth Edition, Boston, MA: Addison Wesley Longman, Inc., 1997.

8. Berkowitz, Bruce D. and Goodman, Allan E., *Strategic Intelligence for American National Security*, NJ: Princeton University Press, 1989.

9. Betts, Richard K. and Mahnken, Thomas G., eds., *Parodox of Strategic Intelligence: Essays in Honor of Micheal I. Handel*, London: Frank Cass, 2003.

10. Betts, Richard K., *Surprise Attack: Lessons for Defense Planning*, Washington, D.C.: The Brookings Institution, 1982.

11. Bhushan, Navneet and Rai, Kanwal, *Strategic Decision Making: Applying the Analytic Hierarchy Process*, London: Springer-Verlag, 2004.

12. Bloch, Marc, *The Historian's Craft*, New York: Vintage book, 1953.

13. Breggemann, Charles E., *Mitigating Information Overload: The Impact of "Context-based Approach" to the Design of Tools for Intelligence Analysts*, Naval Postgraduate School, 2008.

14. Brook-Shepherd, Gordon, *Storm Birds: Soviet Postwar Defectors*,

New York: Weidenfeld and Nicolson, 1989.

15. Clauser, Jerome, *An Introduction to Intelligence Research and Analysis*, Lanham, MD: Scarecrow Press, 2008.

16. Copi, Irving M., *Introduction to Logic*, Sixth Edition, Macmillan, Boston, MA: Pearson Custom Publishing, 1982.

17. Daniel, Donald C. and Herbig, Katherine L., eds., *Strategic Military Deception*, New York: Pergamon Press, 1982.

18. Dewey, John, *How We Think: Experience and Education*, New York: D. C. Coller, 1938.

19. Eatwell, John, Milgate, Murray and Newman, Peter, eds., *The New Palgrave A Dictionary of Economics*, Volume 2, London, New York, Tokyo: Macmillan Stockton Press Maruzen, 1992.

20. Folker, Robert D., *Intelligence Analysis in Theater Joint Intelligence Centers: An experiment in Applying Structured Methods*, Washington, D. C.: Joint Military Intelligence College, 2000.

21. Franks Report, *Falkland Islands Review: Report of a Committee of Privy Counsellors*, London: Her Majesty's Office, 1983.

22. Fudenberg, Drew and Levine, David, *The Theory of Learning in Games*, Oxford: The MIT Press, 1998.

23. Gauvreau, Emile, *The Wild Blue Yonder*, New York: E. P. Dutton, 1944.

24. Gazit, Shlomo, *Intelligence Estimates and the Decision-Maker*, London: Frank Cass and Company Limited, 1991.

25. George, Roger and Bruce, James, eds., *Analyzing Intelligence: Origins, Obstacles, and Innovations*, Washington, D. C.: Georgetown University Press, 2009.

26. Glennon, John P., ed., *Foreign Relations of the United States*, 1950, Korea, Vol. VII, Washington, D. C.: Government Printing Office, 1976.

27. Godson, Roy, ed., *Intelligence Requirements for the 1990s: Collection, Analysis, Counter Intelligence and Covert Action*, Lexington, MA: Heath, Lexington, 1989.

28. Hagmeyer-Gaverus, Gerd & Werssmann, Mikael, *Early Warning Indicators for Preventive Policy*, Stockholm of Sweden: International Peace Research Institute, Mar. 2003.

29. Handel, Michael I., *War, Strategy and Intelligence*, London: Frank Cass and Company Limited, 1989.

30. Heuer, Richards, Jr., *Quantitative Approaches to Political Intelligence: The CIA Experience*, Boulder, CO: Westview Press, 1978.

31. Heuer, Richards, Jr., *Randolph Pherson, Structured Analytic Techniques for Intelligence Analysis*, Washington, D. C.: CQ Press, 2011.

32. Hughes-Wilson, Colonel John, *Military Intelligence Blunder*, New York: Carroll & Graf Publishers, Inc., 1999.

33. Hughes-Wilson, Colonel John, *Military Intelligence Blunders*, New York: Carroll & Craf Publishers, Inc., 1999.

34. Intelligence Memorandum 301, *8 September* 1950, *Probability of Direct Chinese Communist Intervention in Korea*, Langley, VA: CIA Center for the Study of Intelligence, 1997.

35. James, Wirtz J., *The Tet Offensive: Intelligence Failure in War*, New York: Cornell University Press, 1991.

36. Janis, Irving L., *Groupthink: Psychological Studies of Policy Decisions and Fiascoes*, Boston, MA: Houghton Mifflin, 1982.

37. Jensen, Carl J., *An Analysis of Failure: Pearl Harbor, 9/11, Hurricanes Katrina and Rita*, Policing and Mass Casualty Events, Volume 3 of the Proceedings of the Futures Working Group, 2007.

38. Joint Chiefs of Staff, Joint Publication 3 – 13: *Information Operations*, Washington, D. C.: Government Printing Office, Feb. 13, 2006/Nov. 27, 2012.

39. Joint Chiefs of Staff, Joint Publication 3 – 13: *Joint Doctrine for Information Operations*, Washington, D. C.: Government Printing Office, Oct., 1998.

40. Kent, Sherman, *Strategic Intelligence for American World Policy*, Third Edition, Princeton, NJ: Princeton University Press, 1965.

41. King, Gary, Keohane, Robert and Verba, Sidney, *Designing Social Inquiry: Scientific Inference in Qualitative Research*, Princeton, NJ: Princeton University Press, 1994.

42. Kirkpatrick, Lyman B., Jr., *The U. S. Intelligence Community: Foreign Policy and Domestic Activities*, New York: Hill and Wang, 1973.

43. Kreps, David, *Game Theory and Economic Modeling*, London: Oxford University Press, 1990.

44. Lastrucci, Carlo, *The Scientific Approach: Basic Principles of the Scientific Method*, Cambridge, MA: Schenkman Publishing, 1963.

45. Levite, Ariel, *Intelligence and Strategic Surprise*, New York: Columbia University, 1987.

46. McCormick, Charles T., *Handbook of the Law of Evidence*, St. Paul, Minnesota, MN: West Publication, 1954.

47. Miller, Nathan, *Spying for America: The Hidden History of U. S. Intelligence*, New York: Paragon House, 1989.

48. Moore, David T., *Critical thinking and Intelligence Analysis*, Washington, D. C.: National Defense Intelligence College, 2007.

49. Mr. Ted Senator Information Awareness Office, *Evidence Extraction and Link Discovery Program*, http://archive.darpa.mil/DARPATech2002/.../iao.../SENATOR.pdf.

50. Murphy, Peter, *Murphy on Evidence*, Seventh Edition, London: London Blackstone Press Limited, 2000.

51. Nyheim, David, Leonhardt, Manuela and Gaigals, Cynthia, *Development in Conflict: A Seven Step Tool for Planners*, Version 1, Fever &

International Alert & Saferworld, 2001.

52. Office of Training and Education, *Analytic Thinking and Presentation for Intelligence Producers: Analysis Training Handbook*, http://www.scip.org/files/resources/analytic-thinking-cia.pdf.

53. Oldroyd, David, *The Arch of Knowledge: An Introductory Study of the History of the Philosophy and Methodology of Science*, New York: Methuen Publishing, 1986.

54. Patton, Thomas J., *The Monitoring of War Indicators*, Langley, VA: CIA Historical Review Program, Release as Sanitized, 18 Sep., 1995, https://www.cia.gov/library/center-for-the-study-of-intelligence/kent-csi/vol3no1/html/v03i1a05p_0001.html.

55. Ramsey, Diane M. and Boerner, Mark S., *A Study in Indications Methodology*, Langley, VA: CIA Center for the Study of Intelligence, 2007, https://www.cia.gov/library/center-for-the-study-of-intelligence/kent-csi/vol17no3/html/v07i3a08p_0001.htm.

56. Richard B. Parker, *The October War: A Retrospective*, Gainesville, FL: University Press of Florida, 2001.

57. Rowe, John Carlos and Berg, Rick, ed., *The Vietnam War and American Culture*, New York: Columbia University Press, 1991.

58. Saaty, Thomas L., *Decision Making for Leaders: The Analytic Hierarchy Process For Decisions in a Complex World*, Pittsburgh, PA: RWS Publications, 2008.

59. Saaty, Thomas L., *The Analytic Hierarchy Process: Planning, Priority Setting, Resource Allocation*, Dallas, TX: Mcgraw-Hill, 1980.

60. Schellenberg, Walter, *The Schellenberg Memoirs*, London: Andre Deutsch, 1956.

61. Schmeidl, Suanne and Adelman, Howard, eds., Early Warning and Early Response, Columbia International Affairs Online: Columbia University Press, 1998.

62. Schum, David, *Evidence and Inference for the Intelligence Analyst*, Vol. I, Lanham, MD: University Press of America, 1987.

63. Schum, David, *The Evidential Foundations of Probabilistic Reasoning*, Evanston, IL: Northwestern University Press, 2014.

64. Schum, David, *Thoughts about a Science of Evidence*, London: University College London, 2005.

65. Seward, Richard, and Wheaton, Kristan J., *Structured Analysis of Competing Hypotheses: Theory and Application*, Analytic Methodologies Project, Mercyhurst College Institute of Intelligence Studies Press, 2006.

66. Shulsky, Abram and Schmitt, Gary J., *Silent Warfare: Understanding the World of Intelligence*, New York: Brassey's, Inc., 1991.

67. Steele, Robert, *The New Craft of Intelligence: Achieving Asymmetric Advantage in the Face of Nontraditional Threats*, Carlisle, PA: U. S. Army War College Strategic Studies Institute, 2002.

68. Thompson, J. R., Hopf-Weichel, R. and Geiselman, R., *The Cognitive Bases of Intelligence Analysis*, Alexandria, VA: Army Research Institute, Research Report 1362, 1984.

69. Treverton, Gregory F., Gabbard, C. Bryan, *Assessing the Tradecraft of Intelligence Analysis*, Santa Monica, CA: The RAND Corporation, 2008.

70. Twining, William, *Rethinking Evidence: Exploratory Essays*, Second Edition, Cambridge, MA: Cambridge University Press, 2006.

71. Twining, William, *The Great Juristic Bazaar*, Aldershot: Ashgate/Darmouth, 2002.

72. Twining, William, *Theories of Evidence: Bentham and Wigmore*, Stanford, CA: Stanford University Press, 1985.

73. U. S. Government, *A Tradecraft Primer: Structured Analytic Techniques for Improving Intelligence Analysis*, Langley, VA: CIA Center for the Study of Intelligence, 2009.

74. U. S. Joint Chiefs of Staff, Joint Publication 2 - 0, *Doctrine for Intelligence Support to Joint Operations*, Washington, D. C. : Government Printing Office, 9 Mar. , 2000.

75. U. S. Joint Chiefs of Staff, Joint Publication 2 - 0, *Joint Intelligence*, Washington, D. C. : Government Printing Office, 22 Jun. , 2007.

76. U. S. Senate Committee to Study Governmental Operations with Respect to Intelligence Activities, *Final Report*, book 1 : Foreign and Military Intelligence, 94th Cong. 2d sess. , 1976.

77. United States, Congress, Senate, Select Committee on Intelligence, Report on the U. S. Intelligence. Community's Prewar Intelligence Assessments on Iraq. 108th Congress, 2d Session, Washington, D. C. : Government Printing Office, 2004.

78. Waltz, Kenneth, *Man, The State and War*, New York : Columbia University Press, 1959.

79. Whakey, Barton, *Codeword Barbarossa*, Cambridge, MA : MIT Press, 1974.

80. Whakey, Barton, *Stratagem : Deception and Surprise in War*, Cambridge, MA : MIT Center for International Studies, 1969.

81. Wohlstetter, Roberta, *Cuba and Pearl Harbor : Hindsight and Foresight*, Santa Monica, CA : the Rand Corporation, 1965.

82. Wohlstetter, Roberta, *Pearl Harbor : Warning and Decision*, Stanford, CA : Stanford University Press, 1962.

（二）外文期刊论文

1. Allen, Charles E. , Warning and Iraq's Invasion of Kuwait : A Retrospective Look, *Defense Intelligence Journal*, Vol. 7, No. 2, 1998.

2. Anzalone, Christopher, *Schum Receives 2006 Volgenau Outstanding Faculty Research Award*, http : //gazette. gmu. edu/articles/8106/, 2008/08/29

3. Ben-Israel, Isaac, Philosophy and Methodology of Intelligence :

The Logic of Estimative Process, *Intelligence and National Security*, No. 4, Oct. 1989.

4. Big Data: Coping with Exponential Growth? Proformative, Dec. 18, 2012, http://www.proformative.com/news/1495374/big-data-coping-exponential-growth.

5. Davis, Jack, Tensions in Analyst-Policymaker Relations: Opinions, Facts, and Evidence, *The Sherman Kent Center for Intelligence Analysis Occasional Papers*, Vol. 2, No. 2, Jan., 2003.

6. Davis, Jack, Improving CIA Analytic Performance: Analysts and the Policymaking Progress, *The Sherman Kent Center for Intelligence Analysis Occasional Papers*, Vol. 1, No. 2, Sep., 2002.

7. Fishbein, Warren and Treverton, Gregory, Rethinking Alternative Analysis to Address Transnational Threats, *The Sherman Kent Center for Intelligence Analysis Occasional Papers*, Vol. 3, No. 2, Oct., 2004.

8. Friedman, Richard D., Commentary: Irrelevance, Minimal Relevance, and Meta-relevance, *Houston Law Review*, Vol. 55, No. 1, Spring 1997.

9. George, Roger Z., Fixing the Problem of Analytical Mind-Sets: Alternative Analysis, *International Journal of Intelligence and CounterIntelligence*, Vol. 17, No. 3, 2004.

10. Gibbs, Nacy, A Show of a Strength, Time, Oct., 1994.

11. Handel, Micheal I., The Yom Kippur War and the Inevitability of Surprise, *International Studies Quarterly*, 21 Sep., 1977.

12. Hendrickson, Noel, Critical Thinking in Intelligence Analysis, *International Journal of Intelligence and CounterIntelligence*, Vol. 21, No. 4, 2008.

13. Herber, Matthew, The Intelligence Analyst as Epistermologist, *International Journal of Intelligence and CounterIntelligence*, Vol. 19, No. 4, Dec., 2006.

14. Heuer, Richards, Jr., Small Group Processes for Intelligence Analysis, *Prepared for the Sherman Kent School*, *Central Intelligence Agency*, 28 Jul., 2008

15. Heuer, Richards, Jr., Taxonomy of Structured Analytic Techniques, *Prepared for the International Studies Association* 2008 *Annual Convention*, March 26 – 29, San Francisco, CA, 2008.

16. Heuer, Richards, Jr., The Evolution of Structured Analytic Techniques, Presentation to the National Academy of Science, *National Research Council Committee on Behavioral and Social Science Research to Improve Intelligence Analysis for National Security*, Washington, D. C., 8 Dec., 2009.

17. Israel, What Went Wrong on October 6: The Partial Report of the Israeli Commission of Inquiry into the October War, *Journal of Palestine Studies*, Vol. 3, No. 4, Summer, 1974.

18. John, Harsanyi, Games with Incomplete Information Played by Bayesian Players, *Management Science*, Vol. 14, No. 3, 1967.

19. Johnston, Rob, Developing a Taxonomy of Intelligence Analysis Variables, *Studies in Intelligence*, Vol. 47, No. 3, 2003.

20. Kent Sherman, The Need for an Intelligence Literature, *Studies in Intelligence*, Vol. 1, No. 1, Fall 1955.

21. Kent, Sherman, A Crucial Estimate Relived, *Studies in Intelligence*, Vol. 8, No. 2, Spring 1964.

22. Kent, Sherman, Estimates and Influence, *Studies in Intelligence*, Vol. 12, No. 3, Summer 1968.

23. King, Gary and Zeng, Langche, Improving Forecasts of State Failure, *World Politics*, Vol. 53, No. 4, Jul., 2001.

24. Klein, Gary, Critical Thoughts about Critical Thinking, *Submitted to Theoretical Issues in Ergonomics Science*, Dec., 2009.

25. Lempert, Richard, The New Evidence Scholarship: Analyzing

the Process of Proof, *Boston University Law Review*, Vol. 66, No. 4, 1986.

26. Lewontin, R. C., Evolution and the Theory of Games, *Journal of Theoretical Biology*, Vol. 1, No. 1, 1960.

27. Marrin, Stephen, CIA's Kent School: Improving Training for New Analysts, *International Journal of Intelligence and CounterIntelligence*, Vol. 16, No. 4, October 2003.

28. Marrin, Stephen, Intelligence Analysis: Turning a Craft into a Profession, *International Conference on Intelligence Analysis*, May 2005.

29. Medcalf, Rory and Heinrichs, Raoul, Crisis and Confidence: Major Powers and Maritime Security in Indo-Pacific Asia, *Lowy Institute for International Policy*, Jun., 2011.

30. Medina, Carmen A., The Coming Revolution in Intelligence Analysis: What to Do When Traditional Models Fail, *Studies in Intelligence*, Vol. 46, No. 3, Unclass Edition, 2001.

31. Miller, George A., The Magical Number Seven, Plus or Minus Two: Some Limits on Our Capacity for Processing Information, *The Psychological Review*, Vol. 63, No. 2, 1956.

32. Platt, Washington and Baker, Ross A., The Relation of the Scientific "Hunch" to Research, *Journal of Chemical Education*, Vol. 8, Issue 10, Oct., 1931.

33. Putnam, Robert, Diplomacy and Domestic Politics: The Logic of Two-Level Games, *International Organization*, Vol. 42, No. 4, 1988.

34. Ransom, Harry, Strategic Intelligence and Foreign Policy, *World Politics*, Vol. 27, No. 2, Oct., 1974.

35. Santolan, Joseph, *Tensions Escalate over the South China Sea*, May 3, 2011, http://www.china-defense-mashup.com/tesions-escalate-over-the-south-china-sea.html

36. Schoemaker, Paul, Disciplined Imagination: From Scenarios to

Strategic Options, *International Studies of Management & Organization*, Vol. 27, No. 2, Summer 1997.

37. Singer, J. David and Small, Melvin, Foreign Policy Indicators: Predictors of War in History and in the State of the World Message, *Policy Sciences*, No. 5, 1974.

38. Smith, Maynard, The Theory of Games and the Evolution of Animal Conflict, *Journal of theoretical Biology*, Vol. 47, 1973.

39. Taylor, P. D. and Jonker, L. B., Evolutionarily Stable Strategy and Game Dynamics, *Mathematical Social Science*, Vol. 40, 1978.

40. Taylor, Sarah M., The Several Worlds of the Intelligence Analyst, *Lockheed Martin IS & S, Pennsylvania State University E-Education Papers*, 2005.

41. The Monitoring of War Indicators, *CIA Historical Review Program*, Release as Sanitized 18 Sep. 1995,

https://www.cia.gov/library/center-for-the-study-of-intelligence/kent-csi/vol3no1/html/v03i1a05p_0001.htm.

42. Twining, William, Evidence as a Multi-Disciplinary Subject, *Law, Probability and Risk*, Vol. 2, No. 2, Jun., 2003,

43. Ward, Steven, Evolution Beats Revolution in Analysis, *Studies in Intelligence*, Vol. 46, No. 3, Unclass Edition, 2001.

44. Wigmore, John Henry, The Problem of Proof. *Illinois Law Review*, Vol. 27, No. 2, 1913.

45. Writer, Staff, *Countries Ranked by Military Strength* (2015), Last Updated: 4/1/2015, http://www.globalfirepower.com/countries-listing.asp.

46. Writer, Staff, *Defense Budget by Country*, Last Updated: 2/17/2015, http://www.globalfirepower.com/defense-spending-budget.asp.